은사와 치유 사역의 방법들

은사와
치유 사역의 방법들

염기석 · 황광명 · 오명동 지음

삼원서원

머리말

　똑같은 종이지만 생선을 싸면 비린내가 나고, 향을 싸면 향내가 난다는 이야기가 있다. 하나님은 사람을 흙으로 만드셨다. 흙으로 만들어진 인간의 몸에 주님이 임재하면 영의 사람이 되고, 그 몸을 육신의 정욕으로 채우면 육의 사람이 된다. 영의 사람은 건강한 사람이요, 육의 사람은 치유받아야 할 대상이다.

　치유를 의사처럼 병을 고치는 행위라고 생각해서는 안 된다. 병의 근원이 되는 육신의 정욕과 이기적인 욕심, 교만, 시기심 등을 몸 안에서 제거하는 작업이 치유다. 한걸음 더 나아가 육신의 정욕의 근원이 되는 불신, 하나님을 영화롭게 하지 않는 것, 하나님께 감사하지 않는 것 등을 회개하고 돌이키는 것이다. 그리고 그 몸을 성령으로 충만하도록 주님께 연결시키는 것이다. 여기서 사역자의 역할은 철저히 수동적이어야 하며, 모든 치유의 주관자는 주님이어야 한다.

　1996년에 치유 은사가 임했다. 그 후 치유에 대해 공부하고 체험한 내용들과 사역을 통해 경험한 것들을 세 권의 책으로 출판했다. 이것들이 인연이 되어 지난해부터 목원대학교 목회교육원에서 2년 과정인 "은사치유 전문사역자 과정"에서 은사와 치유에 대한 전반적인 내용들을 가르쳤다. 이론뿐 아니라 실제 사역까지 아우르는 은사치유 아카데미를 추구하는 과정이었다. 이론과 치유 부분은 내가 맡았고, 예언·귀신들림의 치유(축사), 성령의 기름 부음(임파테이션), 믿음의 은사 사역 등은 특별강사를 초청하여 실제 사역 중심으로 수업했다. 강의를 진행하면서 은사치유 사역에 관한 책이 없음으로 인해 불편함을 느끼던 차에 이 책을 구상하게 되었다.

이제까지 나는 치유에 대해 내가 쓴 책들과 세미나에서 많은 이야기를 해 왔다. 처음 출판한 책 『치유란 무엇인가』(쿰란출판사, 2002)에서는 치유를 하나님 나라의 회복이란 차원에서 치유 전반에 관한 것들을 정리하여 설명했다. 그리고 습관의 치유라는 새로운 치유 패러다임을 만들어 소개했다. 두 번째 책은 『우리는 왜 치유받아야 하는가, 그리고 어떻게 치유받는가』(쿰란출판사, 2002)인데, 이 책은 교회에서 치유에 대해 손쉽게 공부하고 치유할 수 있도록 공과 형식으로 썼다. 치유에 관한 세 번째 책은 『은사와 치유 사역의 원리』(삼원서원, 2010)다. 은사가 무엇이며, 은사가 어떤 원리로 임하고 사용되는가 등 은사에 대한 원리와 치유 사역의 원리에 대해 썼다.

치유에 대한 네 번째 책인 이 책은 이론보다는 철저히 사역을 위한 책이다. 이 책은 은사치유 사역을 어떻게 하는가에 대한 것이다. 각각의 은사 사역에 대한 방법들을 실제 사역의 사례를 가지고 설명했다. 하지만 모든 은사 사역은 사역자 자신만의 고유한 영적 감각들을 사용하기에 같은 은사라 할지라도 사역이 다를 수밖에 없다. 때문에 각각의 은사 사역을 하는 여러 집필자가 필요했다.

서로 다른 은사 분야에서 사역하시는 목사님들을 섭외하였으나, 여러 사정상 고사하시어 일단 질병의 치유와 예언, 그리고 임파테이션 이렇게 세 부분만 책으로 내게 되었다. 보다 다양한 은사치유 사역에 대한 글들을 싣지 못해 아쉬운 마음 금할 수 없다. 그리하여 앞으로 후속편을 통해 여러 은사치유 사역에 관한 방법들을 내년 6월중에 출판할 계획이다.

이 책에서 머리말과 치유와 은사들에 대한 기본적인 내용을 요약한 서론, 그리고 질병의 치유와 부록 부분은 내가 맡았으며, 예언 사역은 황광명 목사님, 임파테이션 사역은 오명동 목사님이 맡아 저술했다. 이분들은 그동안 목회교육원에서 특별강사로 강의하신 분들로 그분들의 노고로 이 책이 나오게 되었다. 바쁘신 가운데 집필하여 주신 저자들에게 감사드린다.

한 가지 덧붙이고 싶은 것은 이 세 글의 통일성 문제다. 한 성령 안에서 같은 주를 위하여 사역을 하더라도 서로의 체험이 다르고 공부한 환경이 다르기 때문에 치유에 대한 서로의 관점도 다르고 사역하는 방법 또한 다를 수밖에 없다. 나는 서로 관점이 다르다는 것이 오히려 이 책의 훌륭한 장점이라고 믿는다. 예수 그리스도에 대한 관점과 사역의 상황이 다르기에 네 권의 복음서가 있는 것과 마찬가지다. 그러므로 서로의 관점과 깊이가 다르다고 해서 어떤 글이 더 옳고 더 좋다고 평해서는 안 될 것이다. 다 주를 위해 사역하는 것이며, 주를 위한 방법으로 글을 쓴 것이기 때문이다.

여러 사정들로 인해 지난 학기를 끝으로 목회교육원 주임교수를 사임하게 되었다. 그동안 함께 공부한 학생들과 목회자들을 중심으로 새롭게 "예수치유훈련원"을 결성했다. 앞으로 이 책은 "예수치유훈련원"에서 교재로 사용하게 되며, 저자들이 직접 이 책을 가지고 가르치게 될 것이다. 본 연구원의 강의 계획과 내용들은 이 책 뒤에 별도로 첨부해 놓았다.

이 글을 읽고 나도 이런 책을 쓰고 싶어 하고 또 그런 능력이 있는 분들도 있을 것이다. 내 욕심으로는 이런 책이 많이 나왔으면 좋겠다.

그래서 한국의 치유 사역계가 좀더 풍부한 사역의 경험을 공유했으면 한다. 하지만 치유의 목적을 도외시하고 단지 은사 사용의 기술적인 방법을 서술한다거나 자신의 능력을 내세우기 위해 책을 낸다면 안 될 것이다. 치유는 오직 주님을 위한 것이며, 치유를 통해서 오직 주님만이 드러나야 한다.

이 책이 출판되도록 도움 주신 분들이 많다. 강선아 집사님, 안영희 집사님, 정경자 권사님이 바로 이분들이다. 이외에도 많은 분들이 기도해 주시고 격려해 주셨다. 이 모든 분들께 감사드린다. 그리고 1년 반 동안 목회교육원에서 나에게 배우느라 고생한 학생들에게 진심으로 감사드린다.

치악산 황골에서

빈탕 염기석

차 례

제1부 서론 치유와 은사들에 대하여

염기석

이 책은 은사와 치유의 원리를 밝히는 이론서가 아니다. 사역에 관한 방법들에 대해 서술한 것들이다. 하지만 치유 사역에 대한 글을 시작하기 전에 먼저 치유와 은사에 대해 간략하게나마 언급할 필요가 있어 이를 서론에서 다루고자 한다. 서론에서는 크게 두 가지에 대해 썼다. 첫째로는 치유와 은사의 정의, 그리고 은사치유 사역의 열 가지 원칙들과 치유의 다섯 가지 유형에 대해 썼다. 둘째로는 은사의 활용과 영적 감각들에 대해 검토했다. 이들은 이제까지 세미나나 강의, 책 등에서 내가 했던 이야기들을 요약해서 정리한 것들이다.

1장 치유와 은사의 정의와 원칙들

1. 질병과 치유의 정의

질병이 없이는 치유도 없다. 그러므로 모든 치유는 다 질병으로부터의 치유다. 이런 이유 때문에 치유를 말하기 전에 우리는 질병에 대해 정리하지 않으면 안 된다. 무엇이 질병인가? 혈압이나 각종 검사 수치가 병의 기준인가? 그것은 의사가 내세우는 기준이다. 성서는 그렇게 말하지 않는다.

성도의 삶의 기준은 하나님이시다. 당연히 질병의 기준도 하나님이시다. 하나님을 사랑하느냐, 그렇지 못하느냐? 그의 말씀에 순종하느냐, 그렇지 않느냐? 마음이 주를 향하느냐, 그렇지 않느냐? 그리스도를 사랑하고 그에게 자신의 전 존재를 헌신하느냐, 그렇지 않느냐? 그리스도의 인격이 그의 삶을 통해 나타나느냐, 그렇지 못하느냐? 성령을 소멸치 않고, 성령의 인도하심을 따라 사느냐, 그렇지 못하느냐? 이것이 신앙인의 질병의 기준이다.

이러한 기준으로 보면 질병은 불편함, 부조화, 미성숙한 상태라고 정의할 수 있다. 좀더 자세히 말하자면 하나님과 우리 사이의 불편함, 조화롭지 못한 상태, 신앙의 미성숙 등이 영적 질병이다. 또한 우리의 마음 또는 혼의 불편한 감정들, 미움 · 시기 · 불안 등의 정신적인 부조화, 성숙하지 못한 감정으로 인한 갈등 등이 있을 때, 이를 혼의 질병이라고 말한다. 그리고 우리의 육체에 기능상의 문제로 불편함이 있을 때, 몸의 각 기관들이 서로 부조화를 일으킬 때, 몸의 발달이 온

전하지 못하거나 사고로 인해 미숙한 상태가 되었을 때 이것을 육체적 질병이라고 부른다.

이러한 미성숙, 부조화, 불편함이 인간과 인간 사이의 구조적 문제나 상호 간의 갈등으로 나타날 때, 이것이 사회적 질병이다. 이를 확대하여 국가 간의 갈등이나 불편함이 나타나는 것이 국제정치적 질병이다. 자연과 환경의 문제들은 우주적 차원의 질병이다. 이와 같이 질병은 인간의 전 영역에 걸쳐 나타난다. 다만 질병이 개인적 차원이냐, 사회적 차원이냐, 국가적 차원 또는 우주적 차원이냐에 따라 질병의 종류를 구분하는 것뿐이다. 이들 질병으로부터 자유를 얻는 것이 치유의 목적이다.

성서 전반에 걸쳐 말하는 치유는 기본적으로 구원과 동일한 개념이다. 치유는 한 개인의 영, 혼, 육뿐 아니라 그의 삶 전부, 역사와 정치, 사회, 환경까지 이 세상 전반에 걸쳐 인간과 관계된 모든 것을 그 대상으로 한다. 인간사 전반에 걸쳐 나타나는 고통, 질병, 문제들, 갈등, 불편함과 부조화 등의 원인을 밝혀 그 원인을 제거함으로 하나님과 그리스도와 성령과 화목하게 하고, 하나 되게 하여 인간을 거듭난 새로운 피조물로 만드는 것이 치유다. 그러므로 치유는 구원이요, 거듭남이요, 새로운 피조물이 되는 것이다. 한걸음 더 나아가 우리가 사는 이 사회의 전반이 하나님 나라로 회복되는 것이 치유다.

이를 성서의 표현대로 하자면 하나님 나라의 회복이며 그 나라가 삶 속에 임하는 것이다. 우리의 영에 하나님 나라가 임하면 영적 치유가 되고, 혼에 하나님 나라가 임하여 기쁨과 평안이 임하면 혼의 치유다. 그리고 우리의 육체에 하나님 나라가 임하면 육체적 질병이 치유된다. 인간과 인간 사이, 이 사회 전반과 국가 간의 관계, 인간과 피조물들과의 관계 등 모든 영역에 걸쳐 발생하는 질병의 상태들이 하나님 나라로 변하는 것이 치유다.

여기서 한 가지 덧붙이고 싶은 것은 이제까지 우리는 치유를 말할 때 전인적 치유라는 용어를 사용해 왔다. 위에서 살펴본 것처럼 치유는 인간사 전반의 모든 문제들을 그 대상으로 삼고 있는데 반하여 전인적 치유는 한 개인의 영·혼·육만을 그 대상으로 한다. 따라서 이제부터는 전인적 치유라는 단어를 기독교의 치유에 사용하는 것을 자제했으면 한다. 성서가 말하는 치유는 하나님 나라의 차원이지 한 개인의 영·혼·육과 그의 삶에 국한된 차원이 아니기 때문이다.

이제까지의 논의를 바탕으로 은사와 은사치유, 그리고 치유 사역의 정의를 살펴보자. 은사는 교회의 유익을 위해 성령께서 주시는 것이다. 교회는 그리스도의 몸이므로 모든 은사는 교회의 유익을 도모하며, 그리스도를 세우고 하나님 나라의 확장을 위한 역할을 한다. 따라서 모든 은사는 교회를 위한 것이며 그리스도를 위한 것이다. 은사가 사용되는 곳마다 치유가 일어나 주님의 영광이 나타나며 하나님 나라가 이룩된다.

예를 들면, 병을 고치는 치유의 은사도 단지 의사처럼 병을 고치는 것에 국한되지 않고, 병의 치료를 통해 그의 혼과 영과 육, 그리고 그의 삶 전부에 하나님의 나라가 임하도록 하는 것이다. 예언의 은사는 사람의 길흉화복吉凶禍福을 알려주는 기능을 위한 것이 아니라 하나님의 뜻을 예언함으로 그로 하여금 신앙 안에서 굳건히 서게 하여 하나님 나라의 삶을 살도록 권면하고 유지하는 역할을 한다.

따라서 은사치유는 각각의 받은 은사를 활용하여 사람들로 하여금 그들의 몸과 삶에 하나님 나라를 회복하도록 치유하는 것이다. 또한 하나님 나라 회복을 위한 모든 사역이 바로 치유 사역이다. 일반인들과 구별되는 특별한 은사나 능력이 없어도 치유 사역은 누구나 할 수 있다. 그러므로 믿는 자는 누구든지 치유 사역의 사명을 가진 자들이요 치유자다.

2. 은사치유 사역의 열 가지 원칙

우리가 치유 사역을 할 때 지켜야 할 원칙이 있다. 종종 사역 현장에서 이 원칙들이 지켜지지 않아 물의를 일으키곤 한다. 예전에는 개별적으로 말하던 것들을 모아 치유 사역의 원칙으로 세워보고자 한다. 이 원칙들은 우리가 알고 있으면서도 자기도 모르게 범하곤 하는 것들이 대부분이다.

1) 치유 사역은 하나님 나라 확장을 위해 행해야 한다

성서의 모든 사명 중에 개인을 위한 것은 없다. 모두가 공동체를 위한 것이다. 축복도 나를 위한 축복이 아니다. 내가 가진 모든 것이 주의 것이라는 고백과 실천이 신앙의 기본이다. 에스더가 왕후가 된 것도 이스라엘의 구원을 위해 하나님이 그렇게 하셨다고 성서는 고백한다. 은사도 마찬가지다. 모든 은사는 하나님께서 그의 뜻을 펼치시기 위해 필요한 시점에 그의 믿음의 분량만큼 주신 것이다. 하나님은 이 땅에 하나님 나라를 이룩하시기를 원하신다. 따라서 모든 은사치유 사역은 하나님 나라 확장이라는 주님의 뜻을 이루기 위해 사용되어야 한다.

2) 치유 사역은 그리스도와 교회를 위한 것이다

바울도 교회의 유익을 위해 성령께서 은사를 주신 것이라고 하였다. 그리스도와 교회를 위해 사용되지 않는 은사는 더 이상 가치가 없다. 은사가 사용되는 곳마다 그리스도의 영광과 향기나 드러나야 한다. 은사가 활발하게 나타나는 교회일수록 그리스도의 인격이 드러나야 한다. 때문에 은사로 인해 교회의 질서가 흔들리고 분란이 생긴다면 이는 성령의 역사가 아닌 사탄의 역사가 분명하다. 만약에 자신의 은사로 인해 교회에 분란이 생긴다면 스스로 회개하고 은사와 사역을 포기해야만 한다. 그리고 은사 사역 대신에 주님을 더 사랑하려고 애쓰고 주님 안으로 몰입해야 한다. 그러다 보면 주를 사랑하는 심령에 합당한 새로운 사역의 길을 열어주시든지 아니면 영성의 깊은 곳으로 이끌어 주실 것이다.

3) 자신의 유익을 구하지 말라

능력이 나타나기 시작하면 사람들이 몰리고, 그에 따라 물질과 명예가 뒤따라온다. 또한 자신의 능력을 과시하고 싶은 교만이 슬그머니 솟아오른다. 이럴 때 조심해야 한다는 것을 모든 사역자들은 안다. 하지만 그 유혹은 쉽게 사그라지지 않는다. 여전히 각종 삶의 문제가 나를 가만히 놔두지 않기 때문이다. 자본주의 하에서 사는 한 돈은 항상 필요하다. 많을수록 편하다. 물질이나 명예에 대한 욕심과 유혹이 강해질수록 더 큰 능력을 사모하고 구하지 말아야 한다. 오직 나를 부인하고 주님만 구해야 한다. 욕심대로 많이 모아도 하루 밥 세끼요, 아무리 없어도 주님께서 굶게 하시지 않는다. 은사의 최고 수준은 사랑인데 사랑은 자기 부인의 결정체다. 오직 십자가 위에서 나를 구속하신 주님만이 존재하는 자리가 사랑이다. 자신의 유익을 구하지 말고 오직 주님만 구하는 사역자가 되어야 한다.

4) 회개 없이는 치유도 없다

기독교의 치유는 병을 고치는 데 그 목적이 있지 않다. 병자의 몸과 삶에 하나님의 나라가 이루어지도록 하는 것이 치유 사역이다. 치유가 일어나려면 병의 원인을 알아야 한다. 앞서 지적했던 것처럼 모든 병의 원인은 하나님 안에서 찾아야 한다. 하나님 없이 살았던 모든 삶의 흔적과 노력들이 병의 원인이다. 따라서 치유가 일어나려면 그의 삶을 다시금 하나님께로 향하도록 해야 한다. 삶의 변화 없이는 치유도 없다. 하나님 중심으로 삶을 변화시키는 것이 회개다. 회개 없는 치유는 치료일 뿐이다. 치료는 병원에서 하는 것이다. 치유는 회개로부터 시작하여 병자로 하여금 온전히 하나님 중심으로 살아가도록 인도하는 것이다.

5) 병 고치는 데 매달리지 마라

나는 "은사 있다고 병 고쳐 주지 마라"는 말을 자주 한다. 병을 고치는 데 치유의 목적을 두면 병이 낫는 즉시 치유는 끝난다. 기독교의 치유는 병이 아닌 사람을 고치는 것이다. 그의 몸을 포함한 삶 전체를 고치는 것이 치유다. 치유는 병을 치료함으로 병 걸리기 이전 상태로 되돌리는 작업이 아니라 질병의 차원이 아닌 더 높은 신앙의 차원으로 승화시키는 것이다. 치유에서는 단순히 질병이 낫고 안 낫고의 차원이 아니다. 그의 삶 속에 그리스도의 생명이 있느냐, 없느냐? 하나님 나라의 삶을 사느냐, 살지 못하느냐의 차원이다. 병이 낫지 않는다 하더라도 그가 하나님을 영화롭게 하는 삶을 살고 감사와 기쁨으로 평화의 삶을 산다면 그가 질병으로 오늘 죽는다고 할지라도 그는 치유받은 것이다.

6) No라고 거절할 줄 알아야 한다

이는 사역자 자신의 관리에 해당하는 것이다. 치유 사역을 할 때 곤욕스러운 것이 힘들고 지쳐 가는데, 사람들은 기도 받으려고 여전히 줄 서 있을 때다. 이보다 더 힘든 것은 사역이 끝나고 쉴 때 개별적으로 찾아와 기도를 받으려 할 때다. 사역자들은 사역할 때와 쉴 때를 구분해야 한다. 사역 시간에 지치고 힘든 것은 사역자의 직무 태만이다. 사역을 위해 자신의 몸과 은사를 관리하지 않았기 때문이다. 사역하기 전에 자신의 몸을 검검하고 능력을 충분히 끌어올려 만반의 준비를 해야 한다. 그리고 사역할 때는 적절하게 자신의 능력과 체력을 안배해야 끝날 때까지 지치지 않는다. 하지만 일단 사역이 끝난 후에는 충분히 쉬어야 한다. 쉴 때 찾아와 무리하게 기도 부탁을 하는 사람들에게는 No라고 말할 줄 알아야 한다. 모든 사역은 사역 시간에만 한다는 원칙을 지켜야 한다.

7) 치유는 믿음으로 일어난다

은사의 능력으로는 병을 고칠 수는 있어도 사람을 변화시키지 못한다. 사람을 구원하고 변화시키는 능력은 믿음에서 나온다. 믿음은 오직 예수 그리스도로 말미암아 나온다. 그리스도가 치유의 주인이시다. 따라서 은사로 병 고치려 하지 말고 주를 믿는 믿음으로 병을 고쳐야 한다. 이때 병을 고쳐 주실 줄 믿는 믿음보다는 그리스도 자체를 믿는 믿음이 더 중요함을 알아야 한다. 그리스도를 구하면 주님께서 그 안에 임하시고 주님이 임하는 곳에는 항상 치유가 일어난다. 따라서 사역자는 자신에게 임한 은사의 능력을 믿지 말고 오직 주님을 믿는 믿음으로 치유에 임해야 한다.

8) 사랑으로 고쳐라

주님이 왜 우리의 질병을 고치시는가? 그것은 사랑 때문이다. 주님이 찔림으로 우리가 나음을 입었다. 십자가의 고통이 우리의 고통을 덮을 때, 십자가의 상처가 우리의 상처를 덮을 때 우리가 치유받는 것이다. 십자가는 사랑 그 자체다. 십자가의 사랑이 우리를 치유하는 것이다. 그렇다면 우리가 치유 사역을 할 때 당연히 사랑으로 치유해야 한다. 사랑을 이기는 질병은 없다. 사랑으로 고치지 못하는 질병도 없다. 능력은 사람을 교만하게 만들 수 있어도 사랑은 항상 겸손하다. 따라서 치유 사역을 능력으로만 하려고 하지 말고 사랑으로 병을 고쳐라. 사역자의 권위는 능력보다는 사랑에서 나온다는 사실을 잊어서는 안 된다. 은사의 능력에서 나오는 권위는 기능에 대한 인정에 지나지 않지만 사랑에서 나오는 권위는 그리스도의 인격에서부터 나오기에 인격에 대한 존경을 받게 된다. 사랑으로 병을 고치는 자가 최고의 치유 사역자다.

9) 치유 사역은 정직하게 행해야 한다.

나는 사역을 할 때 아픈 부분이 감지되면 반드시 물어본다. 그리고 혹시 병원에서 그 부분에 대해 진찰을 받아본 적이 있었는지, 언제부터 어떻게 아팠는지 또는 내가 감지하지 못한 부분이 있는지 등을 물어본다. 그리고 질병과 기도 받으려는 이유 등에 대해 대화를 한다. 사역자라고 해서 모든 비밀을 다 알 수 있는 것이 아니다. 모든 은사는 다 부분적인 것이기에 완전한 은사란 있을 수 없다. 따라서 은사 사역자는 자신이 모르는 부분에 대해 부끄러워하거나 숨길 필요는 없다. 오히려 자신이 모르는 것을 아는 것처럼 위장하거나 건너짚지 말아야 한다. 할 수 있는 것만 하면 된다. 못하는 것은 주님께 맡기고 정직하게 사역해야 한다.

10) 거저 받았으니 거저 주어라

주님은 제자들을 둘씩 짝지어 파송하시면서 "너희가 거저 받았으니 거저 주라"고 하셨다. 좋은 주인을 위해 일하고 주인은 종들을 먹여 살린다. 사역자는 주의 종이다. 그렇다면 당연히 우리의 주인이신 주님께서 먹여 살리신다. 무엇을 먹을까, 무엇을 마실까, 무엇을 입을까 염려하지 말라고 하신다. 우리는 오직 주님이 주신 능력으로 치유 사역을 하면 된다. 이 사역을 통해 하나님 나라를 확장하고 회복시키는 일에 전념하면 된다. 나머지는 주님의 몫이다. 주님이 알아서 하실 일까지 내가 나서서 챙길 필요는 없다. 믿음이 없어서 그런 것이다. 사역에 대한 대가를 바라거나 요구하지 말고 그저 주님만 바라보며 일하는 종이 착하고 충성된 종이다.

3. 치유의 다섯 가지 유형

왜 어떤 사람은 낫고 어떤 사람은 낫질 않는가? 고침을 받은 사람들에게는 문제가 되지 않지만 기도 받아도 고침 받지 못할 때에 이 물음은 치유 사역자들을 당혹하게 한다. 동시에 하나님의 능력으로 치유받고자 하는 사람들에게 좌절을 가져다준다. 믿는 자에게는 능치 못한 일이 없다고 말씀하셨는데, 바울은 내게 능력 주시는 자 안에서 모든 것을 할 수 있다고 공언했는데, 현실은 왜 그렇지 못할까? 왜 그럴까? 성서가 잘못된 것일까? 아니면 하나님의 능력이 생각만큼 대단한 것이 못되어서 그럴까? 결국 이 물음은 치유에 대한 본질을 생각할 수밖에 없게 한다.

누구는 낫고 누구는 낫지 않는가? 어떤 병은 낫고 또 어떤 병은 낫지 않는가? 이것은 치유가 병 낫는 의료 행위와 구별된다는 것을 말해 준다. 즉 치유는 의료 행위가 아니라 그보다 차원 높은 그 어떤 것일 수밖에 없다는 것이다. 죽을병에 걸린 모든 사람이 다 고침 받아 살아난다면 죽는 사람은 누구이겠는가? 지금 이 순간에도 여전히 사람들은 병들고 죽는다.

성서를 보더라도 예수께서 병을 고쳐 주신 사람도 다 죽었으며, 심지어 다시 살린 나사로나 나인성 과부의 아들도 죽었다. 사실 신앙 안에서 죽음은 문제가 되지 않는다. 우리는 살아도 주를 위해 살고, 죽어도 주를 위해 죽는 것이기 때문이다. 주 안에서의 죽음은 우리가 이 땅에서 누릴 수 있는 최후의 행복이자 최고의 행복이다. 따라서 치유는 죽음을 유보시키거나 육체적 건강을 회복하는 병 고침의 문제가 아니라 그것보다 차원 높은 영역에 속한 것이다.

하나님 나라의 회복이라는 관점에서 치유를 볼 때 치유는 다섯 가지 유형으로 나누어서 볼 수 있다. 첫째로는 질병에 걸림으로 치유받는 유형, 둘째로는 질병이 낫지 않아도 치유받는 유형, 셋째로는 질병이 나음으로 치유받는 유형, 넷째로는 병이 낫고도 치유받지 못하는 유형, 다섯째로는 죽음으로 치유를 완성하는 유형 등이다. 우리가 보통 치유라 함은 셋째 유형을 가리켜 말하나 성서는 그렇게 말하지 않는다. 성서는 이 다섯 가지 유형 모두를 차별 없이 진술하고 있다. 이 치유의 유형을 통해 치유가 단지 병 고치는 것이 아님을 분명히 알았으면 하는 바람이다.

1) 병에 걸림으로 치유받는 유형

모든 치유는 일단 병에 걸림으로부터 시작된다. 육체적이든 정신적이든, 아니면 영적이든 관계적이든 간에 병에 걸린 사람은 선택을 해야 한다. 하나님의 치유를 받아들일 것인가, 아니면 거부해야 할 것인가? 하나님의 치유를 수용하는 것 자체가 치유의 시작이며 치유의 전부다.

병에 걸렸기 때문에 치유받은 예는 성서 속에 많이 나온다. 병에 걸렸기 때문에 하나님 앞에 무릎 꿇고 기도하게 된 사람은 누구나 병 때문에 치유받는 사람이라고 할 수 있다. 이는 질병과 치유의 기준이 하나님이시기 때문이다. 하나님으로부터 멀어진다면 질병이요 가까워진다면 치유다. 하나님께 등 돌리고 있으면 질병이요 하나님을 향해 돌아서면 치유다.

병에 걸렸기 때문에 자기 자신과 하나님 앞에서 진실해졌다면 그는 병든 것을 오히려 감사해야 한다. 건강하기 때문에 하나님보다는 세상을 찾아 즐기는 사람에게 건강은 하나님의 축복이 아니라 저주다. 하나님 앞에서의 건강함이란 육체적인 몸의 건강을 말하는 것이 아니라 하나님만을 바라는 진실함이 그 기준이 된다. 얼마나 진실하게 하나님을 사랑하는가? 얼마나 솔직한 기도를 하는가? 하나님 앞에서 하나님과 더불어 살아가는가? 하는 것들이 건강의 기준이 된다.

예수께서도 말씀하시기를 "만일 네 손이나 네 발이 너를 범죄하게 하거든 찍어 내버리라. 장애인이나 다리 저는 자로 영생에 들어가는 것이 두 손과 두 발을 가지고 영원한 불에 던져지는 것보다 나으니라. 만일 네 눈이 너를 범죄하게 하거든 빼어 내버리라 한 눈으로 영생에 들어가는 것이 두 눈을 가지고 지옥 불에 던져지는 것보다 나으니라" (마 18:8-9)고 하셨다. 이 말씀은 건강의 기준이 우리와 성서가 서로 다르다는 것을 단적으로 말해준다. 따라서 병이 들었다고 낙심하지 말고 구원의 주이신 하나님을 바라보아야 한다. 그리고 병이 들었기 때문에 하나님을 바라보고 하나님을 만났다면 그것이 바로 치유인 것이다.

우리는 병이 들었기 때문에 하나님을 바라보고 치유받은 예를 히스기야에게서 찾을 수 있다. 히스기야가 병이 들었다. 하나님은 이사야 예언자를 통해 죽을 준비를 하라고 말씀하셨다. 그러자 그는 벽을 향하고 하나님께 심히 통곡하며 기도한다. 하나님 앞에서 진실해졌다. 오직 하나님의 긍휼히 여기시는 은총만 바라고 기도하였다. 그때 하나님이 응답하셨다. 그리고 병을 고쳐 수명을 15년간 연장시켜 주심은 물론 나라를 아시리아의 손에서 건져 주셨다. 그가 살아 있는 날 동안 하나님은 평화를 주셨다. 히스기야는 병이 들었으므로 오히려 하나님 앞에서 진실해졌고, 그 때문에 수명의 연장과 나라의 평화를 가져왔다. 이는 병들었기 때문에 병 고침과 더불어 치유받은 예다.

2) 병이 낫지 않아도 치유받는 유형

두 번째 치유의 유형은 병이 낫지 않아도 치유받는 유형이다. 우리는 병에 걸렸을 때, 진심으로 자신을 돌아보고 회개하며 하나님께 낫기를 위해 기도하면 병이 나야 한다고 믿는다. 그러나 병이 낫지 않는 경우도 많다. 그럴 때면 우리는 믿음에 상처를 받고 좌절할 수도 있다. 아마도 믿음이 상처받는 것이 두려워 "주님, 꼭 고쳐 주실 줄 믿습니다"라고 기도하지 못하고, "주님의 뜻이라면 나의 병을 고쳐 주세요"라고 기도하는 것 같다. 만약에 그런 의미에서 주님의 뜻을 운운하며 기도하는 것이라면 그것은 치유를 위한 기도가 아니다. 엄밀히 말하자면 그건 기도도 아니다.

기도는 자신의 문제로부터 시작하여 점차로 하나님의 의도와 계획에 순종하는 방향으로 나가는 것이다. 구체적인 것에서 출발하여 막연한 것으로 흘러가는 것이 기도다. 병이 든 사람은 무조건 "주님, 꼭 고쳐 주실 줄 믿습니다"라는 기도부터 시작해야 한다. 진실로 믿고 매달리면 기도의 그 다음은 주님이 이끌어 가신다. 주님이 원하시는 방향으로 우리를 이끌어 가신다.

우리는 병이 낫지 않았음에도 치유를 받은 예를 바울에게서 찾아볼 수 있다. 바울은 안질이라고 전해지는 지병이 있었다. 그는 자신을 괴롭히는 병을 낫게 해달라고 하나님께 세 번 기도했다고 하였다. 그런데 하나님은 고쳐 주시지 않았다. 하나님께서는 바울에게 놀라운 기적을 행할 수 있는 능력을 주셨다. 심지어 바울의 손수건이나 작업 때 쓰는 앞치마를 가져다가 병든 자에게 얹으면 병이 떠나가고 악귀가 물러가는 능력이 나타났다. 그런데도 자신의 병은 고쳐지지 않았다. 왜 그럴까?

하나님이 기도했는데도 왜 고쳐 주시지 않았는가 하는 물음에 대한 해답은 바울의 말 속에 들어 있다. 첫째로 "이는 나를 쳐서 너무 자만

하지 않게 하려 하심이라"는 것과 둘째로 "이는 내 능력이 약한데서 온전하여짐이라 하신지라"는 것이다.

바울의 병을 통한 하나님의 의도는 바울로 하여금 교만하지 않고 그의 연약함을 통하여 하나님의 강함이 나타나게 하기 위함이다. 이 하나님의 섭리를 깨달은 바울은 이제 "그러므로 도리어 크게 기뻐함으로 나의 여러 약한 것들에 대하여 자랑하리니 이는 그리스도의 능력이 내게 머물게 하려 함이라"고 화답할 수 있게 되었다. 이것은 분명히 바울이 치유된 모습이다. 비록 육체의 질병이 낫지 않았다 할지라도 그는 하나님의 뜻을 발견함으로 질병을 이겼다. 이제 질병이 바울에게는 아무런 문제가 되지 않고 오히려 기쁨과 자랑거리가 된 것이다.

병이 낫지 않을 때에는 항상 그 원인이 있다. 그리고 그 원인이 교훈적이라는 의미는 병자가 하나님이 원하시는 대로 살지 않았던 그의 삶들이 고쳐지기를 주님이 원하시기 때문이다. 다시 말하지만 치유는 의료 행위가 아니다. 치유는 질병이라는 것을 통하여 자신을 돌아보고 하나님의 형상을 회복한 참 인간으로 거듭나는 것이며, 삶과 몸속에 하나님의 나라가 회복되는 것이다. 질병의 고침을 뛰어넘어 질병으로부터 자유롭게 되어 하나님의 온전함과 건강함에 이르는 것이다. 병이 낫지 않아도 병으로부터 자유롭게 된다면 그것 자체가 이미 치유인 것이다.

3) 병이 나음으로 치유받는 유형

이 유형은 우리가 흔히 치유라고 말하는 전통적인 유형이다. 하나님 앞에 나아가 믿음으로 병 낫기를 위해 기도하고 하나님의 능력과 은혜로 고침을 받는 것이다. 복음서에 보면 주님 앞에 나가 간구한 사람 중에 고침을 받지 못한 사람은 없었다. 이와 같은 사실은 우리에게 소망과 믿음을 준다. 치유를 받으려면 제일 중요한 것이 하나님 앞에 나아가는 것이다. 일단 하나님과 만나야 다음 과정이 진행되는 것이다.

하나님 앞에 나가 자신을 돌아보고 진실해질 때 마음의 문이 열린다. 그리고 그 열린 문으로 치유의 빛이 들어온다. 일단 하나님의 치유가 시작되면 나머지는 시간의 문제다. 그러나 치유가 완성되어 온전해질 때까지 중간에 포기하지 말아야 한다. 포기하는 순간 치유는 없다.

병이 나음으로 치유받는 유형은 그 예가 성서에 많으므로 생략하기로 하고 여기서는 하나님의 치유는 병의 고침에 한정되는 것이 아니라 병자의 삶 전반에 걸쳐 일어난다는 사실을 말하려고 한다. 즉 단지 병만 낫는 것이 아니라 병이 나음으로 인해 그의 인생 자체가 변화되며, 그의 환경과 인간관계 등 모든 면에서 치유가 진행된다는 것이다. 우리는 그 예를 군대 귀신들린 사람을 치유하시는 예수의 사례를 통해 살펴볼 수 있다.

귀신들린 사람은 무덤 사이나 산속에 살면서 소리를 질러 대고 돌로 자기 몸을 자해하며 성질이 포학하여 아무도 그를 제어할 수 없었다고 한다. 그의 인격과 정신은 매우 황폐해진 상태다. 그를 황폐하게 만든 귀신의 이름이 '군대legion'라는 것을 보면 분명히 로마 군대와 관련이 있어 보인다. 유대 전쟁으로 인해 받은 핍박과 고통이 그를 미치도록 했을 것이다. 예수께서 그 군대 귀신을 거의 2천 마리나 되는 돼지 속으로 들어감을 허락하자, 그 돼지들이 갈릴리 바다 속으로 내달아 다 빠져 죽었고, 그 사람의 정신이 온전해졌다. 귀신들린 사람의 황폐해진 인격과 정신이 예수 그리스도의 능력으로 온전히 치유된 것이다.

하지만 치유는 귀신을 쫓아내는 것으로 끝난 것이 아니었다. 귀신으로부터 자유롭게 된 사람은 더 이상 무덤에서 살지 않고 사랑하는 가족의 품으로 돌아갔다. 그동안 이 사람으로 인해 함께 고통받았던 가족 모두에게 평화와 기쁨을 주는 가족 치유가 동시에 일어난 것이다. 주님은 그에게 "주께서 너에게 큰일을 베푸셔서 너를 불쌍히 여기신 일을 전파하라"고 하심으로 이제는 자신만을 위한 삶이 아닌 하나님의 자녀로서 사명을 가지고 살아가도록 하셨다.

이처럼 치유는 병 자체만을 고치는 의료 행위나 치료가 아니다. 치유는 병을 통해 한 개인의 삶 전체와 사회적 관계까지 모두를 아우르는 것이다. 그야말로 그의 삶에 하나님 나라가 임하는 것이다. 따라서 병 낫기만을 위해 기도하거나 치유를 행하는 것은 잘못된 것임을 분명히 알 수 있다. 치유는 하나님 나라의 온전한 회복이 그의 삶에 임하는 것이다.

4) 병이 낫고도 치유받지 못하는 유형

하나님의 능력으로 병 고침을 받았다고 해서 모두가 치유받았다고 생각하면 안 된다. 병은 고쳤지만 치유받지 못한 예가 성서에 나오기 때문이다. 열 명의 나병환자가 멀찍이 서서 예수께 소리 질러 외친다. "우리를 불쌍히 여기소서." 예수께서 그들을 보시고 말씀하셨다. "가서 제사장들에게 너희 몸을 보이라." 그들이 예수의 말씀을 믿고 제사장에게로 가다가 동시에 그들의 몸에 난 나병이 고침을 받았다. 그러나 모두들 자기 집으로 돌아가고 그 중에 사마리아인 한 사람만 예수께 나아와 그 발아래 엎드리며 감사를 드렸다. 이때 예수께서 사마리아인만 돌아온 것을 보시고 돌아간 사람들을 책망하셨다. 그에게 선언하셨다. "일어나 가라. 네 믿음이 너를 구원하였느니라." 10명 모두가 병 고침을 받았지만 진정한 치유를 받은 사람은 이 사마리아 사람 하나밖에는 없었다. 9명은 분명히 고침을 받았지만 치유받은 것은 아니다. 오히려 주님은 그들을 책망하셨다.

이것은 병이 낫더라도 치유받은 것이 아니라는 것을 분명히 말해준다. 즉, 치유는 병 고침으로 끝나는 것이 아니다. 치유는 질병뿐만 아니라 영·혼·육, 그의 삶, 관계 등 모든 것이 온전하게 되는 것이다. 병 고침을 받아야 치유가 된 것이고 병 고침을 받지 못하면 치유받지 못한 것이라는 단편적인 생각의 오류들을 버려야 한다. 병의 고침은 받았으되 정작 치유받지 못한다면 이는 성도로서 불행한 일이다.

치유받은 후에 온전한 하나님의 사람으로 살아가지 않고 다시 예전으로 돌아간다면 그것은 치유받은 것이 아니다. 내 경험으로도 치유받아 예전으로 다시 돌아간다면 거의 대부분 재발한다. 이는 하나님의 진노를 받아 그렇기보다는 병을 일으킨 예전의 삶으로 돌아가니 다시 재발하는 것이 당연한 이치이기 때문이다. 따라서 온전한 치유란 병과 병 고침을 통하여 삶이 변하는 것이며, 예전의 생각의 습관, 감정의 습관, 행위의 습관 등이 바뀌는 것이다.

5) 죽음으로 치유를 완성하는 유형

사람들은 죽음이 치유라는 사실을 받아들이기 힘들어 한다. 그것은 죽음에 대한 막연한 두려움 때문이다. 죽음을 한번 경험해 보면 죽음이 그리 힘든 것이 아니라고 생각할 수도 있겠지만 죽음은 경험할 수 없는 것이기에 어려운 문제다. 살아 있는 사람은 죽어가는 사람을 보고 죽음을 간접 경험하게 된다. 모든 사람은 병에 걸려 죽는다. 현대인들은 각종 사고 현장에서 끔찍하게 죽든지, 아니면 병원 중환자실에서 차디찬 기계와 더불어 질병의 고통 속에서 죽음을 맞이한다. 그런 모습들이 죽음에 대해 두려움을 갖도록 한다. 그러므로 질병은 우리를 죽음에 이르게 하기에 치유는 적어도 죽음의 유보여야 한다고 생각한다.

우리는 죽음을 두려워할 필요가 없다. 우리가 두려워해야 하는 죽음은 자기의 인생을 정리할 시간도 없이, 하나님과의 관계를 정리할 시간도 없이 죽는 죽음이다. 즉, 회개 없는 죽음이 문제다. 그러나 하나님 안에서의 죽음은 아름다움이다. 내게 주어진 삶을 완수하고 여한 없이 홀가분하게 이 세상을 떠나는 것이다. 더 이상 고통과 괴로움이 없는 곳, 눈물과 안타까움이 없는 곳, 주님 계신 그곳, 나를 위한 면류관이 예비 된 곳으로 길을 떠나는 것이다. 사랑하는 이들의 전송을 받으며 주 안에서 다시 만날 기약을 하며, 주님과 함께 천국에서 영원히 살아가기 위해 이 땅을 떠나는 것이다. 이러한 죽음은 아름다움이다. 환희요, 말할 수 없는 기쁨이다. 완전한 치유요 이 땅에서 누릴 수 있는 최상의, 최고의 치유다.

치유는 죽음의 유보가 아니다. 죽음으로부터의 자유라고 말한다면 이는 맞는 말이다. 치유는 죽음의 한계를 극복하고 죽음을 넘어선 차원이다. 그러므로 성서는 살아있음과 죽음을 구별하지 않는다. 주님의 음성을 듣고 주를 따르는 자가 산 자요, 그렇지 못한 자가 죽은 자다. 치유와 구원과 거듭남은 같은 뜻이다. 거듭남은 죽음을 전제로 한다. 주님과 함께 죽지 않는 자는 부활도 없고 거듭남도 없고 생명도 없다.

치유는 죽음으로부터 시작하여 죽음으로 완성된다. 그리스도와 함께 죽는 영적 죽음, 세상과 죄에 대하여 죽는 영적 죽음이 치유의 시작이며, 모든 고통과 질병과 육체의 한계를 벗어나 자유롭게 되는 육체의 죽음이 이 땅에서의 치유의 완성이다. 주 안에 완성되는 치유는 상상할 수 없는 황홀함이요 아름다움 그 자체다.

2장 영적 감각들과 은사의 활용

은사가 열린다는 말은 무슨 뜻인가? 은사는 어떻게 활용하고 사용하는가? 하나님은 왜 우리에게 은사를 주시는가? 은사를 받는 방법이 있는가? 구체적으로 각각의 은사란 어떤 것인가? 등등 은사에 관해 우리는 많은 질문들을 가지고 있다. 이에 대해서는 나의 책『은사와 치유 사역의 원리』에 자세히 정리해 놓았다. 여기서는 사역에 관한 부분만 심도 있게 다룰 것이다. 즉 영적 감각과 그 감각에 대한 활용을 어떻게 하는가 하는 것에만 초점을 맞추어 설명할 것이다.

1. 영적 감각과 은사들

성서에서 은사를 구체적으로 거론한 사람은 바울이 유일하다. 바울은 고린도전서 12장에서 아홉 가지 은사를, 로마서 12장에서는 일곱 가지 은사를 말한다. 로마서에 나오는 은사들은 주로 목회 차원의 은사들이다. 이에 반해 고린도전서의 은사는 일반인들이 갖지 못하는 신비한 능력으로서의 은사다. 따라서 일반적으로 은사를 말할 때는 고린도전서에 나오는 은사들을 말한다.

신비한 능력으로서의 은사를 바울은 아홉 가지로 구분해서 설명했다. 하지만 실제 은사 사역에서는 이 아홉 가지 은사의 범주를 벗어나는 은사적 현상들이 나타난다. 대표적인 것이 육체투시와 심령터치라고 부르는 마음을 읽는 능력이다. 이를 크게 예언의 은사에 포함시킬 수 있지만 기능적 차원에서 보면 또 다른 범주다. 투시는 그저 보는 역할을 한다. 예언도 보고 듣고 하기는 하지만 보지 못해도 예언은 할 수 있다. 예언이란 하나님의 뜻을 전함으로 성도들을 위로하고 권면하여 신앙에 올바로 서도록 하는 것이기 때문이다.

따라서 능력으로서의 은사를 이야기할 때는 아홉 가지 은사의 틀에 맞추어서 설명하면 무리가 따른다. 그리하여 나는 영적 현상들을 각각의 은사에 맞추어서 설명하기보다는 영적 감각을 통해 설명하는 것이 옳다고 본다. 즉 은사로 영적 현상과 그 능력을 설명하는 것이 아니라 영적 감각들로 은사와 그에 따른 현상들을 설명하는 것이 보다 정확히 은사를 설명할 수 있다는 것이다.

영적 감각은 일반적인 사람이 감지할 수 없는 차원이 다른 감각을 말한다. 3차원의 공간에 사는 우리는 시각, 청각, 후각, 촉각, 미각 등 다섯 가지 감각으로 사물이나 주변 환경 등을 인식한다. 그리고 의식이 이들 감각들을 통합하고 분석하여 결론을 내리고 행동하도록 한다. 3차원의 감각을 활용하는 것을 능력으로서의 은사라고 부르지는 않는다.

영적 능력으로서의 은사는 또 다른 차원의 세계다. 내가 의식 너머의 의식이라고 부르는 또 다른 차원의 감각의 세계가 있다. 흔히 이를 신령계라고도 부르고 4차원이라고도 한다. 하지만 4차원이라고 부르는 것은 정확한 표현이 아니다. 4차원이라고 부르는 것은 3차원 너머의 차원이라는 뜻에서 그리하는 것 같은데 실제로는 3차원 너머에는 무한대의 차원이 있다. 그것을 4차원이라고 못 박아 표현하는 것은 적절치 못하다.

3차원의 의식 너머에 있는 이 세계에서도 다섯 가지 감각이 있다.

이 감각이 바로 영적 감각이다. 즉, 영적 시각, 영적 청각, 영적 후각, 영적 촉각 그리고 영적 미각이다. 이러한 영적 감각이 열린 것을 은사가 열렸다라고 말하는 것이다. 육체적 감각이 사람마다 차이가 있는 것처럼 영적 감각도 은사자마다 그 강도와 예민함의 차이가 다르다. 또한 영적 감각이 열렸다고 해서 이 다섯 가지 감각이 모두 열리는 것은 아니다. 그것도 사람에 따라 다르다. 대부분의 은사자들은 한두 가지 정도의 감각이 열린다. 아주 드물게 이 다섯 가지 영적 감각이 모두 열린 사람도 더러 있기는 하지만 그렇다고 은사의 원리를 터득할 수 있는 것은 아니다. 그것은 또 다른 차원이다.

이 다섯 가지 영적 감각 자체는 은사가 아니다. 하지만 모든 은사는 다 이 다섯 가지 영적 감각들을 사용하여 활용하기에 은사를 설명하는 데 유용하다는 것이다. 은사 사역은 이 감각들을 활용하여 진단하고 치유하며 예언한다. 환자의 영·혼·육의 상태를 보고, 촉감으로 느끼고, 냄새를 통해 질병과 치유 상태 등을 알게 된다. 또한 필요에 따라 주시는 하나님의 음성을 듣는다. 이 감각을 활용하여 치유하는 것에 대해서는 질병의 은사치유 사역 부분에서 상세히 설명할 것이다.

방언의 은사는 영적 감각이 열리지 않아도 임하지만 예언과 통역의 은사는 영적 감각 중 주로 보고 듣는 영적 감각을 이용한다. 치유의 은사는 주로 영적 촉각과 후각 등을 사용한다. 믿음의 은사와 능력 행하는 은사는 영적 감각이 없어도 나타난다. 이는 믿음의 능력을 그 사역자가 활용하는 방법을 터득했기 때문이다. 그렇다 하더라도 영적 감각이 열려 있으면 사역하는 데 아주 편리하다.

지혜와 지식의 은사는 다섯 가지 영적 감각이 없어도 된다. 이들 은사는 영적 감각들을 통합 분석하는 직관insight 즉, 영적 의식이 발달한 사람에게 나타난다. 그리고 영 분별의 은사는 마음으로 알아차리는 능력이 강한 사람들이다. 이는 영적 느낌을 말하는 것인데, 영적 촉감에 해당한다. 촉감을 몸으로 감지하는 것은 주로 질병의 치유에서 사용하는 감각이지만 영 분별의 은사는 마음의 감각들을 통해 그 영의 상태와 주변 영적 분위기 등을 감지하는 능력이다.

물론 이와 같은 영적 감각에 의한 분류는 일반적인 것이다. 사람마다 각각의 영적 감각들이 차이가 있으므로 반드시 '이렇다'라고 말해서는 안 된다. 강한 믿음을 바탕으로 선언하여 병을 고치는 믿음의 은사를 가진 사역자들 중에도 영적 감각이 뛰어난 사람도 많기 때문이다. 영 분별의 은사를 가진 사람들도 영적 느낌만이 아니라 보고 듣는 영적 감각을 잘 활용하는 사람도 많다. 그리고 지혜의 은사에 있어서도 다섯 가지 영적 감각이 다 열린 사역자들도 많다. 그러므로 영적 감각들은 성령께서 열어 주시는 분량에 따라 그 강도나 섬세함의 차이를 인정해야 한다.

2. 영적 감각의 활용과 감각의 계발

자, 이제부터 각각의 영적 감각들을 어떻게 활용하는지에 대해 살펴보자. 예언의 은사를 가진 사역자들은 영적 상태나 질병의 상태를 보고 아는 데도 병을 고치는 데 있어서는 치유 사역자만 못하다. 치유 사역자들도 보고 듣고 하지만 예언의 정확성은 전문 예언가보다는 확실히 못하다. 왜 그럴까? 만약에 영적 감각이 다 열려서 모든 은사를 자유자재로 활용한다고 한다면 은사의 구분은 무의미하다. 한 성령께서 주셔도 사람마다 그 사명과 믿음의 분량이 다르기 때문에 은사도 다르고 각각의 영적 감각들도 차이가 있을 수밖에 없다. 그러므로 각각의 사역에는 그 사역을 위한 영적 감각들이 특히 발달된 사역자가 자신의 은사 사역을 잘할 수밖에 없다. 이를 달리 말한다면 그것은 각각의 영적 감각들을 사용할 때의 감각의 위치와 사용 방법이 다르기 때문이라고 말할 수 있다.

나는 『은사와 치유 사역의 원리』라는 책에서 은사를 지정의知情意로 분류해서 설명했다. 지知에 해당하는 은사는 지혜의 은사, 지식의 은사, 영 분별의 은사다. 정情에 해당하는 은사는 방언의 은사, 방언을 통역하는 은사, 예언의 은사다. 의意에 해당하는 은사는 치유의 은사, 믿음의 은사, 능력 행하는 은사다. 이렇게 지정의로 분류한 이유는 각각의 은사들을 활용할 때 각각의 위치와 영적 감각의 느낌이 다르기 때문이다.

먼저 영적 감각이 어떻게 열리는가부터 살펴보자. 영적 감각들은 어떻게 열리는가? 깊이 기도할 때나 능력 있는 사람에게 안수 받을 때 어느 순간에 열린다. 영적 감각이 열릴 때는 일반 의식에서 영적 의식에로의 전환이 일어난다. 이 의식의 전환에 대해 많은 은사자들이 잘 모르는 것 같다. 이 의식의 전환을 분명히 알게 되면 일반 의식에서의 감각들과 영적 의식에서의 감각들을 혼동하지 않고 보다 정확하게 영적 감각들을 활용할 수 있다.

의식의 전환은 자기의식이 사라질 때 일어난다. 보다 정확히 말하자면 육체의 의식과 감각들이 비워지고 죽을 때 영적 의식이 살아난다. 나는 이 은사의 원리를 죽음의 원리 또는 십자가의 원리라고 부른다. 여기서 의식의 죽음을 자아의 죽음이라고 불러서는 안 된다. 하나님과의 합일의 단계에 이르기까지 자아는 결코 죽지 않는다. 하나님의 의식에 빨려 들어가 하나가 되기 전에는 흔히 영성에서 말하는 것처럼 낮은 자아가 높은 자아(참 자아)로 진보하는 것이지 죽는 것은 아니다. 은사 차원에서는 자아의 죽음이 아닌 정욕의 죽음을 말한다. 구체적으로 사역의 차원에서 말하자면 사역을 할 때는 자기의식이 사라져야 한다. 자기를 온전히 비우는 것이다. 그래야 영적 의식이 선명하게 나타난다. 이를 바탕으로 다시 은사의 지정의를 보자.

첫째로 지에 해당하는 은사들은 영적 의식이 발달한 사람에게 나타난다. 이는 영적 직관을 통해 나타난다. 육체적 의식의 자리가 머리인 것처럼 영적 의식의 자리도 머리다. 지혜나 지식의 은사를 사용할 때 생각에 집중하면 안 된다. 그것은 육체의 의식을 활성화시킬 뿐이다. 오히려 생각에 집중하는 것을 놓아 버려야 한다. 머리로 불을 끌어올려도 안 된다. 머리가 뜨거워지면 두통과 함께 정신만 혼미해질 뿐이다. 온몸의 힘을 다 빼서 몸을 비우고 자신의 육체를 잊어야 한다. 그러면 자기 생각, 육체적 의식이 사라지고 생각지도 못한 지혜가 떠오른다. 문득 떠오른 단어 하나, 생각 한 줄기가 이제까지의 모든 문제들을 일시에 해결한다.

인간이 살아 있기에 당하는 모든 고통과 고민하는 모든 문제들은 죽음과 함께 사라지는 유한한 것들이다. 지혜 있는 자는 모든 인간사에서 일어나는 문제들이 헛되고 헛된 것인 줄 알기에 문제들로부터 자유로운 자다. 오직 하나님만이 영원하시다는 것을 알기에 하나님 안에서 지혜를 구하는 자다.

둘째로 정에 해당하는 은사에 대해 보자. 정에 해당하는 은사들은 주로 영적 시각과 청각을 주로 사용한다. 영적 청각과 시각은 다 마음으로 보는 것이고 마음으로 듣는 것이다. 마음의 자리로 가슴에 위치

한다. 따라서 영적 시각과 청각을 활용하기 위해서는 가슴 부분까지 영적 기운을 살짝 끌어올려야 한다.

이 영적 감각들이 작용하는 것은 마음의 자리지만 실제로 우리가 사역할 때는 실제로 보고 듣는 것처럼 한다. 여기서 눈을 뜨든지 감든지 상관이 없다. 눈앞에 스크린을 두고 거기에 무엇이 나타나는지 바라보면 된다. 듣는 것도 내 생각이나 의식 등을 비우고 무엇이 들리는지 집중하면 마음으로 들리게 된다. 이 사역에 대해서는 황광명의 글을 보는 것이 좋겠다.

한 가지 덧붙이자면 많은 사역자들이 보고 들을 때 보고 들으려고 힘을 주어 집중을 한다는 것이다. 힘이 들어가면 육성이 따라 올라온다. 그러면 보고 듣는 것에 필연코 영향을 받는다. 내 생각과 선입견, 편견 등이 예언에 묻어 들어온다. 보고 듣는 것도 자기를 얼마만큼 비웠느냐에 따라 그 정확성이 좌우된다. 힘을 주어 집중하지 말고 자신을 비워야 한다. 마음을 비우고 그저 무엇이 보이는지, 무엇이 들리는지를 객관적으로 잘 관찰하면 된다.

셋째로 의에 해당하는 은사는 영적 촉각과 후각 등 몸의 감각을 주로 사용한다. 지에 대한 은사는 자기의식과 생각을 비우는 것이고, 정에 해당하는 은사는 마음을 비우는 것이며, 의에 해당하는 은사는 자신의 몸을 비우는 것이다. 비운다는 말은 힘을 뺀다는 뜻이며 놓는다는 것이다. 여기서도 힘을 주어 집중하는 것이 아니다. 몸을 비우기 위해 힘을 빼야 한다. 그러면 다른 차원의 몸의 감각, 즉 영적 촉각이 살아난다. 그리고 몸이 비워지면 영적 후각은 의식하지 않아도 저절로 작동한다. 의에 해당하는 은사는 사역자의 의지와 믿음이 다른 은사들보다 중요하다. 의지와 믿음의 자리는 아랫배다. 의에 해당하는 은사에 대해서는 질병의 치유 부분에서 실례를 들어가며 자세히 설명할 것이다.

자, 이제 영적 감각의 계발에 대해 살펴보자. 지금 올림픽이 한창인데, 금메달을 따면 세계 최고의 선수가 되어 부와 명예를 차지한다. 하지만 금메달은 하루아침에 딸 수 있는 것이 아니다. 최고의 선수가 되기 위해서는 천부적으로 주어진 자질과 후천적으로 부단한 노력이 있어야 한다. 이와 마찬가지로 은사 사역자들도 자신의 천부적인 영적 자질과 성령께서 주시는 영적 감각만 가지고는 안 된다. 자신의 영적 감각에 대해 용감한 실험 정신을 가지고 부단한 노력과 실습을 해야 한다.

사람의 가치는 동일하지만 사람마다 재능도 다르고 IQ나 EQ도 다르다. 남들과 똑같이 되려고 해서는 안 된다. 이처럼 은사도 마찬가지다. 한 성령께서 주시는 것이지만 같은 은사라 할지라도 그 감각은 서로 차이가 있다. 그러므로 자신만의 능력과 그에 따른 영적 감각들을 계발해야 한다. 우리는 기도를 통해 성령께서 주시는 영적 감각을 열게 되지만 그 후에는 자신의 노력으로 영적 감각들을 섬세하게 계발해야 한다.

영적 감각의 계발의 기본 원리는 죽음의 원리다. 자기 자신을 철저히 비우고 힘을 빼는 것이다. 죽은 사람처럼 되는 것이다. 그러면 현상계의 자기의식이 사라지고 영적 의식과 그에 따른 영적 감각들이 분명하게 살아난다. 이때 주어진 영적 감각들을 정확하게 활용하도록 노력하고 실습하는 것을 영적 감각을 계발한다고 하는 것이다.

운동선수가 한 가지 기술을 내 것으로 만들기 위해서는 수많은 연습을 한다. 그 기술에 대한 감각을 완벽하게 체득했을 때, 그 기술을 완전히 습득했다고 말한다. 영적 감각도 마찬가지다. 사역자는 자신의 영적 감각에 대한 신뢰가 있어야 한다. 자신도 믿지 못하는 영적 감각을 가지고 사역을 한다는 것은 서로를 속이는 것이다. 부단한 실습을 통해 자신의 영적 감각을 분명히 신뢰할 수 있도록 노력해야 한다.

마지막으로 사역은 팀 사역을 하는 것이 가장 바람직하다. 왜냐하면 각각의 영적 감각들이 작용하는 위치와 느낌들, 그리고 사역자마다 특별히 발달된 영적 감각들이 다르기 때문이다. 설사 다섯 가지 감각이 다 열렸다 하더라도 자신 있는 감각들에 주로 의존하여 사역하기 때문에 서로의 영적 감각들을 협력하여 보완하는 것이다. 나는 치유 사역으로부터 시작했기 때문에 내가 주로 사용하는 영적 감각들은 촉각과 후각이다. 시간이 지날수록 치유 은사에 관련된 영적 감각들이 특히 더 발달하는 것 같다. 처음에는 여러 가지 다양한 은사적 기법과 감각들을 사용했는데, 치유 사역을 주로 하다 보니 점차 그렇게 변하는 것 같다. 필요에 따라서는 보고 듣기도 하지만 영적 시각을 주로 사용하는 사역자들보다는 못하다.

따라서 영적 감각이 다양한 사역자들끼리 팀을 이루어 사역하는 것이 좋다. 치유 사역자는 치유를 담당하고, 축사자는 귀신을 내쫓음으로 치유하며, 예언자들은 주님의 뜻을 전함으로 위로와 권면을 하고 지혜자는 이를 바탕으로 주 안에서 새로운 비전을 갖도록 하는 것이다. 영적 사역에서 각각의 영적 감각들을 가진 사역자들끼리 서로 보완하고 협력할 때 좋은 결과를 가져오는 것은 당연할 수밖에 없다. 그러므로 서로의 영적 감각에 대해 서로 존중해 주고 협력하여 그리스도를 온전히 드러내는 진정한 치유를 하려면 팀 사역을 하는 것이 바람직하다.

제2부 질병의 은사치유 사역

염기석

1장 사역 준비

준비 안 된 결혼은 파경으로 치닫는 수가 많다. 살아가면서 준비까지 하려면 많이 싸워야 한다. 또한 부모 될 준비가 안 된 채 출산하게 되면 아이에게 불행을 안겨줄 수 있다. 그러므로 모든 일에 준비를 잘 하면 보다 행복해질 수 있다. 그러나 인생은 언제나 예기치 못한 일들이 생겨나기에 잘 준비해도 때로는 실패할 수 있다. 하지만 준비를 철저히 하면 그만큼 실패할 확률이 줄어든다.

치유 사역도 마찬가지다. 사역자가 준비를 철저히 해도 실패할 수 있지만 준비한 만큼 실패할 확률은 줄어든다. 여기서는 사역자 자신이 사역을 위해 어떻게 준비해야 하는지를 은사받은 후, 사역에 대한 요청이 있을 때, 사역 직전 이렇게 세 가지로 나누어서 설명하고자 한다. 그리고 치유를 받고자 하는 병자가 준비해야 할 것들에 대해서는 만남 부분에서 다룰 것이다.

1. 사역에 대한 준비는 은사를 받고 난 후부터 시작해야 한다

은사를 처음 받을 때, 대부분의 사람들은 처음 받은 은사의 황홀함에 빠져 덤벙거리기만 할 뿐이다. 받은 은사에 대한 신비감과 들뜸이 어느 정도 사라지면 제정신이 든다. 이때가 중요하다. 이럴 때 많은 사람들이 실수하는 것은 은사의 신비감과 황홀감, 그리고 더 큰 은사에 대한 욕심 때문에 계속 은사적 현상에 매달린다는 것이다. 황홀감이 사라지면 은사가 사라지는 것이 아니가 하는 불안감이 작용하기에 다시 그 황홀감 속으로 들어가기를 위해 애쓰기 때문이다.

받은 은사에 대한 들뜸이 사라지고 제정신이 들면 이때부터 자신이 주를 위해 무엇을 할 것인지를 확인하는 작업이 시작되었다고 생각하면 된다. 본격적인 사역을 준비시키기 위한 주님의 계획이 시작된다. 사명 없는 은사는 액세서리에 불과하다. 아름다운 액세서리는 그 사람을 품위 있고 아름답게 할지는 몰라도 다이아몬드 귀고리는 일하는 도구가 아니기에 그것으로는 아무것도 하지 못한다. 사명을 위한 은사는 액세서리가 아니라 일하는 도구다. 주를 위해 사용해야 하는 도구가 무엇인지, 그것을 어떻게 사용하는 것인지, 사용한 도구를 어떻게 관리해야 하는지를 배워야 한다.

이때 해야 할 작업은 크게 다섯 가지다. 사명의 확인, 자신의 은사에 대한 공부, 영적 감각에 대한 검증 작업, 사역자의 건강관리, 인격 성숙을 위한 노력 등이다.

1) 사명의 확인

은사를 받은 이후에 자신의 사명을 확인하는 절차가 필요하다. 나는 1996년에 치유의 은사가 임한 후 6개월 정도는 글자 그대로 덤벙거렸다. 뭐가 뭔지도 모르는 상태에서 안수하면 병이 낫고, 귀신이 쫓겨 가고, 사람들이 방언이 터지고 은사가 열리고 그랬었다. 은사의 신기함과 황홀감을 즐기면서도 한편으로 나는 이것이 무엇인가? 왜 그렇게 되는가? 등등의 질문을 놓지 않았다. 그리고 내 의지와 상관없이 임한 치유의 은사가 정말로 내 사명인가? 내가 평생 은사 사역을 하며 주의 일을 해야만 하는가? 등의 물음이 나를 떠나지 않았다.

일단 치유와 은사에 대한 공부를 했다. 박사학위를 받은 후에 다시 한 번 생각을 했다. 나는 내 사명이 무엇인지를 모른 채 사역하기는 싫었다. 남들처럼 사역하려면 나까지 나설 필요는 없다고 생각했다. 나를 부르신 주님의 목적이 분명히 있을 것이라고 생각했다. 시간이 필요했다. 그리하여 가족들을 비롯해 주위 사람들에게는 충격이었겠지만 2005년에 6개월 간 목회를 그만두었다. 그리고 사명이 무엇인지 알기 위해 교회와 집을 떠났다. 두 달 후에 옥천 나실인수도원 산 속 기도실에서 내 사명을 확인하는 체험을 하게 된다.

사명을 확인하자마자 나는 이곳 치악산으로 들어왔다. 이곳에서 만 5년이 넘게 숙성의 시간을 보낸 후 2년 전에 다시 세상에 나왔다. 36 살부터 49살이 될 때까지 15년 정도 사명을 확인하고 준비하는 과정을 거쳤다. 나는 사람들도 나와 같이 하라고는 하지 않는다. 워낙 내가 무식하고 자아도 강하고, 버릇이 없기에 많은 시간이 필요했던 것이다. 그 과정을 거치고 나니 지름길이 무엇인지를 알게 되었다.

지름길은 예수 그리스도다. 은사도 주를 위한 것이요 치유도 주를 위한 것이다. 은사받고, 연단받고, 공부하고, 숙성하고 등등 모두 없어도 상관없다. 모든 것이 주를 위한 것이라면 처음부터 주님만 있으면 된다. 주님만 사랑하고 주님만 전하고, 내 온몸으로 주님을 표현하기만 하면 됐지 또 다른 무엇이 필요하단 말인가? 한 바퀴 돌아보면 다 제자리다.

하지만 자신이 받은 은사를 가지고 목회하기를 원한다거나 은사 사역을 하기 원한다면 받은 은사와 자신의 사명을 확인하는 절차는 반드시 밟아야 한다. 사명이 분명치 않은 채 은사 사역을 하게 되면 목적을 상실하게 된다. 그렇게 되면 주님보다는 자신의 유익을 위해 은사를 쓰게 된다. 목적과 사명을 상실한 은사는 타락을 위한 사탄의 유혹이다. 사명은 오직 예수 그리스도를 위한 것이다.

2) 자신의 은사에 대한 공부

은사를 받은 이후에는 자신이 받은 은사에 대한 공부를 계속해야 한다. 공부하지 않는 은사자들 때문에 일반인들로부터 은사치유 사역을 열심히 하고도 무식하다는 소리를 듣는 것이다. 일반인들이 갖지 못한 신비한 능력으로서의 은사를 받았으면 그 은사에 대한 이론화 작업, 신학 작업, 성서적 검증 작업이 있어야 한다. 그래야만 자신의 은사에 대한 전문가가 될 수 있다. 많은 은사자들이 이 작업을 소홀히 한다. 단지 기도에만 매달린다. 하루에 3천명을 회개시킨 대단한 능력의 소유자인 베드로보다 이론과 신학, 그리고 성서에 정통한 바울이 기독교의 뼈대를 놓지 않았는가?

사람들이 은사와 영적 현상들에 대해 질문을 할 때 기도해 보니 그렇더라고 대답한다면 그는 기도원 원장 이상은 될 수 없다. 지식적으로나 신학적으로 정리가 안 되고, 성서에 대한 해박한 지식이 없더라도 이론과 신학에 대한 자기 계발을 게을리 해서는 안 된다. 모르면 아는 사람에게 배워서라도 자기 분야에 대한 자기 성숙을 이루어야 한다.

나는 치유의 은사가 임한지 1년 반 후인 1998년부터 목회학 박사 과정에 들어갔다. 거기서 내가 그동안 가져온 치유와 은사에 대한 물음들에 대해 공부하기 시작했다. 그리하여 치유를 하나님 나라의 회복이란 관점에서 정리를 하였다. 치유와 은사에 대한 신학적, 성서적 작업이 정리가 된 것이다. 그러고 나서 실제적인 모든 은사에 대한 체험을 하는 과정을 거쳤다. 은사와 치유에 대한 이론과 실제에 대한 모든 정리는 2004년도 주님을 만나는 체험을 한 후에 끝났다.

공부는 질문에서부터 시작한다. 자신의 은사에 대한 질문이 생기거든 기도로 쉽게 해결하려 하지 말고 공부를 해야 한다. 간증 중심의 치유 관련 서적보다는 조직신학과 같은 신학 서적을 붙잡는 것이 훨씬 유익하다. 상담학, 심리학, 의학, 한의학, 영성 관련 서적들 등 자신의 질문에 대해 해답을 줄 만한 책이라면 가리지 말고 읽어야 한다. 그래도 모르겠으면 아는 사람에게 가서 배워라. 하지만 은사 접목, 음성 듣는 법, 은사받아 교회 성장시키자고 광고하는 곳 등은 가지 마라. 그런 곳에서는 은사의 현상에 대해 가르칠 뿐 은사의 원리나 성서, 신학 등은 가르치지 않는다. 그러므로 은사를 받은 후에는 그 은사를 이론화하는 공부를 게을리 해서는 안 된다.

3) 영적 감각에 대한 검증 작업

영적 감각에 대한 검증 작업은 반드시 거쳐야 한다. 은사 사역을 하다 보면 자신만의 영적 감각에 대한 노하우가 생긴다. 이때 그 노하우에 대한 계속적인 검증 작업을 하지 않으면 자신도 모르게 그 노하우에 안주하게 된다. 그러면 그 이상의 발전은 없다. 영적 감각은 매우 섬세해서 사역자의 컨디션이나 주변의 영적 환경에 따라 오차가 발생한다. 이 오차가 사역을 방해한다. 자신의 영적 감각에 대해 부단한 실습을 하여 이 오차를 줄여야 한다.

2001년에 학위공부를 끝내고 1년간 농사를 지었다. 그리고 2002년부터는 은사자들을 만나 은사에 대한 실제적 체험을 많이 하게 되었다. 이때 나는 왜 그런가? 라는 질문을 놓지 않았다. 새로운 은사나 영적 감각들이 생겨날 때마다 이게 무엇인가? 왜 이런 현상들이 나타나는가? 등 질문을 계속했다. 이미 신학과 이론 및 성서에 대한 공부를 마친 상태였기 때문에 공부하는 데는 큰 어려움이 없었지만 여전히 새로운 분야에 대한 책들은 필요했다.

나에게 나타나는 새로운 은사와 영적 감각들에 대해 2002년부터 2년간 부단히 실습했다. 아침 먹고 제단에 올라가 기도하고, 점심 먹고 산에 올라가 기도하고, 저녁 먹고 제단에 올라가 기도하고 그렇게 했다. 다만 남들처럼 기도하지는 않았다.

일단 체조를 한 후에 앉아서 주님의 임재 안으로 들어간다. 그리고 내 몸의 변화를 관조하였다. 어떨 때 임재 안으로 잘 들어가는가? 그때의 느낌은 어떤 것인가? 임재 안으로 들어가면 내 몸을 그 어떤 기운이 감싸고 몸이 뜨거워지는데, 어떻게 하면 몸이 더 뜨거워지는가? 그 뜨거운 것을 어떻게 옮기고 흘러가게 만드는가? 임재 안에 들어가 영적 시각을 열어 보게 되는데, 어떻게 하면 잘 볼 수 있는가? 들을 때는 어떻게 하는 것이 좋은가? 등등 수많은 실습을 하였다. 이 실습을 하다가 어느 순간에 은사의 원리를 깨닫게 되는 행운도 만났다.

나는 사역자라면 자신의 영적 감각에 대한 확신과 신뢰가 있어야 한다고 강조한다. 그렇게 되려면 자신의 영적 감각에 대해 부단히 실습하는 것 외에는 없다. 그냥 능력 충만, 성령 충만 등을 외치며 기도하는 것으로는 될 수 없다. 은사자마다 같은 은사라고 할지라도 영적 감각의 차이가 있다. 자신만의 영적 감각을 찾아 잘 관리하고 실습함으로 주를 위해 정확하게 사역하는 것이 바람직하다.

4) 사역자의 건강관리

내 경우를 보면 은사가 임하면 체질 자체가 변하는 것 같다. 은사가 임할 때 사람에 따라 어느 정도의 건강도 주어지는 것 같지만 반드시 그렇지는 않다. 따라서 치유 사역자는 모름지기 자신의 건강을 관리하고 자신의 병을 치유할 줄 알아야 한다. 자신의 건강과 질병을 무시하고 남을 치유한다는 것은 한마디로 코미디다. 치유 사역자는 남을 치유하는 사람이기 이전에 자신도 아직 과정 속에 있는 수행자라는 사실을 잊어서는 안 된다. 나도 여전히 갈 길이 멀다.

사역자들이 건강을 해치는 경우가 많다. 이는 사역이나 기도를 무리하게 하고 자기 관리에 소홀하기 때문이다. 병을 고치는 것은 내 몫이 아니다. 치유의 주체는 주님이시기에 그것은 주님의 몫이다. 왜 내가 병을 고치기 위해 내 몸을 혹사시키는가? 주님의 일은 주님으로 하여금 고민하게 하라. 사역을 대충해서는 안 되지만 투쟁적으로 욕심을 내어서도 안 된다. 병을 고쳐 놓아도 또 병에 걸리며, 병이 나아도 결국에는 병에 걸려 죽는다. 안 되는 것은 안 되는 것이다. 그것에 목숨 걸지 말아야 한다.

그리고 기도에 목숨 걸지도 말아야 한다. 기도는 일상이 되어야 하지 이벤트가 되어서는 안 된다. 때문에 아주 특별한 경우가 아니면 금식하지 마라. 기도가 일상이 되면 금식할 필요가 없다. 영적 생활이 일상화되지 않기에 금식이나 철야기도와 같은 이벤트가 필요한 것이다. 기도는 특별한 일이 아닌 한 한 번에 한 시간 이상 하지 말고 늘 해야 한다. 기도할 때 능력이나 은사 등을 구하려고 애쓰지도 마라. 그것은 필요하면 그냥 주어지는 것일 뿐이다.

무리한 사역과 기도로 건강을 해치는 어리석음을 범해서는 안 된다. 하루만 살고 관둘 것처럼 목매지 말아야 한다. 기도나 영적 관리를 금식이나 특별철야기도, 심야에 산기도하는 것과 같이 이벤트성으로 관리하는 것은 좋지 않다. 이벤트는 그때뿐이다. 일상이 되어야 한다. 밤에는 자고 낮에는 일하고 기도하면 된다. 특별히 따로 할 일은 없다. 그저 주님께 맡기고 나가면 주님이 알아서 하실 텐데 왜 자꾸 조급해 하며 자신의 몸을 혹사시키는지 모르겠다.

기초 체력이 없이는 기도나 영적 상태가 깊어질 수 없다. 몸의 건강 없이는 영적 건강도 없다. 아주 간단한 진리다. 그렇다고 건강관리를 위해 따로 운동을 할 필요는 없다. 기도나 영적 생활이 일상이 되면 육체적 건강도 자연히 따라온다. 건강관리라고 말할 것도 없지만 내가 하는 방법을 잠시 소개할까 한다.

8년 전 치악산에 들어와서는 할 일 없이 지냈다. 그저 산에 올라가 산책하고, 필요한 공부하고, 심심하면 놀고 그냥 그렇게 지냈다. 나는 치악산에서 논 것 밖에 없는데, 하다 보니 이번 책까지 총 5권의 책을 썼다. 산에서 기도하고 산책하고 놀았는데, 놀다 보니 남들이 보기에 좀 많은 체험을 한 것 같다. 치악산에서 도사가 내려온 것처럼 생각하는 것 같아 웬만해서는 내 체험을 말하지 않는다. 그저 주님의 은혜 안에 나를 던지고 놀면 다른 사람들도 나처럼은 될 수 있을 거라 생각한다.

3년 전부터는 걷기를 한다. 특별한 일정이 없는 날에는 항상 원주 천변을 하루에 2~3시간 정도 걷는다. 많이 걸을 땐 하루에 30킬로미터 이상 걸을 때도 있다. 아침 먹고 집에서 나와 걷다가 배고프면 점심을 사먹는다. 그리곤 되돌아 집으로 와 저녁을 먹는다. 그러면 대충 그 정도 걷는다. 보통은 아침 먹고 집에서 나와 3시간 내외 걷고 교회로 올라와 점심을 먹고 산에 올라가 기도하고 놀다가 내려와 저녁 먹고 쉬다가 잔다.

사역자는 건강관리를 위해 운동하는 사람이 아니다. 걸을 때에 운동하는 것이 아니라 그냥 걷는 것이다. 숨차지 않고 힘들지 않게 그냥 걷는다. 숨이 차면 기도가 흩어지기에 기도하는 사람이라면 숨차게 해서는 안 된다. 힘들다는 말은 몸에 힘이 들어갔다는 말이기 때문에 힘들지 않게 걸어야 한다. 그냥 걷다 보면 내 몸이 알아서 보폭이나 호흡, 걷는 속도 등을 조절한다. 내 경험으로는 1시간 이상은 걸어야 호흡이 자연스러워진다. 그리고 4시간 이상을 걸어야 생각이 사라진다. 내 경험을 고집할 생각은 없다. 스스로의 방법을 찾아서 하면 된다.

5) 인격의 성숙을 위한 노력

사역 현장에 가보면 혈기 있는 사역자, 인격적 문제가 있는 사역자, 신경질이 많은 사역자 등을 쉽게 만날 수 있다. 왜 은사 사역자들이 그러는가? 그것은 은사의 특성상 충분히 그럴 수 있다. 은사가 열리면 모든 감각들이 예민해진다. 예민하면 할수록 더 섬세하게 능력을 발휘할 수 있다. 감각이 예민해지면 사소한 일에도 신경질적 반응을 보이게 된다. 능력이 강하게 나타나면 자신도 모르는 힘이 올라온다. 이러한 예민함과 힘 때문에 은사자들은 자신도 모르게 신경질적 반응과 혈기가 나타나게 된다. 하지만 그렇다고 해서 그래서는 안 된다. 이와 같은 것들이 사람들에게 상처를 준다. 그러므로 은사자는 자신의 혈기와 예민함을 다스릴 줄 알아야 한다.

이것은 은사의 관리 차원이 아니라 연단의 문제다. 은사는 모름지기 연단을 받아야 한다. 은사는 능력으로 연단받는 것이 아니라 오직 그리스도의 사랑의 인격이 임함으로 연단된다. 그러기에 연단받은 은사는 더 이상 상처를 주지 않는다. 은사 사역은 성령의 능력으로 이루어지는 것이다. 성령의 능력이 나타나는 곳에서 성도가 상처를 받는다는 것은 말이 안 된다. 결국 성령의 능력이 문제가 아니라 사역자의 인격, 연단받지 못한 그들의 은사가 문제를 일으키는 것이다.

성령은 거룩한 영이다. 사역자의 모난 인격과 혈기와 신경질적 사역이 거룩한 성령께서 일하시는 것을 방해해서는 안 된다. 따라서 은사 사역을 원하는 사람들은 은사가 임한 초기부터 자신의 인격을 함양하기 위한 노력을 게을리해서는 안 된다. 자신의 인격이 그리스도의 인격을 닮아 사역 현장에서 오직 그리스도의 인격의 향기가 흘러 넘치도록 해야 한다.

치유는 내가 아니라 그리스도와 병자와의 인격적 만남이다. 즉, 네페쉬의 만남이다. 인격의 교류란 그저 사회에서 말하는 그런 것이 아니다. 하나님의 기운과의 교류요 그리스도의 네페쉬와의 교류다. 사역자가 병자를 치유할 때는 사역자와 함께하시는 주님의 인격이 임함으로 치유가 일어나는 것이다. 그리스도의 인격이 치유받은 사람에게 흘러들어 가도록 하는 것, 그로 하여금 그리스도의 인격의 삶을 살도록 하는 것이 치유의 근본 목적이다.

그리스도의 인격을 닮아가려면 내 모난 인격을 부정하는 길밖에는 없다. 엄청난 이적을 행할 수 있는 더 큰 능력을 받는 것으로는 절대로 갈 수 없는 길이다. 나를 비우는 것이다. 죽는 것이다. 철저히 나를 부정하고 오직 주님밖에 없음을 고백하는 것이다. 그렇게 살아갈 때 나도 모르게 저절로 그리스도의 인격이 임하여 그리스도의 인격으로 사역을 하는 착하고 충성된 종이 된다. 왕도는 없다.

2. 사역에 대한 요청이 있을 때의 준비

사역 준비에 대해 너무 많은 이야기를 한 것 같다. 그러나 운동선수도 준비가 되고 나면 시합 때는 준비한대로 뛰기만 하면 된다. 그러기에 준비에 대해 보다 신중하게 이야기하느라 그리한 것이다. 사역 요청은 두 가지로 나누어 볼 수 있다. 집회 요청과 개인이 기도를 요청하는 경우다. 여기서는 집회 요청이 들어왔을 경우만 살펴보고 개인의 기도 요청에 대해서는 만남 부분에서 종합적으로 다룰 것이다.

통상적으로 집회 요청은 시간을 두고 하기에 시간적 여유가 있다. 요즘은 바빠져 시간이 없기에 간단하게 몸만들기를 하고 나가지만 예전에는 집회 열흘 전부터 몸만들기를 한다. 내가 몸만들기라고 부르는 것은 사역을 위해 준비하는 것이다. 마치 운동선수가 시합 전에 준비하는 것과 같다고 생각하면 된다.

내가 하는 몸만들기를 소개하자면 이렇다. 일단 늘 하던 대로 오전에 걷기를 한다. 오후에 산에 올라가 기도한다. 평소와 다른 점은 내 몸과 영적 상태, 은사 및 영적 감각 등을 점검한다. 몸의 점검은 내 몸에 아픈 곳이 있는지, 결리거나 통증이 있는지를 보고 있다면 치유한다. 내 몸을 투명하게 만드는 것이다. 그래야 질병을 진단할 때 오류를 범하지 않게 된다. 그리고 영적 상태의 점검은 쉽게 말해 나를 비우는 작업이다. 나를 비우는 것은 힘을 빼고 주님의 임재의 정도를 확인하는 것이다.

은사 및 영적 감각의 점검은 내 몸에 불을 넣어보고 어떻게 반응하고 진행하는지를 살피는 것이다. 손의 느낌이나 영적 감각의 느낌들을 확인하고 몸에 불을 넣고 능력을 끌어올려 보는 것 등이다. 그리고 가장 중요한 것은 나를 온전히 비우고 주님으로 충만하게 만드는 작업이다. 내 몸을 감싸는 주님의 기운을 느껴보고 온전히 나를 사로잡도록 철저히 나를 죽이는 것이다. 그러면 주님이 알아서 집회를 인도하신다. 이렇게 몸만들기가 되면 그 교회를 떠올리며 말씀 준비를 한다.

많은 사역자들이 예전에 했던 설교 원고를 가지고 늘 하던 설교를 한다. 물론 그대로 하지는 않겠지만 이는 설교자의 성실성의 문제다. 설교는 항상 그 교회에 맞게 새로 준비하는 것이 당연하다. 나는 집회 요청이 올 때마다 설교 준비를 새로 했다. 이렇게 한 것이 지금은 큰 자산이 되었다. 바쁘지 않을 때 많은 설교를 준비해 놓는 것이 좋다. 바쁘더라도 몸만들기를 하면서 새로운 설교 한두 편 정도는 가지고 가야 한다. 너무 바빠서 예전에 준비해 놓았던 설교 중에 그 교회에 맞는 설교 원고를 발췌해서 갈 수밖에 없을 때가 아니면 항상 새로운 설교를 준비하는 습관을 가져야 한다.

집회 예약을 미리 해 놓아도 일정이 바쁘면 미처 몸만들기를 할 시간적 여유가 거의 없을 때도 있다. 내 경험으로는 이럴 경우에 생각을 집회에 맞추어 놓고 있으면 신기하게도 몸이 알아서 준비를 한다. 이는 내 능력이 뛰어나서가 아니다. 주님이 집회를 위해 나를 준비시키는 것이다. 개인을 위한 기도에서도 그렇다. 예전에 몸이 자꾸 뜨거워지기에 무슨 일이 있으려나 했는데, 그 다음날 저녁에 예고 없는 방문이 있었다. 그들을 위해 주님이 전날부터 나를 준비시키신 것이다.

그러므로 내가 무엇을 어떻게 하려는 생각을 비우는 것, 내 몸을 온전한 통로로 비우는 것이 준비다. 가장 좋은 통로는 속이 완전히 빈 것이다. 속이 빈 만큼 제대로 전달된다. 내가 집회를 인도하면 무슨 선한 일이 있겠는가? 집회도 치유도 모두 주님이 하셔야 한다. 집회 준비는 주님이 온전히 역사하시도록 나를 없애고 비우는 것이다.

3. 사역 직전의 준비

왜 집회에서 죽을 쑤는가? 그것은 영적 분위기를 장악하지 못했기 때문이다. 개인을 만났을 때도 마찬가지다. 흔히 눌린다는 표현을 쓴다. 〈부록 2〉에서 다룰 것이지만 치유의 삼위일체 중 "치유治癒는 치유治流다"가 이에 해당한다. 사람은 하나님의 기운으로 창조되었다. 그리하여 네페쉬가 되었다. 사람과 사람, 사람과 자연, 사람과 어떤 상황과의 만남은 네페쉬의 만남이다.

사람이 병들었다는 것은 네페쉬가 병들었다는 말이다. 마음에서 뿜어져 나오든지 병든 몸에서 흘러나오든지 그 사람에게서 좋지 않은 기운, 즉 네페쉬의 느낌이 흘러나온다. 이때 내 속에 있는 네페쉬가 그 사람의 네페쉬든, 집회 전체의 네페쉬든지 그 네페쉬의 기운을 이기지 못하면 눌리게 되는 것이다. 눌리면 치유를 위한 기도도 제대로 안 되고, 집회는 죽을 쑤는 것이다. 이런 의미에서 교회보다는 기도원 집회가 힘들다. 기도원은 병든 사람과 간절한 소원을 가진 사람들이 주로 모이기에 그 갈구하는 기운이 크기 때문이다.

따라서 집회 직전에는 내가 어떻게 해야겠다는 생각을 버리고 몸과 마음을 온전히 비워야 한다. 오직 주님만 바라보고 주님만 의지함으로 내 몸을 주님의 네페쉬로 가득 채워야 한다. 주님의 기운이 나를 온전히 지배하도록 철저히 나를 죽여야 한다. 내가 죽은 만큼 주님의 기운이 충만해진다. 이런 의미에서 설교할 때 자기 자랑하는 사역자처럼 어리석은 사람은 없다. 자기 자랑은 주님의 기운을 가로막는 대표적인 것이기 때문이다. 주님 이야기를 해야 주님의 기운이 역사하신다. 내 이야기나 자랑은 사람의 귀만 즐겁게 할뿐, 정작 집회의 주인이신 주님을 짜증나게 할 뿐이다.

준비 찬송이나 통성기도를 통해 사람들의 감정을 끌어올려 분위기를 고양시키는 것은 사람들을 감정적으로 들뜨게 만들기에 좋은 방법은 아니다. 하나님의 기운과 숨결은 잔잔하다. 하나님의 기운이 집회 장소에 편만하게 흐르면 사람들은 감정에 의한 것이 아니라 내면의 기쁨이 충만해진다. 어린아이 같은 기쁨을 경험하게 된다.

나는 집회 시작하기 최소한 30분 이전에 제단에 올라간다. 거기서 내 자신의 영적 상태와 영적 감각들을 최종적으로 점검한다. 그리고 나를 온전히 비우는 작업을 한다. 나를 비우고 주님의 임재를 확인한다. 집회 전에 몸만들기 한 것을 다시 한 번 점검하고 집회가 주님의 기운으로 충만해지도록 하는 것이다. 그런 연후에 설교를 하러 단에 올라가면 이미 주님의 기운으로 충만해져 있다. 그러기에 나는 단 한 번도 집회에서 실패한 적이 없다. 왜냐하면 내가 한 적이 없었기 때문이다.

2장 만남

　연일 불볕더위가 기승을 부린다. 치악산에 들어온 지 8년 만에 이런 더위는 처음이다. 살인적 더위에 집집마다 에어컨을 트는데 당국에서는 전기 사용을 줄이라고 한다. 더위에 대한 해답은 에어컨에 있는 것이 아니라 날씨에 있다. 비가 오고 날이 선선해지면 에어컨을 틀라고 홍보를 해도 안 튼다. 그런데 만일 이 더운 날씨에 에어컨이 고장 났다고 하자. 어떻게 하겠는가? 당연히 해당 가전제품의 AS센터에 전화해서 수리기사를 부를 것이다.

　사람들이 왜 기도 요청을 하며 찾아오곤 하는 것일까? 왜 교회에서 집회 요청을 하는 것일까? 목적이 있기 때문이다. 텔레비전에 나와 웃기는 설교를 잘해 인기 있는 사람을 부르는 것은 그를 부르면 사람들이 몰려오고, 그것이 교회성장에 도움이 된다고 생각하기 때문이다. 왜 치유 사역자를 집회에 부르는가? 그것은 그를 통한 주님의 치유의 능력이 교회와 성도들의 질병을 고쳐 줄 것이라는 믿음 때문이다.

　하지만 오해하지 말아야 할 것이 있다. 그것은 내 능력 때문에 부르는 것이 아니라는 것이다. 모든 능력은 오직 주님의 것이어야만 하고, 주님을 위한 것이어야만 한다. 은사자는 단지 주님의 능력의 통로일 뿐이다. 통로는 막히지 않은 것일수록 좋은 통로다. 나라고 하는 것이 통로를 막지 않도록 나를 비우는 것이다. 나를 부르는 것은 나를 통해 주님의 능력이 나타나기 때문이다. 그러므로 나를 온전히 비우고 그저 속빈 통로처럼 모든 이들을 만나야 한다.

집회에서의 만남은 대화할 시간이 없다. 그저 사역할 때하는 짧은 대화만이 가능하다. 이때는 주로 진단한 내용을 가지고 하는 대화이므로 진단 부분에서 다루기로 한다. 앞서 개인적인 만남에 대한 준비를 말하지 않았다. 그리하여 여기서는 준비부터 만남까지를 개인적인 만남에 초점을 맞추어 설명할 것이다.

첫째로 한 개인이나 가족이 개별적으로 기도를 받기 위해 연락을 할 때다. 연락이 오면 적당한 시간을 택해 약속을 한다. 이때부터 사역 준비를 시작한다. 나는 집회 준비처럼 철저하게는 하지 않아도 늘 마음 한구석에 그 사람을 염두에 두며 생활한다. 하루 전 쯤에는 산에 올라가 몸만들기를 한다. 그리고 만나면 주님이 그 만남을 인도하신다.

그러나 예고 없이 불쑥 찾아와 기도를 요청하는 경우에는 참 난감하다. 나는 이렇게 무리하게 구는 사람들을 싫어한다. 그 이유는 준비 안 된 상태에서 기도하는 것이 서로에게 좋지 않기 때문이다. 세미나가 끝난 후에 불쑥 기도 요청을 하는 경우도 종종 있다. 나는 특별한 일이 아니면 거절한다. 왜냐하면 세미나 할 때와 집회할 때에 사용하는 은사와 영적 감각이 다르기 때문이다.

사람들은 은사자들이 항상 능력 충만, 성령 충만하다고 믿는 경향이 있다. 하지만 그렇지 않다. 아무리 뛰어난 육상 선수도 준비운동을 하지 않으면 제대로 뛸 수도 없고 부상 위험이 뒤따른다. 물론 그렇다 할지라도 일반인보다는 빨리 뛰겠지만 은사자들도 마찬가지다. 몸만들기를 통해 준비운동을 하지 않으면 제대로 사역을 할 수도 없을뿐더러 부상, 즉 영적 침해를 입을 수도 있다. 따라서 준비 안 된 사역은 거절하는 것이 가장 좋다. 냉정하게 No라고 말할 수 있어야 한다. 거절할 수 없는 상황일 때는 대화를 충분히 가지고 시간을 끌면서 내적으로 준비를 해야 한다. 이에 대해서는 세 번째 부분에서 자세히 말할 것이다.

둘째로 만나기 직전에는 나를 비워야 한다. 그래야만 병자의 느낌, 기운, 즉 네페쉬를 제대로 감지할 수 있다. 또한 나를 비워야 주님이 활동하시기 때문이다. 통로를 비우는 것이다. 비우지 않으면 내 생각이 차올라 선입견이나 편견을 가지기 쉽다. 이렇게 되면 올바른 진단을 할 수 없다. 모든 치유 사역은 나를 비우는 것이 선행되지 않으면 안 된다.

셋째로 만나자마자 기도하지 마라. 앉자마자 예배하고 기도하고 그러지 말라는 것이다. 나는 일단 대화부터 시도한다. 그리고 시간이 허락하는 한 오래 대화하려고 한다. 문제가 있는 사람은 말하고 싶은 것이 많다. 병자도 할 말이 많다. 내가 비록 기도해서 그들의 사정을 잘 알게 되었다고 할지라도 그들로 하여금 말할 시간을 충분히 주어야 한다. 대화할 때에 상대의 말을 주로 들어주어야 한다. 내 이야기를 자주하게 되면 대화가 중단된다. 할 말은 대화 후에 예배하면서 설교를 통해 하면 된다.

대화를 하면서 상대의 영적 상태나 질병의 상태를 감지하기도 하고 서로 인격적 교류를 통해 신뢰 관계를 구축하는 기회로 삼아야 한다. 상대는 자신의 처지나 상황을 가감 없이 잘 들어주면 자기를 잘 이해한다고 생각하게 된다. 자신을 이해한다는 마음이 들면 신뢰 관계가 형성된다. 신뢰 관계는 치유의 매우 중요한 요소다. 신뢰 관계가 없이는 치유도 없다.

넷째로 충분한 대화를 통해 서로의 인격적 신뢰 관계가 형성되고 더불어 네페쉬의 교류가 일어났다고 판단되면 그때 예배하는 것이 좋다. 대화를 통해 권고나 문제점 등을 지적하면 상대가 변명을 하거나 자칫 상처를 받을 수도 있다. 하지만 예배 때 설교를 하면서 말씀과 더불어 권면을 하면 잘 받아들인다. 그리고 기도를 통해 치유하면 된다.

3장 진단

몸이 아파 병원에 가면 의사는 각종 검사를 한 결과와 자신의 경험을 종합해 진단을 한다. 정확하게 진단해서 제대로 처방하고 치료하면 쉽게 병이 낫지만 오진을 하면 병도 안 낫고 환자도 고생한다. 치유 사역도 마찬가지다. 정확하게 진단을 해야만 신속한 치유와 더불어 좋은 결과를 가져올 수 있다.

진단은 자신에게 주어진 영적 감각들을 활용하여 하는 것이다. 각각의 은사마다 영적 감각들이 있으므로 영적 감각이 발달된 모든 은사자들은 다 진단할 수 있다. 예언자들은 보고 듣는 것으로 진단할 수 있으며, 영 분별의 은사를 가진 사람도 영적 느낌으로 진단할 수 있다. 방언을 통역할 때 그 비밀을 알게 되는 것으로도 진단은 가능하다. 각각의 영적 감각들은 각각 감지할 수 있는 능력이 있기에 진단도 가능하다.

하지만 치유의 은사는 병 고치는 은사이므로 질병에 관한 한 치유의 은사가 전문 사역 은사다. 예언하는 사역자들도 아주 섬세하고 정확하게 진단할 수 있다. 하지만 치유에 관해서는 오른손잡이가 왼손으로 밥 먹는 것과 같다. 아무리 만능 운동선수라 할지라도 축구에 관한한 전문 축구 선수가 잘한다. 그래서 오늘 새벽에 축구 선수들이 일본을 이기고 올림픽에서 동메달을 따지 않았는가? 병을 고치기에 적합한 영적 감각이 주로 발달한 사역자가 치유 은사자다.

진단은 치유하는 것과 더불어 매우 중요하므로 자세히 설명해 보고

자 한다. 여기서 다룰 것은 첫째로 어떻게 진단하는가 하는 것, 둘째로 진단 이후의 대화, 셋째로 진단이 안 될 경우, 넷째로 진단 내용이 병자와 견해가 다를 경우, 이렇게 네 가지로 나누어 설명하고자 한다.

1. 어떻게 진단하는가?

일단 자신의 몸의 상태와 영적 상태를 최상으로 만들어야 한다. 여기서 최상의 상태란 자신의 몸을 온전히 비우는 것을 말한다. 자신의 몸에 결리거나 아픈 통증이 있으면 진단할 때 이것이 병자의 것인지 자신의 것인지 혼동된다. 따라서 자신의 몸을 백지처럼 온전히 비우는 것이 선행되어야 한다. 그리고 마음도 비워야 한다. 이것은 자신이 무엇을 어떻게 해야 하는지에 대한 치료 방법이나 병자에 대한 어떤 생각이나 선입견 등을 완전히 지우는 것을 말한다. 쉽게 말해 진단을 위한 준비는 자신의 몸과 마음을 마치 영화관의 하얀 스크린처럼 만드는 것이다.

자신의 영적 감각이나 능력 등을 점검한 후, 그리고 몸 비우기를 했다면 이제 병자와 대면한다. 병자의 몸에 손을 대든 아니면 떨어져서 진단하든 상관은 없지만, 나는 될 수 있는 한 환부에 가까이 손을 대려고 한다. 그래야 보다 정확하기 때문이다. 하지만 병자가 여자인 경우에는 그것이 불가능하다. 이때는 머리에만 손을 얹는다. 필요하다면 등에 손을 댄다. 그리고 내게 주어진 영적 감각을 총동원하여 마치 스캔을 하는 것처럼, 또는 MRI를 찍는 것처럼 머리부터 쭉 훑어 내려간다.

치유 사역자는 영적 감각 중 주로 촉각을 이용한다는 것을 잊어서는 안 된다. 이 영적 촉각을 어떻게 활용하는가 하면 일단 자신의 몸을 스크린처럼 백지 상태로 놓는다. 그러면 자신의 몸에 병자의 몸의 통증과 같은 이상 감각들이 나타난다. 다시 말하면통증이 어느 위치인가? 통증이 어느 정도인가? 어떤 식으로 통증이 느껴지는가? 그것이 육체적 질병인가? 아니면 마음에 쌓여 있는 통증, 즉 심리적인 것인가? 통증이 어디서부터 시작하여 어떻게 진행하는가? 이 통증이 얼마나 오래된 것인가? 등등을 자신의 비워진 몸에 투사하여 자신의 몸으로 감지하는 것이다.

그리고 기타 영적 감각들을 보조적으로 거의 동시에 활용하여 자신이 감지한 병세를 확인하고 보충하는 작업을 병행해 나간다. 다 그렇지는 않지만 치유 사역자들은 촉각과 더불어 후각이 특히 발달해 있다. 영적 후각도 병세를 진단하고 치유하는 데 매우 유용하다. 특히 오래된 질병을 진단하고 치유할 때나 축사를 할 때는 더욱 그렇다. 병자에게서는 남들이 맡지 못하는 특유의 냄새가 난다. 영적 후각으로 냄새의 강도나 어떤 냄새가 나는가? 등을 감지한다.

또한 필요하다면 영적 시각을 열어 보는 것이나 주님의 음성을 듣는 것도 필요하다. 이를 바탕으로 보다 정확하게 병의 원인과 병자의 영적 상태를 확인할 수 있다. 이와 같은 진단을 순간적으로 아주 섬세하게 해낼 수 있어야 한다. 개인적으로 기도할 때는 보다 충분한 시간을 두고 진단을 하지만 집회 때는 대략 5~10초 이내에 다 끝내야 한다. 그리고 10~20초 정도 치유 사역을 한다. 그래도 몰려드는 사람들 때문에 밤이 늦어야 끝난다. 이 때문에 치유 집회는 새벽 기도를 못하는 것이다.

한마디 더하자면 영적으로 보고 듣는 부분은 예언자가 훨씬 잘한다. 나를 보아도 그렇다. 치유의 은사가 의意에 해당하므로 사역에 사용하는 영적 감각이 아래쪽에 위치해 있다. 사역 중간에 영적 감각들과 불을 가슴으로 끌어올려 사용하기에 번거롭고, 또다시 치유하려면 끌어내려야 하기에 불편하다. 하지만 무엇보다도 보고 듣는 것은 예언가의 전문 분야다. 보고 듣는 영적 감각이 특히 발달한 예언가가 치유 사역자보다는 잘한다. 따라서 진단에서부터 팀 사역을 하는 것이 필요하고 또 그래야만 보다 효과적으로 치유할 수 있다.

2. 진단이 되었을 경우

진단한 내용을 가지고 일단 대화를 하는 것이 좋다. 물론 집회 때처럼 많은 사람들이 모인 경우는 다 이야기할 시간이 허락지 않기에 다 말할 수는 없다. 그렇다 하더라도 특히 중요한 질병이나 상태 등이 진단되었을 때는 말해 주는 것이 치유에 도움이 된다. 자신의 질병과 상태를 정확히 진단하고 말해 주면 일단 사역자를 신뢰하게 된다. 그리고 치유받고자하는 소망과 더불어 믿음을 가지게 된다.

세미나를 인도하러 포항에 갔을 때의 일이다. 한 여자 집사를 위해 안수 기도를 했다. 기도하기 전에 한 시간 정도 대화를 했다. 그리고 머리에 손을 얹고 안수를 했는데, 몸이 전반적으로 안 좋았다. 머리에 과도한 스트레스로 인해 머리에 두통이 진단되었고, 아래로 내려오면서 가슴 부분에 이상한 통증이 감지되는 것이었다. 환부에 집중해 보니 왼쪽 유방에 문제가 있었다. 이때 집중은 힘을 빼고 나를 더 온전히 비우는 것을 말한다. 유두에서부터 가슴 쪽으로 찌릿찌릿하면서 통증이 있는 것이었다. 혹시 암인가 생각을 했는데, 암과는 다른 통증이었다.

　나는 손을 내리고 혹시 유방암 검사를 했느냐고 물었다. 그 집사는 병원에 가 보지 않았다고 했다. 나는 통증의 위치와 통증의 상태에 대해 설명해 주었다. 그 집사는 내 진단이 맞는다며 자신의 상태에 대해 말을 했다. 나는 암은 아니지만 계속 검사해 볼 필요는 있다고 말해 주었다. 그 다음날 오전에 그 집사는 병원에 가서 유방 초음파검사를 했다. 저녁에 또 다시 찾아와서는 의사도 내가 말한 대로 설명하더라고 했다.

　이후 그 집사는 나를 적극 신뢰하게 되었고, 치유에 대한 확신과 소망을 가지고 기도에 임했다. 저녁에 다시 한 번 치유를 위한 기도를 했는데, 상태가 많이 호전되었다. 시간적 여유가 없어 완전히 치유하지는 못했지만 스스로 기도하고 신앙생활을 잘하면 치유가 계속 일어나 나을 것이라고 말해 주고 치유를 끝냈다. 진단이 되는 경우 대부분 치유는 시간의 문제다.

　두 달 전 진주에서 집회를 할 때였다. 50대로 기억되는 한 여자 분을 안수하는데 아랫배 쪽에 묵직하면서도 말로 표현하기 힘든 야릇한 느낌이 감지되었다. 이 느낌이 뭐지 하며 자세히 진단해 보니 큰 병은 아니고 분명히 변비 같았다. 기도하다 말고 "혹시 변비 있으세요?"라고 물었다. 그분은 멋쩍게 웃으면서 "예" 하고 대답했다.

　병은 아니지만 기타 다른 것이 진단되기도 한다. 수년 전 서울에서 집회할 때다. 낮 집회 때 한 여자 집사를 안수하는데 아랫배 쪽에 기쁨이 감지되었다. 은혜를 받아서 그런가 하고 봤더니 그것은 아니었다. 나는 안수 기도를 마치고 강단으로 올라오면서 담임목사에게 저 집사님 무슨 좋은 일이 있느냐고 물었다. 모른다고 했다. 집회 끝난 후 그 집사님에게 사모님이 물었더니 그동안 비밀로 했던 좋은 일이 있었다. 나에게 마음을 들키는 바람에 그날 저녁 식사는 그 집사님이 샀다.

이처럼 치유 사역자는 자신의 영적 감각을 섬세하게 사용해야 한다. 자신을 비우면 비울수록 보다 선명하게 진단된다. 통증의 위치와 정도 및 상태 등을 정확하게 진단하면 할수록 치유는 보다 쉽게 이루어진다. 이를 위해 인체해부도 정도는 봐 두는 것이 유익하다. 장기의 위치와 상태 등을 알면 진단과 치유에 도움이 된다. 특히 환상을 이용한 진단과 치유에 아주 편하다.

집회나 개인 기도를 해 줄 때에 처음에는 주로 질병에 대한 진단 내용을 가지고 대화한다. 하지만 집회 끝날 때쯤에는 신앙의 권면과 앞으로는 신앙생활 등을 중심으로 대화를 한다. 이때 자신이 진단한 내용을 가지고 마치 점쟁이처럼 반말 섞어가며 말해서는 안 된다. 상대의 인격을 최대한 존중해 주며 친절하게 진단의 내용을 가지고 대화하는 것이 좋다. 그리고 진단한 내용에 대해서는 반드시 비밀을 지켜야 한다. 이는 철칙이다.

일단 진단이 된다는 것은 하나님께서 치유하기를 원하신다는 뜻으로 받아들여도 좋다. 물론 다 그런 것은 아니다. 예를 들면 죽음으로 치유하기를 원하실 경우에는 진단은 돼도 고침 받지는 못한다. 이때는 병의 근원을 고치는 것이 아니라 편안한 죽음을 맞이하도록 해 주며 병으로 인한 고통스런 증상들을 주로 고치게 된다. 통증이 사라진다고 하나님이 살려 주신다고 말해서는 안 된다. 치유 사역자는 하나님의 의도를 알고 그 의도대로 사역을 해야 한다. 하나님의 의도를 거슬러가면서까지 무지하게 대들면 안 된다. 이런 경우가 아니라면 진단이 되는 경우는 하나님이 고치시기를 원하신다고 받아들여도 좋다.

진단이 되면 치유는 시간문제일 뿐이다.

3. 진단이 안 될 경우

이는 치유의 능력을 기대하고 찾아온 사람이나 치유 사역자 모두에게 절망감을 준다. 그러나 좌절할 필요는 없다. 안 되는 것은 안 되는 것이요, 모르는 것은 모르는 것이다. 치유 사역자라고 해서 모든 질병을 다 알고 진단할 수 있는 것이 아니다. 아무리 유능한 치유 사역자라고 할지라도 못 고치는 것은 못 고친다. 치유의 주인이 주님이시니 주님이 알아서 하실 것이다. 주의 자녀에 대해서는 주님이 친히 고민하시도록 하라.

우리 교회는 지하수를 쓴다. 모터 펌프가 물을 끌어올리면 연결된 호스를 통해 물이 나온다. 물이 나오지 않는 것은 두 가지 이유다. 첫째로는 지하수 모터 펌프가 고장이 났을 경우다. 이 경우는 호스의 잘못이 아니다. 둘째로는 호스의 문제로 호스가 막히거나 끊어졌을 때 물이 나오지 않는다. 그것은 사역자가 자기 관리를 못했을 경우에 해당한다. 이를 하나씩 살펴보자.

첫째로 사역자의 문제로 진단이 되지 않는 경우다. 사역자는 자신의 사명을 위해 최선을 다해야 한다. 주님의 말씀처럼 착하고 충성된 종이 되어야 한다. 앞에서 누누이 말한 것처럼 사역 전에 자신을 온전히 비워 충실한 주님의 통로가 되도록 준비해야 한다. 그러나 사생활이나 가정의 문제로 인해 준비하지 못할 수 있다. 이는 주님을 위해 떠나지 못하기 때문이다. 왜 아브라함에게 고향과 아비의 집과 친척들을 떠나라고 하였겠는가? 함께 살기에 영향 받고 영적 침해를 받아 사역에 방해를 받을 수 있기 때문이다. 그러므로 사역을 위한 준비나 사역을 할 때는 모든 것으로부터 단절될 필요가 있다. 처음에는 힘들지만 점차로 함께 살면서도 단절되어 사역할 수 있는 능력이 생길 것이다.

그러나 예기치 못한 사역을 할 때에는 상황이 다르다. 사람들은 사역자들이 손만 얹으면 능력이 나타날 것이라는 환상을 가지고 있는 것 같다. 나는 준비 안 된 사역에 대해서는 과감히 No라고 말해야 한다고 했다. 하지만 이것은 나도 잘 안 된다. 이틀 전 군산에 세미나를 하러 갔을 때 그랬다. 갑자기 수요일 저녁에 집회가 열렸고, 3시간 반 동안 사역을 했는데, 미처 영적 감각을 추스르지도 못한 채 사역을 했다. 처음에는 진단이 명확하지 않아 고생했는데, 차츰 감각이 돌아와 나중에는 정상적으로 사역을 하고 왔다.

준비 안 된 사역은 사역자나 병자 모두에게 만족한 결과를 가져오지 못한다. 그렇다고 사역자가 항상 영적 감각을 끌어올리고 살 수는 없다. 그러면 육체적으로 견디기 힘들다. 은사가 열렸으면 닫을 줄도 알아야 한다는 말이 이 말이다. 평소 사역을 하지 않을 때는 은사를 닫고 살고, 사역을 할 때는 그 사역에 맞게 해당되는 영적 감각과 은사를 열어 준비를 해야 한다.

둘째로 모터 펌프의 문제로 물이 나오지 않는 경우는 하나님의 또 다른 의도의 문제다. 하나님이 왜 그 사람의 질병에 대한 정보를 주지 않고 가리시는가? 이럴 때는 일단 사역자 자신의 영적 상태나 영적 감각들을 점검해 보아야 한다. 별다른 이상이 없을 경우에는 주님께 왜 진단이 안 되는지, 주님의 의도가 무엇인지, 내가 어떻게 하는 것이 좋은지 등을 여쭈어야 한다. 그리고 주님이 원하시는 대로 치유 사역을 진행하면 된다.

사역자에게 별다른 이상이 없음에도 진단이 되지 않는 경우는 대체적으로 하나님과 병자 사이에 문제가 있기 때문이다. 성령을 훼방한 죄나 왜곡된 믿음의 문제, 하나님에 대한 상처나 사람에게 받은 상처 등이 위장되고 오도된 경우, 겉으로 보기에는 주일성수나 십일조와 같은 신앙생활도 잘하고 교회 내에서 직분도 잘 감당하고 원만한 것 같지만 자기 합리화가 굳어져 누구의 말도 듣지 않고 심지어 하나님의 능력이나 은혜도 실제로는 거부하는 경우, 이를 스콧 펙M. Scott Peck은 거짓의 사람들이라고 불렀다. 이런 등등의 원인이 진단을 불가능하게 만든다.

이럴 때 무조건 기도하고 능력을 넣어 주려 하지 말고 올바른 복음과 예수 그리스도를 제대로 소개해 주어 그로 하여금 회개하도록 해야 한다. 회개할 때 주님의 긍휼하심이 임하고 거짓의 위장이 벗겨진다. 그릇된 신념이 무너지고, 믿음 체계가 올바로 서게 된다. 왜 주님께서 펌프로 물을 끌어올려 생수를 주시지 않겠는가? 주님께서 근본적인 치유를 원하시기 때문이다. 목이 말라야 물을 찾게 된다. 주님께 목말라야 생수이신 주님을 찾게 된다. 목이 말라야 회개를 통해 오직 주님만을 바라보게 되고 사모하게 된다. 그렇게 되면 제대로 된 진단과 더불어 치유를 받게 된다.

4. 병자와 견해가 다를 경우

모든 통증이 한꺼번에 진단되는 경우는 드물다. 병자에게 있어서 제일 중요한 부분이 먼저 진단된다. 또한 내가 감지하는 통증의 정도와 병자가 실제로 느끼는 통증의 강도와 차이가 있을 수 있다. 이럴 경우 신중하게 대처할 필요가 있다. 진단이 틀리면 그때부터 병자는 사역자를 신뢰하지 않게 되는 경우가 많다. 그럴 경우 사역에 지장을 받을 수 있기 때문이다. 나는 내가 감지한 것에 대해 솔직하게 말한다. 그리고 병에 대한 견해가 다를 경우에 다시 한 번 진단을 하고 내 견해를 분명히 밝힌다. 모든 사역에 있어서 솔직한 것보다 좋은 것은 없다.

진주 집회에서 어떤 나이 많은 할머니 한 분을 안수하는데, 가슴과 위가 특히 안 좋았다. 나는 가슴과 위가 좋지 않다고 말했다. 하지만 그 할머니는 퇴행성관절염을 앓고 있는 다리도 아프고 허리도 좋지 않으니 그것을 고쳐 달라고 했다. 나는 할머니에게 "다리나 허리의 문제로는 죽지 않는다. 그것은 불편한 것이다. 위와 가슴이 진짜 문제다"라고 말해 주었지만, 내 말을 받아들이지 않은 채 다리와 허리를 고쳐 줄 것을 요구했다. 나는 하는 수 없이 몸 전체에 불을 넣어 주고 기도를 끝냈다.

예전에 의정부에서 집회할 때였다. 하루는 저녁집회 때 한 여자 청년이 기도 받으러 나왔다. 진단해 보니 오른쪽 늑골 아랫부분에 계란 크기로 뻐근한 통증이 감지되었다. 나는 그곳을 가리키며 아프지 않느냐고 물었다. 아니라고 했다. 다시 한 번 기도해도 마찬가지라 혹시 예전에 아팠던 적도 없었느냐고 했다. 여전히 없다고 했다. 하는 수 없이 머리에 손을 얹고 그곳을 집중하며 불을 넣어 주었더니 악취가 풍겨나면서 통증이 사라지고 치유가 되었다.

서로의 말이 다르면 둘 중 하나는 잘못 알고 있는 것이다. 하지만 둘 다 옳을 수도 있다. 왜냐하면 서로의 관점이 다르고 느낌이 다르기 때문이다. 따라서 내가 옳고 당신이 틀렸다고 말해서는 안 된다. 간혹 사역자들 중에 서로의 견해가 다를 경우 자기는 이제까지 틀린 적이 없다고 하면서 자신의 은사와 영적 감각의 정확성과 우월성을 야단치듯이 주장하는 경우가 종종 있다. 제발 그러면 안 된다. 은사 이전에 인격이다. 인격의 주체는 우리 주님이신데, 인격을 존중하여야 한다. 병자가 잘못 알았을 경우라도 솔직한 대화를 통해 이해시켜야 하며, 서로 마음을 같이하여 온전한 치유를 이루도록 해야 할 것이다.

5. 진단에 필요한 기타 사항들

마지막으로 진단에 필요한 기타 사항들에 대해 보자. 은사자들은 모든 것을 기도로 해결하려는 아집이 있다. 물론 그래야 한다. 하지만 사역에 필요한 지식과 도구까지 무시한 채, 대들어서는 안 된다. 그러면 조그만 기도원 원장 수준을 벗어나지 못한다. 사역에 필요한 지식에 대해서는 어느 정도 공부를 해야 한다. 치유 사역자는 모름지기 전문가다. 전문가는 자신의 영역에 대해서만큼은 이론적으로나 실제 사역에 있어서나 그에 대한 체험 등에 대해서는 그 누구에게도 설명할 수 있어야 한다. 여건이 허락하지 않는다 하더라도 최소한의 필요한 지식과 이해는 가지고 있어야 한다. 두 가지만 이야기하고자 한다.

첫째로 치유 사역자는 인체에 대한 명확한 이해를 가져야 한다. 인체 및 각각의 장기들의 위치나 기능 등에 대해서는 사역에 필요한 만큼만이라도 알아야 한다. 이를 위해 인체해부도는 필수다. 의학용 인체해부도나 인체해부학 책을 구해 인체의 구조 및 장기의 모양과 기능 등에 대해 공부를 해야 한다. 이에 대해 알고 있으면 환상을 활용한 치유 사역에 큰 도움이 된다. 또 장기의 정확한 위치나 기능 들을 알면 질병의 진단과 치유에 도움이 된다.

둘째로 심리학적 이해를 가져야 한다. 모든 질병은 단지 육체적 또는 정신적 기능의 한 가지 문제 때문에 생기는 것이 아니다. 육체적 질병도 심리적 상태에 크게 영향 받는다. 이를 심인성질환이라고 한다. 치유는 단지 그 질병에 국한된 것이 아니다. 그의 영·혼·육, 즉 몸과 그의 삶을 구성하고 있는 전반적인 것과 죽음 이후까지를 아우르는 것이다. 치유의 근본에는 하나님으로부터 온 네페쉬가 있고, 이 네페쉬의 느낌이 마음과 생각을 결정한다. 마음과 생각은 행동을 결정하고 그로 인해 건강과 질병이 결정된다.

심리학은 네페쉬를 인정하지 않는다. 즉, 인간의 마음과 생각의 근원에 대해서는 함구한다. 네페쉬는 영적 차원이며, 믿음의 세계다. 하지만 사람들이 이해할 수 있는 언어는 영적 체험의 세계의 언어가 아니라 심리적 언어다. 따라서 심리학적 이해가 충분히 공부되어 있는 사역자는 병자의 상태나 질병에 대해서 보다 자세한 설명을 할 수 있다. 심리학과 정신의학은 병자와의 관계에서 신뢰를 얻고 치유를 풍부하게 하는 좋은 도구다. 좋은 도구는 일을 쉽게 해 준다.

4장 치유

치유 사역자가 자신에게 주어진 주님의 은사를 올바로 사용할 수 있도록 준비하고, 서로 만나 대화하고 진단한 연후에는 진단한 내용을 가지고 치유 사역으로 들어간다. 어떻게 치유할 것인가는 진단에 달려 있다. 훌륭한 의사는 몸에 좋은 약이라고 무조건 처방하지는 않는다. 각종 검사 결과를 가지고 병의 원인을 알아낸 후 그 원인에 따라 치료하는 것이다. 치유도 그와 마찬가지다.

그리고 같은 질병이라고 할지라도 의사에 따라 각각 처방이나 치료 방법이 다른 것은 자신만의 풍부한 경험과 학문적 지식을 활용하는 노하우가 다르기 때문이다. 이처럼 치유 사역자마다 자신만의 은사의 독특성과 영적 감각과 경험이 다르기에 치유 방법도 다르다. 따라서 여기에서 제시하는 치유 방법은 내가 사용하는 방법을 일반화시킨 것들이다. 자신의 사역과 다르다고 해서 하등 이상하게 생각할 필요는 없다.

여기서는 치유하는 방법들과 치유 사역에서 흔히 겪게 되는 경우들을 일곱 가지로 나누어 그때마다 어떻게 치유하는지를 사례를 들어 설명해 놓았다. 그리고 치유에 대해 주의할 점은 별도로 다루지 않았다. 각각의 경우에서 필요한 내용들을 설명해 놓았다. 다만 여기서는 귀신들린 사람의 치유(축사 사역)와 뼈 사역과 같은 믿음의 치유 등에 대해서는 다루지 않았다. 이들 부분의 치유에 관해서는 이 책 후속편에서 전문 사역자가 집필해서 출판할 것이다.

1. 능력(불)을 사용하여 치유하는 경우

모든 질병은 기본적으로 치유의 능력을 사용하여 치유한다. 이 치유의 능력이 작용할 때 보통 뜨겁게 나타나므로 이를 흔히 불이라고 부른다. 이후 불이라는 용어를 자주 사용하게 될 것이다. 각각의 질병에 따라 불을 효과적으로 사용하기 위해 안수를 하고 안찰을 하고 환상을 이용하는 것이다. 뒤에 〈부록 2〉 "치유의 삼위일체"에서 설명할 것이지만 미리 말하자면 모든 질병의 특징은 차고 딱딱하다. 차고 딱딱한 것을 따뜻하고 부드럽게 하는 데는 불이 최고다. 치유治癒는 치유治柔될 때 일어난다.

내가 경험한 바로는 모든 은사 사역 중에 불이 제일 강한 것은 내가 믿음의 은사 계열이라고 부르는 은사들, 믿음의 은사, 능력 행하는 은사 및 치유의 은사다. 믿음의 은사는 불의 감각 없이도 사용할 수 있는 것이다. 능력 행하는 은사, 즉 축사하는 사역자의 불은 제일 강하지만 섬세함이 뒤떨어진다. 그 불을 섬세하게 활용하고 잘 다루는 것은 치유 사역자가 으뜸이다. 그러므로 치유 사역자는 불을 다룰 줄 알아야 한다. 불을 어떻게 끌어올리고, 자신이 어떻게 할 때 불이 잘 들어가는지 충분한 실습을 해야 한다.

내가 실습하고 사역해 본 결과 불을 끌어올리는 방법을 굳이 설명하자면 이렇다. 일단 자신을 비운다. 비운다는 것은 온몸과 생각의 힘을 빼는 것이다. 나를 비우면 몸이 뜨거워지면서 온화하고 상서로운 기운이 나를 감싼다. 여기까지는 평소 기도할 때의 일이다. 평소에는 불의 감각이나 영적 감각들을 훈련할 때 외에는 절대로 불을 끌어올리려고 하면 안 된다. 나를 비우고 생각을 비우고 마음을 비우고 그저 그 상태로 그냥 있어야 한다. 그 어떤 현상이 나타나더라도 현상에 마음 빼앗기면 거기까지다. 현상에 집착하면 더 이상 영적 진전은 중단된다.

그러나 사역을 준비하거나 사역할 때는 그 뜨거운 것을 끌어올려 한군데로 모아야 한다. 몸이 뜨거워진 상태에서 온몸에 아주 약간의 힘을 준다. 그러면 불이 상승되는 것을 느낄 것이다. 이렇게 끌어올려진 불을 손에다 모은다. 불을 모으는 것은 생각으로 한다. 즉, 생각을 손에 집중하면 유독 손이 뜨거워진다. 이때 주의할 점은 집중한다는 것은 힘을 준다는 의미가 아니다. 그저 마음을 얹어 놓는다는 뜻이다. 아주 약간의 힘만으로도 가능하다. 이 미묘한 불의 움직임과 운용을 만족한 수준이 될 때까지 꾸준히 연습하면 된다.

질병을 치유하는 것은 불을 넣는 것인데 불을 넣을 때도 마찬가지다. 일단 몸의 힘을 뺀다. 불을 끌어올려 손에 모으고 환부에 넣어 준다. 이때 집중하면 불이 잘 들어가는데 이 역시 힘을 준다는 의미가 아니다. 그저 마음을 얹어 놓는다는 뜻이다. 마음을 환부에 얹어 놓을 때 약간의 힘, 낙엽 한 장 무게 정도의 힘이면 된다. 아주 특별한 경우가 아니면 힘을 쓰지 마라.

주변에 안수 기도하면서 땀을 뻘뻘 흘리며 있는 대로 힘을 주면서 열심히 기도하는 사역자들을 종종 보게 된다. 힘 빼는 법을 모르기 때문이다. 야구에서 힘을 빼고 치는 법을 알아야 홈런 타자가 된다. 힘을 주면 불이 강하게 들어가는 것처럼 느껴지지만 사실은 그렇지 않다. 힘을 주면 오히려 불이 약해진다. 불뿐 아니라 육성이 함께 묻어 들어간다. 이렇게 되면 치유 사역자가 영해라고 부르는 데미지를 입을 가능성이 매우 높다. 또한 병자에게도 좋을 것이 하나도 없다. 사역자의 혈기와 육성에 의해 피해를 입을 가능성이 크기 때문이다.

불이 잘 들어가도록 될 수 있는 한 환부에 가까이 손을 대는 것이 좋다. 하지만 여성인 경우에는 직접 손을 대기가 민망한 경우가 대부분이다. 그래도 용감하게 손을 대는 사역자들도 있는데, 그것을 믿음으로 받아들이면 좋지만 그렇지 않은 경우에는 본인뿐 아니라 주위 사람들까지 시험에 들 수 있으니 주의해야 한다. 시험에 들면 치유는 방해 받는다. 따라서 여성인 경우에는 머리에, 아니면 환부에 가까운 등에 손을 대고 마음을 환부에 집중하면 된다. 불은 생각으로 움직이기 때문이다.

불을 넣고 난 후에는 불을 잘 관찰하는 것이 중요하다. 불이 잘 들어가는지, 들어가지 않는지, 들어가다가 어디에서 걸리는지, 어떻게 환부에 작용하는지, 치유가 일어나는지, 어느 정도 일어나는지 등을 면밀히 주시해야 한다. 이것을 감지하는 것은 사역자 자신의 영적 감각을 이용하는 것이다. 치유 사역자는 주로 영적 촉감을 사용하여 감지한다. 즉 자신의 몸을 이용하여 감지하는 것이다.

치유 사역자의 상태가 동일하다고 한다면 불이 들어가고 안 들어가는 것은 병자의 영적 상태에 따라 결정된다. 병자가 치유받기를 믿음으로 사모하고 기도로 준비하였을 때나 영적 기질이 뛰어난 경우에는 진단도 잘되고 불이 잘 들어간다. 그러면 치유도 잘 일어난다. 그렇지 않은 경우는 반대로 보면 된다. 이를 불이 잘 들어갈 경우와 그렇지 않는 경우로 나누어 좀더 자세히 보자.

1) 불이 잘 들어갈 경우

불이 잘 들어갈 때 그 불이 어디까지 들어가는지를 살펴야 한다.

어디 걸리는 부분이 없는지, 불이 어떻게 역사하는지 예의 주시해야 한다. 평소에 기도 많이 하고 신실하게 신앙생활 잘하며 어느 정도 영적으로 열린 사람들은 불이 아랫배까지 들어간다. 그보다 못한 사람은 가슴 정도까지 들어가며, 아주 아닌 사람들은 머리에서 불이 들어가지 못하고 겉돈다. 이를 불이 튄다고 말한다.

불이 환부에 들어갈 때는 환부가 약한 전류와 함께 뜨거워지고 통증이 풀리면서 사라진다. 이때 악취가 풍긴다. 치유가 일어나는 것이다. 그것이 어느 정도 그러냐에 따라 치유가 어느 정도 일어났는지 알 수 있다. 하지만 병자는 그 느낌을 모를 수 있다. 오히려 더 아프다고 할 때가 있다. 이는 호전 반응이다. 시간이 지나면 병자 자신의 몸이 확연히 달라진 것을 알게 된다.

2) 불이 잘 들어가지 않을 경우

불을 머리부터 아래로 쭉 밀어 넣는다. 하지만 질병이 있는 부분에서는 불이 더 이상 내려가지 못하고 걸린다. 이때는 약간의 힘을 더 주어 능력으로 밀어보라. 불이 더 깊이 들어가는지 아니면 밀리지 않는지 보는 것이다. 밀리면 치유는 시간문제다. 만약에 밀리지 않으면 가볍게 안찰을 하고 다시 밀어보라. 그래도 안 밀리면 시간이 많이 걸린다. 일단 진단이 된 것은 치유의 가능성이 있다는 것이기 때문이다.

가장 이상적인 경우는 치유 사역자와 병자 모두 준비가 잘되어 진단도 잘되고 불도 잘 들어가 치유가 잘되는 것이다. 이런 경우는 한두 번의 기도만으로도 만족할 만한 치유의 결과를 가져온다. 하지만 그런 경우는 백에 한둘 있을까 말까다. 대부분의 경우에는 그렇지 못하다. 평소에 신앙생활을 제대로 하지 못하고 기도도 안 하고, 세상을 즐기며 살다 보니 영적 상태가 엉망이 되어 병에 걸리고 병에 걸려 치유 사역자를 찾아온다. 이때는 불도 잘 안 들어가지만 무엇보다 중요한 것은 회개를 시켜야 한다. 회개하고 주님을 향하도록 한다면 불이 잘 들어가고 치유도 잘 될 것이다.

2. 안찰을 이용하여 치유하는 경우

치유에 있어서 안찰은 매우 유용한 도구다. 하지만 무리한 안찰은 흉기나 다름없다. 안찰은 병이 오래되어 환부나 몸이 굳어 있을 때, 몸에 독소가 많이 쌓여 있을 때, 두통을 치유할 때, 어깨나 등이 뭉치고 결릴 때, 순환기 계통의 질병이나 소화기 계통의 질병 등 거의 모든 질병에 사용하면 좋다. 그리고 불이 잘 안 들어갈 때 안찰은 매우 유용하다. 특히 무릎 관절염에는 특효인 것 같다. 안찰을 한의학적으로 말하자면 경혈을 자극하여 치료하는 방법이라고 말할 수 있다.

안찰은 맨살에다 하는 것이 기본이다. 안찰은 손바닥을 이용하는 것과 손바닥을 둥글게 오므려 그 안에 공기를 이용하여 하는 두 가지 방법이 있다. 이 두 방법 모두 무리하게 하면 사역자의 손목과 팔 관절에 무리가 온다는 단점이 있다. 안찰할 때의 울림이 전달되기 때문이다. 이를 사역자들은 타고 들어온다는 표현을 쓴다. 안찰 방법은 누구나 할 수 있지만 안찰 경험이 많은 사람에게 배워서 하는 것이 좋다. 안찰을 받아 보면 경험이 많은 사역자와 그렇지 못한 자가 확실히 다르다.

맨살에다 손바닥으로 치는 경우는 멍이 든다는 단점이 있지만 오히려 그것이 장점이다. 단점은 많이 아프다는 것이다. 손바닥으로 칠 때는 피멍이 새까맣게 올라올 때까지 한다. 하루 이틀 지나면 피멍이 안찰 주위로 시퍼렇게 퍼진다. 시간이 지나면서 점차 멍이 사라지고 통증도 함께 사라지면서 치유가 된다. 그리고 몸이 아주 가벼워진다. 나도 오래 걷거나 할 때 무릎관절이 뻑뻑하고 통증이 있을 때가 있다. 그럴 때에는 내 손으로 안찰을 한다. 그러면 새까맣게 피멍이 올라온다. 하룻밤 지나고 나면 아픈 것이 사라지고 낫는다.

손을 둥글게 모아 손안의 공기를 이용하는 방법은 훨씬 덜 아프고 멍이 들지 않는다는 장점이 있다. 또한 손안의 기공을 이용하기에 몸속 깊은 곳까지 터치가 가능하다. 이 방법을 나도 사용해 보니 손을 둥글게 하기에 손목이 자유롭지 못하여 손목이나 어깨관절에 무리가 온다는 단점이 있다. 또한 등이나 복부처럼 편편한 곳에는 좋지만 무릎과 같은 관절 부분에는 사용하기가 힘들다. 어떤 방법을 사용하여 안찰을 하는가는 사역자의 노하우에 해당한다. 따라서 좋은 안찰 방법은 자신이 잘하는 방법으로 하는 것이다.

포항의 김순자 목사가 내 주변에 있는 사역자 중에는 안찰을 제일 잘한다. 작은 체구에도 힘 있게 잘한다. 안찰에 관한 한 많은 경험에서 나오는 나름대로의 노하우가 있다. 나도 가끔 맞는데 효과가 아주 뛰어나다. 그 목사님에게 안찰을 받으면 좋은 결과가 분명하게 나타날 것이다.

안찰은 한두 번 하고도 좋은 결과를 가져올 수 있지만 오래된 질병이나 중한 질병은 좋은 안찰 사역자를 만나 지속적으로 완전히 나을 때까지 받는 것이 좋다. 모든 치료가 그렇듯이 좀 좋아졌다고 중단하면 다시 제자리다. 치유는 나을 때까지 하는 것이다. 그리고 사역자는 안찰만 할 것이 아니라 안찰 전후에 환부에 불을 넣어 주어야 더 좋은 결과를 가져올 수 있다.

마지막으로 안찰할 때의 주의사항에 대해 보자. 첫째로 안찰은 자칫 위험할 수 있으므로 조심해야 한다. 특히 장기에 질병이 있는 경우에는 안찰에 대한 특별한 노하우가 있는 사람에게 받아야 한다. 등 쪽은 크게 위험할 것이 없지만 장기가 약해져 있는 사람에게 배 쪽은 자칫 치명적일 수 있다. 안찰에 대한 특별한 노하우가 없거나 배우지 않은 사람은 처음에는 가능한 한 가볍게 하는 것이 좋다. 괜찮으면 점차로 세기를 조절해 가며 강도를 높여야 한다.

둘째로 억지로 해서는 안 된다. 특히 축사 사역자들이 안찰을 주로 많이 하는데, 정신적으로 불안한 병자를 주위에서 강제로 붙잡고 안찰을 하는 경우가 있다. 그러면 좋지 않다. 그들은 자칫 위험한 순간이 오더라도 자신의 의사를 표현하거나 선택을 할 만한 능력이 부족한 사람들이다. 아주 조심해야 한다. 또한 무엇보다도 설사 귀신이 나가고, 병이 낫더라도 그때의 인격적인 모멸감은 쉽게 치유되지 않는다. 안찰이 좋다고 부모들이 어린이를 억지로 안찰하도록 하는 경우도 있는데 그것은 무조건 해서는 안 된다.

셋째로 안찰을 치유 외의 다른 목적으로 사용해서는 안 된다. 간혹 안찰이 은사를 여는데 도움이 된다고 하여 전신안찰을 받는 경우가 있다. 특히 손에 불이 강한 사역자에게 전신안찰을 받으면 불이 강하게 들어가 영적 상태가 고양되기도 한다. 그렇게 하면 영안이 열리거나 은사가 임하는데 도움이 될 수도 있다. 하지만 설사 은사는 열릴 수 있을지 몰라도 그 은사는 들떠 있기에 영적 성숙에는 하등 도움이 안 된다.

넷째로 안찰은 자신의 힘을 이용하여 치는 것이기 때문에 사역자 자신의 몸에 무리가 온다. 특히 손목과 팔꿈치, 어깨관절 등에 해를 입을 수 있다. 또한 힘이 든 상태에서 계속 안찰을 하면 온몸에 무리가 온다. 따라서 안찰은 적당히 해야 하며, 힘이 들 경우 교대로 안찰하는 것도 유익한 방법이다. 그리고 안찰 후에는 자신도 안찰을 받아 몸을 즉시 풀어 주어야 한다. 그렇지 않으면 몸에 쌓여 병이 될 수도 있다.

3. 환상을 이용하여 치유하는 경우

환상을 이용하여 치유하는 것은 이미 오래전에 아그네스 샌퍼드 Agnes Sanford 여사가 제시했던 것이다. 그 이후 많은 치유 사역자들이 애용하는 방법이 되었다. 이는 인체투시를 하는 사역자들이 주로 하는 것이지만 영적 시각이 개발되지 아니한 사역자들도 가능하다. 즉, 상상을 하면서 실제적으로 그렇게 된다는 믿음을 가지고 하는 것이다. 이것은 치유뿐만 아니라 진단에서 사용해도 된다. 이때 인체해부도를 공부해 놓으면 더 잘할 수 있다. 그리고 치유뿐 아니라 예언이나 인체투시, 심령터치 등에 아주 다양하게 이 방법을 사용할 수 있다. 하는 방법은 이렇다.

첫째로 질병의 진단과 치유에 사용할 때다. 위궤양이 심한 어느 집사를 환상을 이용한 치유 방법으로 치유한 적이 있다. 나는 머리에 손을 얹고 해부학 책에서 본 건강한 위장의 모습을 연상하면서 그 집사의 위장을 마음에 떠올렸다. 그리고 그 위 속을 자세히 관찰했다. 위의 위쪽에 삼각형 모양으로 약간 움푹 들어간 곳이 보였다. 크기는 길이가 1센티미터도 채 되지 않았다. 궤양이 있는 가장 가까운 등 쪽에 손을 얹고 생각으로 수술을 시작했다. 파여진 부분에 새살이 돋아나와 메워지는 상상을 하면서 계속 불을 넣었다. 수술이 끝나고 나는 그 옆에 완치라는 글을 쓰고 도장을 찍었다. 그리고 기도를 마쳤다.

둘째로 축사할 때 이 방법을 쓰는 것이다. 귀신들린 사람 속에 있는 귀신이 자신의 정체를 드러낼 때 축사자는 그 속에 있는 귀신이나 귀신들린 당사자와 대화를 하게 된다. 이때 그의 말을 듣기만 하지 말고 들으면서 그 내용을 상상을 이용하여 재구성하는 것이다. 전체적인 상황, 귀신의 모습과 행동들, 귀신이 나가는지, 숨는지, 어떻게 나가는지, 나간 이후 병자의 상황이 어떠한지 등을 상상으로 재구성하여 면밀히 관찰하는 것이다.

귀신은 아니더라도 심리적 문제 때문에 신경증에 걸린 사람을 치유할 때도 마찬가지다. 예전 집회 때의 일이다. 어느 여자 집사가 귀신들린 것과 같은 발작 증세를 보여 기도해 준 적이 있다. 편안한 자세로 눕게 하고는 그녀에게 불을 강하게 넣어 입신 상태와 유사하게 만들고 대화를 시작했다. 그녀는 어느 학교 담벼락이 보이고 그 담에 한 남자가 서성이는 것이 보인다고 했다. 나는 직감적으로 그 남자가 그녀의 병적 증세의 원인이라는 것을 알았다. 그 남자는 귀신이 아니라 그녀의 내연 남자였다. 유부녀인 그녀는 남편과 시댁 식구들에 대한 심한 죄책감을 가지고 있었다. 그 죄책감이 귀신을 만들고 귀신에게 자신의 죄책감을 투사한 것이었다. 나는 기도를 중단하고 그녀에게 사생활을 건전하게 할 것을 권면하고 마쳤다.

셋째로 상담 특히 꿈을 주제로 하는 상담일 경우에도 유용하게 사용할 수 있다. 내담자가 꿈을 이야기할 때 상상을 이용하여 내가 그 꿈을 꾸는 것처럼 재구성해 보라. 그러면서 그 꿈을 추적 관찰하는 것이다. 꿈에 대해 이상한 점이 발견되면 물어보기도 하고, 그 꿈이 끝난 부분부터 계속 꿈을 진행시켜 보기도 한다. 그렇게 되면 그 꿈을 해석하고 이해하기가 훨씬 쉬워질 것이다.

이외에도 다방면으로 활용할 수 있다. 예를 들면 지난 부여 집회에서 있었던 일이다. 키가 작은 여자 권사를 안수할 때다. 작은 키에 몸무게는 많이 나가는 체형이었다. 머리에 손을 얹고 기도하다가 갑자기 장난스런 생각이 들면서 몸무게가 궁금해졌다. 나는 그 권사님의 몸무게를 떠올렸다. 68이란 숫자가 나타났다. 이어 67이란 숫자가 나타났다. 나는 기도하면서 68?, 67?이라고 말했다. 권사님은 뭐가요? 하기에 몸무게요라고 말했다. 어떻게 알았느냐며 평소 자신의 몸무게가 67~68킬로그램 나간다고 말해 함께 있던 사람들이 한바탕 웃은 일이 있었다.

이 방법을 사역에 적용할 때 자신의 능력을 과시하는 수단이나 장난치는 것처럼 사용해서는 안 된다. 더욱이 남의 지갑 속의 금액을 알아본다든지, 재산이나 기타 개인 정보를 알아내는 수단으로 사용해서도 안 될 것이다. 오직 거룩하신 성령의 뜻에 따른 사역을 위해 정직하게 써야 한다.

사실 이와 같은 방법은 예언에서 주로 사용하는 방법들이다. 그러나 치유 사역에서 이 방법을 쓸 때 예언과의 차이점은 예언은 환상을 통해 하나님의 뜻을 알고 그 뜻을 전함으로 위로와 권면하는 것을 목적으로 사용되지만 치유에서는 단지 질병의 진단, 치유되는 과정 및 그 결과에 사용한다. 그리고 영적 시각이 없어도 믿음으로 상상하여 사용하면 효과적이다. 해 보면 상상 이상의 효과를 보게 될 것이다.

4. 치유가 일어나지 않는 경우

네 번째 사역 방법부터는 실제 사역에서 겪는 문제들을 어떻게 해결하느냐에 초점을 맞추어 설명할 것이다. 위에서 말한 세 가지 방법들이 치유 사역에서 주로 사용하는 방법들이다. 물론 이외에도 여러 방법들이 있을 것이다. 나름대로 자신의 은사와 자신만의 특화된 영적 감각들을 이용하여 사역하는 것이다. 하지만 남들에게 혐오감을 주는 방법은 사용하지 않는 것이 좋다. 예를 들면 토하거나 헛구역질을 하는 방법, 두 눈을 찌르며 기도하는 방법 등이다.

토하거나 헛구역질을 하면서 치유를 하는 사역자들을 종종 볼 수 있다. 그렇게 하는 것은 그들 나름대로의 은사적 기질과 영적 감각으로 그리하는 것이다. 병자의 나쁜 기운이나 병적인 것들을 자신의 몸을 통해 뽑아내는 것이다. 하지만 더럽다는 생각을 지울 수가 없다. 그런 방법을 쓰지 않고도 쉽고 깨끗하게 치유할 수 있는 방법들이 많다. 일단 영적 감각들이 열려 있기 때문에 그것을 잘 활용하면 좋은 방법을 찾아낼 수 있을 것이다.

주로 축사하는 사역자들이 사용하는 방법인데 눈을 찌르거나 상대의 눈을 응시하여 치유하거나 축사하는 경우도 있다. 부부끼리도 빤히 쳐다보면 혹시? 하며 두려운 마음을 갖게 되는데 능력 있다고 믿는 자가 자신의 눈을 계속 응시하게 되면 대부분의 사람들은 두려운 마음을 갖게 된다. 설사 그 방법이 치유나 축사에 효과적이라 할지라도 두려움은 치유에 전혀 도움이 되지 않는다. 치유는 그리스도의 사랑 때문에 일어나는 것이다. 주님께 치유받은 사람들은 모두가 기뻐하고 행복해 하였다. 마음에 기쁨과 평화가 없는 치유는 단지 병만 낫

는 것뿐이다. 두려움을 유발하는 상식적이지 않는 방법은 지양해야
한다.

자, 본론으로 돌아가자. 치유가 일어나지 않을 때 어떻게 해야 하
는가? 여러 가지 원인이 있을 것이다. 첫째로 치유가 일어나지 않을
경우 사역자는 그 원인을 제일 먼저 자신에게서 찾아야 한다. 의사가
병을 못 고치는 것이 의사 책임인가, 아니면 환자 책임인가? 당연히
의사 책임이다. 환자는 병에 걸려 의사를 찾아온 것이니 그 병을 고치
는 것은 의사의 능력에 달린 것이다. 마찬가지다. 치유가 일어나지 않
는 것은 전적으로 사역자의 문제다. 따라서 사역자는 자신을 돌아보
아 회개할 것은 회개하고 자신의 영적 상태나 감각들과 은사에 대해
다시 한 번 점검하는 기회로 삼아야 한다.

둘째로 병자의 문제로 인해 치유가 일어나지 않을 수 있다. 병자와
하나님 사이의 심각한 문제가 있는 경우를 말한다. 이를 하나님 편에
서 보면 하나님의 의도가 숨겨져 있는 경우다. 즉, 하나님은 병자가
그의 삶 전체를 오직 하나님께로 향하기를 원하신다. 그러나 병자가
그것을 거부했을 때는 하나님은 그를 침상에 던져서라도 돌아오기를
원하신다. 이때 치유는 단지 병 낫는 것이 아니다. 회개가 치유다. 하
나님께로 돌아오는 것이 치유다. 따라서 치유 사역자는 하나님의 의
도를 잘 파악해서 병자를 복음과 회개로 인도해야 한다.

셋째로 병자와 사역자 간에 영적 기질이 잘 맞지 않음으로 인해 치
유가 제대로 일어나지 않는 경우가 종종 있다. 아무리 뛰어난 능력을
가진 사역자라도 못 고치는 사람은 못 고친다. 이는 사역자마다 은사
적 기질과 영적 감각이 다르기 때문이다. 즉 자신의 영적 기질에 따
른 독특한 주특기 사역이 있다. 따라서 사역자와 영적 기질이나 감각

들이 서로 잘 통하는 병자는 아무리 중병에 걸렸다 하더라도 쉽게 고치지만 그렇지 않은 경우에는 영 신통치 않은 경우가 종종 있기 마련이다.

이럴 때는 끈기를 가지고 계속 기도하는 방법이 있다. 각기 다른 환경에서 살던 남녀가 결혼하면 서로 다투고 토라지고 그러면서 맞춰 가면서 살아가게 된다. 이처럼 계속 기도하다 보면 어느 순간에 서로 영적 기질이 통하는 일이 있을 것이다. 하지만 소모적으로 시간만 끌게 되니 병자나 사역자나 다 지치게 된다. 이럴 때는 솔직하게 자신이 신뢰할 만한 다른 사역자를 소개하는 것이 바람직하다고 하겠다.

의사들은 자신의 능력으로 고치지 못하면 더 큰 병원의 좋은 의사를 찾아가라고 소견서를 써 주지 않는가? 왜 사역자는 자기에게서만 병을 고쳐야 한다고 병자를 붙잡아 놓는가? 치유가 더디 일어나고 자신이 없으면 좋은 사역자를 소개하는 것이 마땅하지 않는가? 성도들도 마찬가지다. 병원에 오래 다녔어도 낫질 않으면 큰 병원이나 명의로 소문난 의사를 찾아가지 않는가? 그런데 왜 다른 사역자를 찾지 않는가? 성도들이 좋은 목회자를 찾아다니는 것처럼 병자들이 사역자를 찾아다니는 것도 그리 나쁜 방법은 아니다. 이것은 영적 간음이 아니다.

마지막으로 불은 잘 들어가도 치유되지 않을 수 있다. 그럴 때는 시간이 말해준다. 시간을 두고 사역자는 자신을 돌아보고, 병자도 자신을 돌아보아 회개하고 더욱더 주님을 의지하면서 기도해야 한다. 그러다보면 때가 차매 주님이 이 땅에 오신 것처럼 치유가 일어나게 된다. 그리고 한 가지 더 생각할 것은 불이 잘 들어가도 병이 낫지 않을 때는 하나님의 또 다른 의도가 있다는 사실이다. 즉 하나님께서는 그에게 새로운 체험과 사명을 위해 계속 기도하기를 원하시기 때문이다. 이때는 조용히 자신을 내려놓고 새로운 하나님의 응답을 가다려야 할 것이다.

5. 치유를 받아들이지 않는 경우

병자 자신도 모르는 질병을 치유 사역자가 알아내는 경우가 있다. 그럴 때는 치유가 그렇듯이 능력 주시는 대로 할 수 있는 만큼 하면 된다. 그런데 정작 문제는 치유가 일어나 이제 완치가 되었는데도 병자 자신은 아직 병이 낫지 않았고 아직 아프다고 호소할 때다. 즉 치유를 받아들이려 하지 않을 때다. 그 원인은 크게 세 가지라고 생각한다.

1) 병자 자신이 낫고 싶지 않기 때문이다

자신의 병을 이용하여 주위 사람들이나 가족들에게 관심과 사랑을 받고 싶어 하는 그런 유아적 심리 상태에 병자가 놓여 있기 때문이다. 몇 년 전에 60대의 여자 권사를 상담한 적이 있다. 그녀는 심한 우울증을 앓고 있었다. 정신과 병원에도 몇 년째 계속 다니고 있었다. 몇 년 동안 우울증 약을 계속 복용할 정도면 삶의 의욕도 상실하고, 몸도 아프고 자살을 심각하게 고민할 정도인데, 그녀는 그 정도는 아니었다. 상담을 하면서 그녀는 자신이 이렇게 아픈 대도 남편이나 가족들이 자신에게 관심을 갖지 않는다는 말을 반복해서 하는 것이었다. 우울증에 대한 이야기와 그에 대한 신앙인으로서의 대처 방안 등을 말해 주었지만 그녀는 내 말에는 관심을 가지지 않았다. 내가 내린 결론은 그녀는 병이 낫고 싶지 않다는 것이다.

그녀는 직업군인인 남편의 빠듯한 월급으로 살면서도 열심히 생활을 해 자녀들을 훌륭하게 키웠고, 재산도 동료들과 비교해서 꽤 많은 편에 속했다. 이렇게 살 수 있는 데는 그녀의 알뜰함과 노력이 큰 역할을 한 것은 분명한 사실이었다. 그런데도 가족들이 그것을 인정해 주지 않는다고 그녀는 생각하고 있었다. 그녀는 가족들에게 인정받고 싶었다. 물론 가족들은 그녀가 우울증에 걸려 히스테리 행동을 보이자 그녀의 바람대로 관심을 가져 주었다. 하지만 그녀는 만족하지 못했고 계속해서 관심을 더 가져 주길 바랐다. 우울증은 그녀의 삶의 방편이요 가족들의 관심을 유발하는 아주 좋은 도구였던 것이다. 이런 좋은 도구를 그녀는 포기하고 싶지 않기에 병은 나아서는 안 되었다.

나는 함께 온 그녀의 남편에게는 지속적인 관심과 사랑을 주문했다. 그리고 그녀에게는 그리스도의 십자가의 사랑에 대해 말해 주었다. 나를 위해 십자가에서 희생하신 그리스도를 사랑하게 되면 모든 것이 용서되며 그의 사랑을 받아들일 때 사랑받고 사랑하게 될 것이라고 했다. 치유를 받아들이지 않는 사람은 병 자체의 문제가 아니라 병의 원인이 되는 것이 무엇인지를 잘 살펴 그 원인을 치유하는 데 초점을 맞추어야 한다.

2) 상처의 흔적 때문이다

상처의 흔적 때문에 치유를 확신하지 못하는 경우를 보자. 병이 나았음에도 아직 남아 있는 상처의 흔적 때문에 자신이 치유받았다는 사실을 인정하지 못하고 확신하지 못한다는 것이다. 올 6월 말 경에 오토바이를 타고 가다 기름을 넣기 위해 주유소에 들른 적이 있다. 주유원이 주유기를 가지고 다가오기에 오른쪽으로 내리다가 그만 오토바이 연통에 종아리 아래쪽에 화상을 입었다. 반바지를 입은 것이 문제였다. 지름 5센티미터 정도의 크기로 2~3도의 화상을 입어 병원에 갔다. 이럴 경우는 기도보다 병원에 가서 치료받는 것이 더 빠르다.

거의 한 달간 병원에서 일러준 대로 치료를 했다. 화상을 입은 지 3주 정도 지나니까 진물이 멈추고 다 나은 듯 보였다. 그래도 거의 1주일간 계속 아침저녁으로 소독하고 화상연고를 바르고 거즈를 붙이고 다녔다. 다른 일로 병원에 간 김에 이성우 내과 원장에게 상처 좀 봐달라고 했다. 보더니 이제 다 나았다고 했다. 나는 집에 오면서 생각했다. 왜 다 나았는데도 나는 계속 치료를 했을까? 나는 상처가 남긴 흉터 때문에 병이 나았다는 것을 인정하지 못했던 것이다.

많은 사람들이 치유받았음에도 치유에 대한 확신을 갖지 못하는 것이 사실이다. 육체적 질병인 경우에는 덜하지만 심리적 상처에 대한 치유는 특히 더 그런 것 같다. 그 이유는 마음의 상처는 치유되었어도 상처에 대한 기억 때문에 여전히 괴로워한다. 마음의 상처는 치유되었다고 하더라도 상처 받았을 때와 유사한 상황이 전개되면 그때의 기억이 떠올라 다시 상처의 흔적이 되살아나기 때문이다. 이때는 믿음밖에는 없다. 내가 그리스도의 능력과 사랑으로 치유받았다는 믿음으로 극복해 나가야 한다.

3) 그리스도를 사랑하지 못하기 때문이다

질병에 대한 치유를 받아들이지 못하거나 거부하는 경우를 보다 근원적으로 생각해 보자. 나는 이와 같은 것들을 그리스도를 더 사랑하지 못하기 때문이라고 말한다. 그리스도는 우리의 모든 상처와 질병을 치유해 주시기 위해 십자가 위에서 죽으셨다. 그의 상처가 우리의 상처를 덮었고, 그의 피 흘림이 우리의 피 흘리는 상황과 문제들을 덮음으로 우리가 나음을 입었다. 이것이 우리가 믿는 복음이다. 그런 예수를 우리는 사랑한다고 고백한다. 그렇다면 우리의 고백은 치유를 위한 고백이요, 그 고백을 통하여 우리는 나음을 입는 것이다.

그럼에도 불구하고 아직 나에게 치유받지 못한 것이 있다거나, 용서하지 못하는 것이 있다거나, 치유에 대한 확신이 없다거나 여러 가지 상황과 이유 때문에 치유를 거부한다는 것은 있을 수 없다. 만약에 그런 것이 있다면 그 이유는 단 한 가지, 아직까지 주님을 덜 사랑하고 있다는 것이다. 그러므로 자신이 아직 치유받지 못했다거나 아니면 치유에 대한 확신이 없을 때는 병을 고쳐 달라는 기도보다 주님을 좀더 사랑하게 해달라고 기도해야 한다. 주님의 사랑이 임하는 곳에 치유받지 못하는 것은 없다.

연초에 한 여자 집사를 만나 잠시 이야기를 나눈 적이 있다. 그 집사는 뜬금없이 "나는 참 나쁜 여자죠?"라고 했다. 짐짓 당황한 나는 잠시 후 "사람은 다 그렇죠"라고 대답했다. 그러자 그녀는 자신의 이야기를 하기 시작했다. 아주 절친한 친구가 있었는데 그 친구와 서로 온몸을 던져가며 아주 심하게 다투고 결별했다고 한다. 그 친구와는 같은 교회에 다니고 있었다. 싸운 이후로는 그 친구가 2부 예배를 드리면 마주치기 싫어 자신은 1부 예배를 드리고, 특별 새벽기도회에 나오면 아예 나가지도 않았다고 한다. 자신은 전혀 그 친구를 용서할 마음조차 없다고 하였다. 그 친구가 천국에 간다면 자신은 천국에 갈 마음도 없다는 말까지 했다.

잠시 후에 나는 이런 말을 해 주었다. 나도 싫은 사람은 싫다. 싫은 사람을 용서할 마음도 없다. 싫은 것은 싫은 것이고 아닌 것은 아니다. 이럴 때 그 친구를 용서할 수 있는 사랑의 마음을 달라고 기도하지 마라. 그것은 마음에도 없는 기도니 주님이 들어줄 리 없다. 마음을 속이는 기도는 하지 마라. 다만 이렇게 기도해라. "주님, 주님을 좀더 사랑할 수 있게 해주세요." 이렇게 기도하다 보면 주님의 사랑이 어느 순간에 임할 것이다. 그러면 용서하고 말고가 없다. 어느 순간에 이미 미운 마음이 사라져 있을 것이다. 주님의 사랑이 나를 감동시키면 용서할 수 없는 사람도 이미 사랑하고 있었다는 사실을 깨닫게 될 것이다. "주님을 좀더, 좀더 사랑하려고 하라."

6. 정신질환의 치유

치유 사역자들은 정상적이지 않은 정신 상태를 보이면 아주 쉽게 귀신들렸다고 단정하는 버릇이 있다. 이 버릇은 아주 오래된 것으로 고대에서부터 내려온 버릇이다. 오늘날 많은 목회자들은 이러한 버릇을 가지고 있지 않다. 육체적 질병은 물론 정신질환까지 현대 의료체계에 의존한다. 이는 합리적 태도라고 생각한다. 의료에 관한 것은 그 분야의 전문가에게 맡기는 것이 옳다. 하지만 문제는 하나님의 치유에 대하여 무관심을 넘어 무지하다는 것이다. 기독교의 고유의 신앙 자산까지 상실하는 것이 문제다.

물론 그것을 일반 목회자들 탓으로만 돌려서는 안 된다. 목회자들이 그렇게 하는 것은 현대 과학과 의학의 눈부신 발전에 의한 것이기도 하지만 치유 사역자들에 의한 것이기도 하다. 그간 치유 사역자들은 은사를 행하는 특별한 능력이 없는 목회자들에게 공격적이었다.

즉, 체험도 없고 능력도 없이 목회한다고 비난해 온 것이 사실이다. 서로가 서로의 차이를 인정하지 않음으로 인해 서로가 다른 목회의 길을 갔던 것이다. 이제라도 서로가 보완하고 협력하는 대승적 차원의 그리스도의 목회가 교회에 이루어졌으면 하는 바람이다.

여기서는 귀신들림에 대해서는 검토하지 않는다. 그에 대해서는 후속편에서 전문 사역자가 자세히 집필하게 될 것이다. 이 글에서는 정신질환의 치유에 대해 서론적 수준에서 언급하게 될 것이다.

일반 목회자들뿐 아니라 치유 사역자들도 정신질환에 대해 잘 모른다. 어디까지가 정신질환이고, 어디까지가 귀신들림인가? 또 정신질환을 어떻게 치유해야 효과적인가? 등등 정리되지 않고 그저 이제까지 해 오던 대로 치유하는 정도일 것이다. 즉 시간과의 싸움이다. 제정신이 돌아올 때까지 안찰하고 안수해서 불 넣고 하는 정도다. 참으로 소모적인 전쟁을 치른다.

내 경험으로도 정신질환은 치유하기가 상당히 어렵다. 완치도 거의 불가능하다. 왜냐하면 정신질환은 한 사람의 정신 상태 및 그의 삶을 온전한 그리스도의 사람으로 바꾸어 놓기 전에는 완치될 수 없는 것이기 때문이다. 정신적 상처는 어느 정도 치유가 되지만 뇌의 손상이나 신경증으로 인해 왜곡되고 황폐해진 인격들을 제자리로 되돌려 놓는다는 것은 참 힘들다. 아마도 애를 새로 낳는 것이 훨씬 쉬울 것이다.

지난여름 대전에서 우리 목회교육원 학생들과 함께 집회를 했다. 거기에 한 여중생이 참석을 했다. 그 여학생을 안수하는데 혈기가 대단했다. 뿐만 아니라 머리 아래쪽에서 위쪽으로 강한 전류 같은 것이 찌릿찌릿하며 올라오는 것이었다. 나는 그것이 무엇인지 몰라 다만 그 학생에게 "친구들 때리지 마. 맞으면 아프다"라고 말했다. 그랬더니 다소곳이 "예" 하고 대답하는 것이었다.

잠시 후 그 학생을 데리고 온 한선옥 사모로부터 그 학생이 충동조절 장애를 가지고 있고 병원에 다니고 있다는 말을 들었다. 나는 일단 진단이 되면 고칠 수 있을 것이라는 생각이 들었다. 다음날 오면 불이 어떻게 작용하는지, 찌릿찌릿하며 올라오는 혈기를 어떻게 다스릴 수 있는지 알아보고 싶었지만 유감스럽게도 오지 않았다.

작년에 인천 송도에서 세미나를 할 때다. 치유세미나라고 하니 그 교회 목사가 한 여자 청년을 세미나에 참석시켰다. 세미나가 끝난 후 안수를 해 보니 정신분열증 같았다. 나는 내일 아버지에게 연락해서 오시라고 말했다. 다음날 끝나는 시간에 맞춰 그녀의 아버지가 왔다. 나는 정신병원에 입원시킬 것을 권고했다. 그녀의 아버지는 과년한 딸을 정신병원에 입원시키라는 내 말에 몹시 주저하는 눈치다. 정신병원에 입원하면 정신병자가 되는 것이라고 생각하는 모양이다. 그것이 아니라 그녀는 이미 정신병자였다. 그녀의 아버지는 한약으로 고쳐 보겠노라는 말을 하고는 딸을 데리고 갔다. 그 후로 만난 적이 없어 어떻게 되었는지는 모르겠다.

정신질환은 너무 넓은 개념이라 정의하기 쉽지 않지만 대략적으로 정신의학에서는 정신병과 신경증으로 나눈다[1]. 정신병은 유전적 또

---

1 이 글에서는 포괄적 의미에서 정신질환이라는 표현을 썼다. 정신질환에는 대표적으로 정신병과 신경증이 있다. 이외에도 약물중독이나 인격장애 등도 정신질환이다. 인간의 뇌는 거의 모든 정신적이고 신체적인 기능들을 조절하는 기관이다. 그러므로 뇌에 이상이 생기면 아주 다양한 신체적, 정신적 증상들이 나타난다. 정신병은 뇌에 이상이 있어 발생하므로 뇌질환, 뇌장애, 또는 뇌병이라고 부른다. 따라서 정신병은 전적으로 약물치료에 의해 치료한다. 정신병의 대표적인 병이 정신분열증이다. 이외에도 기분장애로 정신병적 우울증, 조울증 등이 있다.
이에 반해 신경증은 주로 신경과민에 의해 발생하는 것으로 불안장애(공포장애, 공황장애 등),

는 후천적으로 생긴 뇌손상이나 뇌 호르몬의 불균형 등 뇌 자체의 문제로 말미암아 생기는 병이다. 노이로제라고 부르는 신경증은 외부의 충격, 즉 과도한 스트레스에 의해 발생한다. 신경증도 정신병과 유사한 증세를 보이기 때문에 전문가가 아니면 구별하기가 사실상 불가능하다. 따라서 정신질환에 관한한 신경정신과 전문의의 소견이나 진단이 최우선적으로 존중되어야 한다.

나는 주위에서 정신질환자에 대해 상담을 하거나 목회자들이 조언을 구하면 일단 신경정신과에 가서 진료를 받으라고 말한다. 정신질환자가 일상적인 생활을 할 수 없을 정도일 때는 무조건 입원시키라고 말한다. 혹시 귀신들림이 아니냐고 물어볼 때도 일단 병원에 가서 의사의 처방대로 약을 먹이고 입원을 시키라고 말한다. 그래서 차도가 있다면 그건 귀신들림이 아니라고 말한다. 왜냐하면 얼마나 시답지 않은 귀신이 들어왔기에 약 몇 알로 그 증세가 완화되느냐, 귀신은 영적 존재이므로 물리적 처방에 영향 받지 않는다고 말한다. 그것은 또 다른 차원의 문제다.

정신질환자가 기도 받으러 오면 가장 먼저 정신과 치료를 받게 해야 한다. 고쳐 보겠다고 매달리다 자칫 치료 시기를 놓치면 병자의 인격이 황폐해지거나 퇴행되어 평생 남의 보살핌을 받으며 살아갈 수도 있기 때문이다. 의사의 도움으로 어느 정도 증세가 완화되면 그때부터 안수를 하든 어찌하든 자신에게 주어진 능력과 영적 감각으로 고

신체형장애(신체화장애, 건강염려증, 신체변형장애 등), 해리성장애(심인성 기억상실, 다중인격 등) 등이 있다. 그리고 신경증은 정신병으로 발전되지 않는다.
정신병은 병에 대한 인식(병식)이나 현실검증력이 없는데 반해 신경증은 이들을 인정한다. 또한 정신병원에서는 둘 다 약물에 의한 치료를 하고 있다. 흔히 내적 치유나 상담에서 다루는 것들은 신경증에 대한 질환들이다.

쳐 나가면 된다. 이때 주의할 점은 치유를 위한 기도를 하더라도 약을 끊어서는 안 된다는 것이다. 대부분의 신경정신과 약이 뇌의 작용과 호르몬 분비와 관계가 있으므로 약을 끊게 되면 금단현상이 심하게 나타나 증세가 악화되기 때문이다. 따라서 정신질환이야말로 전문의사와 치유 사역자가 동역한다는 심정으로 치유에 임해야 한다. 이제까지의 나의 경험에 비추어 정신질환자의 치유에 대해서 단계적으로 이야기하고자 한다.

첫째로 가장 시급한 것은 신경정신과 전문의사의 치료를 받게 하는 것이다[2]. 이것이 정신질환자의 치유를 위한 첫 단계다. 치유 사역자가 병원에 보내는 것이 자신의 은사적 권위를 실추시키는 것이라고 생각해서는 안 된다. 모든 것이 다 주로 말미암은 것이라는 믿음으로 합력하여 선을 이루도록 해야 할 것이다.

둘째로 전문의사의 진료 내용을 바탕으로 치유 계획을 세우고 치유해 나간다. 이때 환자와 함께 병원에 찾아가 모르는 부분에 대해 물어보고 내가 치유하는 내용에 대해 의사에게 있는 그대로 말해 주어야 한다. 그리고 향후 치유에 대한 의사의 조언을 구하는 것이 중요하다. 또한 환자의 병에 대해 공부를 해야 한다. 그 질병에 대해 기초적인 지식 정도는 가지고 있는 것과 없는 것은 치유에 상당한 영향을 미친다.

셋째로 보통 축사 사역자들이 하는 것처럼 안찰을 하는 것은 바람직하지 않다. 정신질환자는 의지가 매우 약해져 있다. 경우에 따라서

---

2 우리가 정신병에 대해 오해하고 있는 것이 있다. 그것은 정신병은 낫지 않는다는 것이다. 하지만 정신병은 조기에 치료를 받으면 일상생활을 하는데 지장이 없을 정도로 치료가 된다. 치료 시기를 놓치면 정상적인 삶으로 살기 힘들어진다. 정신병에는 완치의 개념은 없다. 다만 회복의 개념이 적용된다. 회복의 정도는 조기 치료에 달려 있다.

는 자신의 의사를 표현하지 못할 수도 있기 때문이다. 내 경험으로는 불을 강하게 넣어 주는 것이 치유에 가장 큰 효과가 있는 것 같다. 몇 분 정도 안수하는 것이 아니라 30분 이상 불을 넣어 온몸에 불이 넘쳐나도록 강하게 기도하는 것이다.

넷째로 정신질환의 치유는 시간과의 싸움이다. 시간이 많이 걸린다. 그러면 서로 지친다. 그래도 계속해야 한다. 이때 기도만 해 주는 것이 아니라 성서를 가르치고 그리스도를 가르쳐야 한다. 또한 정상적인 사고와 인격으로 살아가도록 가르치는 것이 반드시 필요하다. 그러기에 정신질환자의 치유는 애를 새로 낳는 것이 차라리 쉽다고 말한 것이다. 즉 돌봄이 함께하지 않으면 또 재발하게 된다. 돌봄에 대해서는 치유 이후의 돌봄 부분을 보면 된다.

정신질환자의 치유는 한 영혼을 세상보다 귀하게 여기시는 주님의 심정이 되지 않고는 할 수 없다. 주님의 마음으로 지속적으로 기도해 주고 돌보고 해야 한다. 환자가 말을 안 듣고 못 알아듣는다고 화를 내거나 인격적으로 모멸감을 주어서는 안 된다. 그도 주님의 사랑받는 자녀요, 그를 위해서도 주님께서 십자가에 달리셨다. 모든 사람은 다 주님의 가치와 동일한 가치를 가진 귀한 분들이다. 그를 치유하기 위해 주님은 나를 선택하셔서 보내신 것이다.

7. 죽음으로 치유를 완성하는 경우

사람은 누구나 죽는다. 그렇다면 과연 어떤 죽음이 복된 죽음인가? 그것은 준비된 죽음이다. 준비된 죽음이란 이 세상에서의 모든 삶을 정리하고 미련 없이 내 것이라고 생각하고 살아왔던 모든 것들을 다 내려놓고 홀가분하게 빈 손, 빈 몸으로 주님께로 언제든지 갈 수 있는 상태를 말한다. 이 세상에 살면서 준비된 죽음을 맞이하는 사람은 드물다. 그러기에 하나님이 죽음을 준비하게 하시는 성도는 복 받은 자다.

마지막까지 삶을 포기하지 못하고 죽음을 거부한 채 맞이하는 죽음, 그런 인간의 욕심에 부응하여 숨넘어가기 직전까지 간절하게 살려 달라고 기도하는 사역자, 뭔가 잘못되었다는 생각이 들지 않는가? 자신들은 사역자로서 최선을 다한다고 생각하지만 사실은 그렇지 않다. 생명은 하나님의 절대 주권에 속한 것이다. 죽고 사는 문제는 오직 하나님만이 결정할 수 있다는 것이 기독교의 믿음이다. 그래서 기독교 국가에서는 자살이나 사형제도 등을 반대하는 것이다. 따라서 죽을병에 걸려 의사도 포기한 사람을 치유할 때에는 반드시 하나님의 의도를 신중하게 고려해야 한다.

물론 아무리 죽을병에 걸렸다고 해서 다 죽는 것은 아니다. 충주에서 목회할 때다. 교회에 나오지 않는 남자 분이 간 질환으로 죽음이 임박했다. 그 모습이 너무 안쓰러웠는지 옆집에 사는 집사가 마지막으로 기도를 해 주었으면 좋겠다고 전화를 했다. 저녁 식사 후에 교회에 들어가 기도할 때 주님이 기도에 응답하셔서 살려 주실 것이라는 믿음이 생겼다. 이에 그 집으로 찾아갔다. 이미 숨을 거칠게 내몰아 쉬고 있었지만 약간의 의식은 남아 있었다.

나는 그 사람을 향해 이렇게 말했다. "나는 의사가 아니고 목사입니다. 당신의 병을 고칠 능력이 내게는 없습니다. 하지만 고침 받게 되면 교회에 다니겠다고 약속하십시오. 그러면 내가 기도해 드리겠습니다." 그 남자는 그렇게 하겠다는 의사 표시로 겨우 고개를 끄떡였다. 나는 주위 사람들에게 부축해 일으켜 앉게 했다. 양쪽에서 부축하고 앉은 그의 등에다 양손을 얹고 불을 넣어 주었다. 이때 손과 팔이 점점 아리는 것처럼 아프기 시작했다. 마치 뱀에 물려 그 독이 손을 타고 들어오는 것처럼 느껴졌다. 손을 떼고 싶지만 좀더 버텼다. 더 이상 버티기가 힘들다고 생각했을 때 손을 떼고 기도를 끝마쳤다.

잠시 후 이 남자가 정신이 들면서 살아났다. 부축도 안한 상태에서 30분 이상 대화를 했다. 나중에는 자기가 살아온 날들에 대한 이야기를 하면서 농담까지 하는 것이었다. 나는 마지막으로 그에게 이제부터 교회에 열심히 다니겠느냐고 재차 확인을 했다. 그는 지금부터 믿음생활을 잘하겠노라고 대답했다. 나는 옆에 있던 그 집사님에게 새 그릇에 깨끗한 물을 담아 오라고 해서 그 자리에서 그에게 세례를 주었다. 그는 낮이고 저녁이고 한 번도 예배에 빠지지 않고 나왔다. 그리고 만 6개월 후에 그리던 하나님 나라로 떠났다. 하나님 나라 갈 준비를 6개월 동안 제대로 하고 간 복 받은 성도다.

죽음을 준비하게 하시는 하나님, 얼마나 좋은 하나님이신가? 그럼에도 많은 사역자들이 치유는 죽음을 유보시키는 것이라는 그릇된 신념을 가지고 있는 것 같다. 오히려 죽음을 준비하게 함으로 그의 삶을 죽음으로 완성시키는 것이 치유여야 한다. 간혹 말기 암 환자들이 찾아온다. 그들은 병원에서 이미 포기한 자들이다. 이들 중 대부분이 여기 오기까지 능력 있다는 기도원을 여기저기 다 다녀본 자들이다. 마지막으로 혹시나 하고 찾아온 것이다. 나는 이들에게 내가 생각해도 냉정하다 싶을 정도로 대한다. 삶의 미련을 아예 포기하도록 하기 위함이며, 하나님 나라에 갈 준비를 시키기 위함이다.

4월 중순에 경기도 광주에 사시는 어느 장로님이 가족과 함께 찾아왔다. 그분은 마지막 삶에 대한 소망을 가지고 오셨다. 하지만 이미 주님이 데리고 가시려고 작정하셨다. 나는 여기 있으면 몸은 좋아지지만 낫지는 않을 것이라고 말했다. 기도도 하지 말고 성서도 읽지 말고 그냥 쉬시라고 말하곤 원주 시내에 있는 집으로 내려갔다. 다음날 함께 주일예배를 드렸다. 예배 후에 내일 오전에 올라와 예배를 드릴 테니 오늘도 푹 쉬시라고 말하고 또 그냥 집으로 갔다.

셋째 날, 예배를 드리며 죽음에 대해 말씀드리고 믿음 안에서 죽음을 준비하시라고 말했다. 물론 안수 기도도 했다. 가슴 아픈 것도 사라지고 몸의 통증도 많이 없어졌다. 하지만 나은 것은 아니다. 수요일까지 나는 3일 내내 복음과 죽음, 그리고 그리스도의 사랑과 천국에 대한 소망을 전했다. 단 한 번도 고쳐 달라는 기도를 하지 않았다. 그것이 좀 서운하신 것 같았지만 나로서는 어쩔 수 없었다. 수요일 이곳을 떠나 자택으로 가셨다. 며칠 뒤 몸이 안 좋아지셔서 병원으로 가셨고, 거기서 40일 후 별세하셨다.

돌아가시기 전날 오후에 강성완 목사님과 서울 삼성의료원으로 심방을 갔다. 장로님은 이미 마지막 숨을 거칠게 몰아쉬고 있었다. 의식도 없었다. 가만히 몸에 손을 얹고 장로님의 상태를 살폈다. 그런데 겉보기와는 다르게 그의 몸과 영이 아주 편안했다. 겉으로 보기엔 숨도 거칠고 가래 끓는 소리도 나고 몸의 상태가 아주 안 좋은 것 같았는데 의외였다. 나는 가족들에게 지금 보기와는 다르게 장로님은 아주 편안한 상태라고 말해 주었다. 가족들은 그 말에 크게 위로를 받았다.

다음날 별세했다는 연락을 받고 장례식장으로 갔다. 영정 사진 앞에 앉아 장로님을 느껴보았다. 장로님은 아주 편안한 상태요 기쁨으로 가득한 상태였다. 나는 나지막하게 "장로님 좋으시죠?" 했더니 장로님이 크게 웃으셨다. 조문을 마치고 식사하면서 유족들에게 지금 장로님이 아주 홀가분한 심정으로 굉장히 좋아하신다고, 지극히 편안한 상태로 계신다고 말해 주었다.

우리는 죽음을 인간적인 면에서만 생각하는 것 같다. 하나님의 입장에서 생각해 보라. 하나님이라면 어떻게 하시겠는가? 정말로 사랑하는 자녀라면 그에게 준비된 죽음을 주시지 않겠는가? 하나님은 그의 자녀에게 마지막 은총을 내려 죽음을 준비하도록 하시는데, 죽기 직전까지 살려 달라고 매달리면 하나님이 얼마나 당혹해 하시겠는가? 평신도라면 몰라도 은사를 가지고 사역하는 사역자가 어찌 그것도 모르고 은사 사역을 한단 말인가? 하나님의 뜻과 계획은 기도해 보면 알 수 있지 않은가? 주를 위한 사역자라면 주님의 계획을 헤아려 볼 줄 알아야 하지 않는가? 그 어떤 종이 주인의 의도와 상관없이 자기 생각과 고집대로 일하는 종이 어디 있는가?

죽기 직전의 병자에게는 손을 대지 않는다고 자랑스레 말하는 사역자도 있는데 그건 말도 안 되는 짓이다. 치유는 모름지기 죽음으로 완성하는 것인데 그 좋은 일을 사역자가 하지 않으면 누가 하는가? 치유를 단지 병 고치는 것이라는 생각을 버려야 한다. 진정한 치유는 죽음으로 완성된다. 죽으면 더 이상 아프지도 않고 더 이상 삶의 문제로 고통당하지도 않는다. 더군다나 우리는 죽으면 천국에 가지 않는가? 천국에 대한 소망을 이루는 최고의 순간이 죽음이다. 그 길을 잘 인도하여 그의 삶과 신앙을 완성시키는 자가 진정한 주의 종이요 치유자다.

5장 치유 이후 돌봄

　대부분의 사람들은 병 낫는 것을 목적으로 치유 사역자에게 온다. 그리고 병이 치유가 되면 떠난다. 애써서 병을 고쳐 놨더니 떠나더라 하며 서운하게 생각하는 치유 사역자들도 많다. 그것은 사역자 때문이기도 하지만 더 큰 이유는 병 고침을 위해 온 사람이 병을 고치면 온 목적을 이루었기에 다시 자신의 자리로 돌아가려 하기 때문이다. 우리 교회도 치유받으러 왔다가 병이 낫고 정착한 사람은 하나도 없다. 다 떠난다. 병에 걸려 입원한 사람이 병이 나면 퇴원하는 것과 마찬가지다. 따라서 병 고침 받고 떠나는 사람을 흔쾌히 보내는 것도 구차하지 않고 좋은 일이다.

　치유 사역자는 치유 이후의 돌봄에 대해서는 일반 목회자보다 능력이 떨어지는 것이 사실이다. 그것은 은사가 다르기 때문이다. 가장 바람직한 것은 교회 내에 병든 자가 있을 때 그를 위해 치유 기도를 할 필요가 있다면 담임목회자는 치유 사역자에게 치유 사역을 위탁하고 치유 사역자는 치유를 하여 다시 다니던 교회로 돌려보내는 것이다. 치유 이후의 돌봄에 대해서는 이제까지 신앙생활 했던 교회의 목회자가 훨씬 잘할 것이다.

　치유 이후의 돌봄에서 문제가 생기면 치유 사역자에게 조언을 구하는 방식으로 서로 협력하는 것이 바람직하다. 이렇게 서로 유기적인 협력 관계가 되어 서로의 목회의 장을 넓혀 간다면 은사자와 일반 목회자 모두 상생과 교회의 발전에 큰 도움이 될 것이다. 큰 교회마다 대부분 기도원이나 수양관을 가지고 있다. 거기에 치유를 전담하는 사역자를 두고 문제 있는 성도들을 그리로 보내 치유받도록 하는 방법도 좋은 방법일 것이다.

자, 이제 치유에 대해 다시 한 번 더 생각해 보자. 치유는 병자의 삶 전체에 하나님 나라가 회복되도록 하는 것이다. 이를 위해 병을 고치는 일이 수반되는 것이다 그러므로 단지 병을 낫게 하는 것이 치유의 목적이 아니다. 치유의 목적은 그의 삶에 그리스도의 심정이 임하여 주님의 마음으로 살아가도록 하는 것이다.

그렇게 하자면 많은 시간이 필요하다. 따라서 치유는 아주 천천히 하는 것이 좋다. 병을 빨리 고쳐 주면 빨리 떠나기 때문이다. 신앙으로 그의 몸뿐 아니라 삶 전체를 치유할 수 있는 시간을 충분히 가지기 위해서다. 이를 질병이 치유받고 난 후부터 시작하려고 하면 안 된다. 처음부터 병행해야 한다. 처음부터 병자가 다니던 목회자와 협력해서 치유를 진행해야 한다.

치유 사역자는 그저 병 낫기 위해 기도하세요, 믿음을 가지세요, 날 때까지 매달리세요, 이렇게 병 낫는데 초점을 맞추어 치유를 진행할 것이 아니다. 처음부터 복음을 심어 주어야 한다. 그리스도를 가르치고 하나님 나라의 회복을 위해 기도하도록 가르쳐야 한다. 치유가 더디 진행되더라도 처음부터 그렇게 하지 않으면 나중에 바로 잡기가 힘들다.

석 달 전에 한 여자 청년을 기도해 준 적이 있다. 이 청년은 키가 165센티미터에 몸무게는 40킬로그램 겨우 넘기는 정도였다. 위하수증에 위무력증이라고 했다. 밥을 잘 먹지도 못할뿐더러 소화도 안 되는 상황이었다. 내 책을 읽고 어머니 권사님과 함께 교회로 찾아왔다.

매주 주일 예배 후 1시간 정도 5주 동안 상담하고 기도해 주었다.

나는 1시간 정도 치유와 복음에 대해 가르치고 5~10분 정도 기도해 주었다. 병 낫기 위해 찾아온 이 청년에게 병 낫는 것이 중요한 것이 아니라 내 삶에 하나님 나라가 회복되는 것이 중요하다고 말했다. 그리스도의 인격이 내 삶 속에서 드러나는 진정한 하나님의 자녀가 되어야 한다, 내 삶의 기준을 그리스도로 삼아라, 믿음이 현실에서 실상이 되도록 제대로 믿어라, 병 낫기를 구하지 말고 그리스도 자체를 구해야 한다, 주님의 이름을 많이 부르고 주님을 좀더 사랑해야 한다. 주님 생각 많이 하면 할수록 좋다 등등 기본적인 것을 가르쳤다. 마지막으로는 그리스도 안에서 소망을 갖고 그리스도를 위한 삶의 계획과 비전을 가지라고 말해 주었다.

처음에는 그냥 기도해서 병을 고쳐 주지 왜 이렇게 많은 이야기를 하는지, 자신이 왜 이런 교육을 받아야 하는지 몰랐지만 차츰 복음이 그녀를 변화시키기 시작했다. 그와 더불어 치유의 효과가 나타나기 시작했다. 한 번에 좋아지지 않았지만 서서히 밥도 많이 먹고 몸무게도 늘어났다. 이제는 스스로 가르쳐준 대로 하면 건강을 되찾을 수 있을 것 같아 취직을 권하고 향후 어떻게 기도하고 신앙생활을 해야 할지에 대해 말하고 치유 기도를 끝냈다. 이처럼 치유는 아주 천천히 하는 것이 좋다. 이는 병자들에게는 듣기 싫은 소리가 될 수도 있지만 그래도 그래야만 한다.

치유할 때나 치유 이후에 복음을 가르치고 치유에 대해 정확히 가르쳐야 하는 또 다른 이유가 있다. 사람은 예전 그 자리, 예전 그 습관으로 돌아가면 다시 재발한다. 그럴 때마다 기도 받으러 올 것인가? 병을 믿음으로 이길 수 있는 힘을 키워 주어야 한다. 그래야만 스스로 자신을 치유하고 자신의 삶의 방향을 그리스도로 제대로 잡고 살아갈 수 있기 때문이다. 이것도 치유 사역의 한 부분이다.

예를 들면 이런 것이다. 자녀가 물에 빠져서 허우적거린다고 안쓰러워 물에 빠질 때마다 건져주면 그는 평생 수영을 하지 못한다. 결정적으로 단 한 번 물에 빠졌을 때 죽을 수도 있다. 물에 빠져 허우적거리는 것이 안쓰러우면 수영을 가르치면 된다. 사람은 언제나 병에 걸릴 수 있다. 그럴 때마다 고쳐 놓으면 그는 질병으로부터 자유로울 수 없다. 병을 신앙으로 이길 수 있는 힘을 사역자들이 키워 주는 것도 치유 사역의 한 가지다.

6장 치유 이후 사역자 자기 관리

치유 과정과 치유 이후에 사역자 자신에 대한 관리는 매우 중요하다. 한번 하고 관둘 것이라면 몰라도 그렇지 않는다면 사역자는 자기 관리에 신경을 써야 한다. 치유할 때 병자의 나쁜 기운이 전이된다. 이를 사역자들은 타고 들어온다, 또는 묻어온다는 표현을 한다. 치유를 할 때에는 병자와 하나가 되기에 그 아픔이 자신의 몸에 그대로 나타난다. 그러므로 이를 제때 처리하지 못하면 병이 된다. 이 전이된 병의 기운들, 그 후유증들을 정리하고 처리하는 것이 치유 이후의 사역자 관리다.

물론 사역자 관리는 사역 준비부터 해야 한다. 그러나 사역 준비는 앞에서 이미 자세히 설명했으므로 여기서는 사역하면서 동시에 관리하는 것과 사역 후에 관리하는 것, 이렇게 두 가지로 나누어 설명하고자 한다.

1. 사역하면서 관리하기

나는 영적으로 상당히 예민한 편이라 사역을 시작한 처음부터 치유의 후유증이 상당히 심했다. 그 후유증 때문에 사역을 해야 하나 말아야 하나 하고 고민한 적이 한두 번이 아니다. 내 경험으로 볼 때 사역 후에 나타나는 대표적인 증상들이 설사, 몸이 피곤하고 무거운 것, 몸 특히 등이 묵직하고 뻐근한 것, 불면증 등이다. 사역자에 따라 다양한 증상들이 나타난다. 사역에 따른 후유증 때문에 병을 얻어 사역을 포기하는 사람도 있다. 그리하여 후유증을 처리하는 방법에 대해 사역자들을 만날 때마다 자문을 구하곤 했다. 그 결과 터득한 사역하면서 관리하는 방법은 대략 세 가지다.

첫째로는 오순절주의자들처럼 능력을 행하는 것이다. 사역자들을 만나더라도 선언이나 명령을 주로 하는 사람들에게는 치유의 후유증이 별로 없다는 것을 발견하게 된다. 주님의 능력이 병을 치유하는 것인데 어찌 병이 내게로 들어올 수 있느냐는 믿음을 가지고 치유하는 것이다. 이러한 믿음이 사역자를 보호해 주는 것으로 보인다.

둘째로 보호막을 치는 방법이다. 사역하기 전에 주님의 보혈의 피를 자신에게 발라서 사악한 기운들이 자신의 몸에 침투하지 못하게 보호막을 치는 것이다. 사역 후에도 자신의 몸을 피로 씻는다. 이것은 마음으로 그리하는 것이다. 자신의 영적 감각을 열어 마음의 눈으로 보며 주님의 피를 자신의 몸에 마음으로 바르는 것이다. 이 방법을 사용하는 사람들을 보면 이 방법도 상당한 효과가 있는 것처럼 보인다.

셋째로 자신을 치유하는 방법이다. 이는 내가 주로 사용하는 방법이다. 병자의 몸이나 머리에 손을 얹으면 상대의 아픈 부위와 그 통증의 정도, 어떻게 아픈지가 내 몸에도 나타난다. 그것으로 진단하고 치유하는 것이다. 치유 사역자들이 주로 사용하는 것으로 영적 촉각을 이용하여 치유하는 방법이다. 진단이 되면 그의 환부에 능력을 밀어 넣는다. 능력이 들어가 그의 몸이 치유되면 치유된 만큼 내 몸에 나타난 통증이 사라진다. 함께 치유되는 것이다.

내가 사용하는 방법은 간단하다. 이것을 뒤집어 사용하는 것이다. 병자와 치유 사역자가 서로 연결되어 있기에 그가 치유되면 내 몸도 치유되고, 내 몸이 치유되면 그도 치유된다. 따라서 병자의 통증을 느꼈을 때 병자를 치유하는 것이 아니라 내 몸을 치유하는 것이다. 손을 얹고 병자의 통증을 내 몸으로 느끼면 병자에게 불을 넣는 것이 아니라 내 몸에 불을 넣어 내 몸을 치유하는 것이다. 그러면 그도 함께 치유된다. 이 방법의 장점은 내 몸의 관리와 치유를 동시에 할 수 있다는 것이다. 영이 이완되면 육도 이완되고, 반대로 육이 이완되면 영도 이완된다는 은사의 원리를 적용한 것이다.

2. 사역 후 자기 관리

사역 후 사역자의 자기 관리 중에 최고는 기도다. 이것은 전통적인 방법이다. 전통적인 방법은 이미 그 효과가 인정되었다는 말이다. 위의 세 가지 방법을 사용하더라도 그 후유증은 아주 없어지지 않는다. 따라서 사역 후 기도로 최종 정리를 하는 이 전통적인 방법은 누구든지 해야만 한다. 대략 1시간 사역했으면 2시간 기도하는 것이 원칙이다. 은사보다 은사 관리가 더 어렵다는 말이 이것이다.

이외에도 치유 사역자는 자신의 은사 관리와 영적 관리를 위해서라도 자신만의 노하우가 있어야 한다. 많은 사역자들이 사역 후 목욕을 많이 한다. 이 방법은 아주 효과적이다. 사역 후유증으로 몸이 굳고 뻐근한 것에는 이 방법이 최고다. 따뜻한 탕 안에 들어가 앉아있으면 몸이 쉽게 풀린다. 사우나에 들어가 땀을 빼는 것도 몸을 이완시키는 데 상당한 도움을 준다. 이러한 일반적인 방법 외에도 걷기, 등산 등과 같이 운동으로 푸는 방법도 있다. 그러나 숨찬 운동은 피하는 것이 좋다. 일시적으로 몸이 환기되어서 풀리기는 하지만 숨이 차면 영적 느낌도 함께 떠 사역에 지장을 줄 수도 있기 때문이다.

이 글을 읽는 분들에게 도움이 될까 하여 내가 주로 사용하는 방법을 소개하고자 한다. 나는 치유집회 기간에는 아무 일도 하지 않는다. 누구를 만나거나 목욕을 하거나 하지 않고 오직 사역에만 집중한다. 사역을 모두 마친 후 집에 돌아와 나만의 방법으로 관리한다. 나는 일단 걷는다. 대략 2시간 이상 걷는다. 걷다 보면 몸도 풀리고 호흡도 가지런해진다. 그런 후에 목욕이나 샤워를 한 후에 산에 올라간다. 늘 앉던 자리에 가서 앉는다.

앉아서 호흡을 천천히 하면서 몸에 있는 힘을 다 뺀다. 즉 몸을 비우는 것이다. 그러면 사역 도중에 받은 후유증과 통증이 살아난다. 이 때 자신의 몸에 불을 넣는다. 내 몸에 직접 안수를 하는 것도 좋다. 그래도 통증이나 안 좋은 것이 사라지지 않으면 가벼운 안찰을 하여 풀어주고 다시 기도한다. 이 과정을 반복하여 완전히 없어질 때까지 계속한다. 대략 두 시간 정도 앉아 있으면 마치 내 몸이 푹 자고 일어난 사람처럼 가벼워진다.

마지막으로 치유 사역을 앞으로 계속할 것이라면 이전의 사역들을 새로운 발전의 계기로 삼아 공부해야 한다. 사역에 있어서 미진했던 부분들이나 의문 나는 점 등이 있다면 책을 찾아 공부해야 한다. 또한 그것을 알 만한 분에게 물어보고 검토해야 한다. 이때 대답해 줄 수 있는 영적 스승이 있는 자는 복 받은 자다. 그리고 자신의 은사적 능력이나 영적 감각들이 섬세하지 못해 놓친 부분들에 대해 반성하고 더욱 기도함으로 새로운 진보의 계기로 삼아야 할 것이다. 무엇보다도 자신의 사역이 온전히 주를 위한 사역이었는지에 대해 반성해 보고 앞으로 더욱더 주를 위한, 주님의 영광만을 위한 사역이 되도록

철저히 자신을 비우고 주님으로 가득 채우는 일을 게을리 해서는 안
된다.

7장 맺는말

은사를 받고 나서 나름대로 준비가 되었다는 생각이 들면 사역하고 싶은 마음이 간절해진다. 그러나 아무도 불러주지도 않고 관심조차 가져 주지 않는다. 은사를 받은 후에 캐스린 쿨만Kathryn Kuhlman은 사역이 너무 하고 싶어 이런 기도를 했다고 한다. "주님 한번만 써 주세요. 실망시켜드리지 않을게요."

한 교회를 책임지고 있는 담임목회자는 아무나 강단에 세우지 않는다. 자신의 목회철학이나 방향이 어느 정도 일치하는 사역자, 자신의 목회에 도움이 될 만한 사역자를 심사숙고하여 세운다. 그러기에 처음 은사를 받은 사역자들이 다른 강단에 서기는 사실 쉬운 일이 아니다. 적어도 최소한 남들이 인정할 수 있어야 사역이 열린다. 남들이 그의 은사에 대해 신뢰하고 교회에 도움이 되고, 무엇보다도 자신의 목회에 도움이 되어야 초청이 들어온다.

나도 1996년 은사가 임하였을 때는 그 흔한 철야기도회에도 초청받지 못했다. 그러다 은사치유에 대해 박사학위도 받고 책도 두 권 출판한 후에 비로소 여기저기서 집회와 세미나 요청이 들어왔다. 그러므로 은사 사역자는 자신의 은사와 능력을 남들이 알아주기를 바라기 전에 먼저 자신의 성숙을 위해 노력해야 한다. 이것은 기도만 가지고는 안 된다. 남들이 인정할 수 있는 객관적인 능력이나 실력을 갖추지 않으면 안 된다.

또한 자신의 사명이 기도원 원장 수준이 아니라고 생각되면 남들보다 좀더 노력해야 한다. 자신의 은사에 대해서 권위자가 되는 것이다. 신학적으로나 은사의 이론적인 것으로나 성서적으로 자신의 은사를 설명할 수 있어야 하고 그 설명의 권위를 남들이 인정할 수 있어야 권위자가 된다. 권위자는 남들의 존중을 받는다. 그러나 권위자는 하루아침에 되지 않는다. 최소한 10년 이상 인정받아야 그 분야의 권위를 인정받는다. 1, 2년 또는 5년 이내에 사람들이 몰리고 인정하는 것은 인기에 불과하지 권위는 아니다. 그 분야에 대한 권위는 평생가지만 인기는 하루아침에 무너진다. 꾸준한 자기 관리와 남다른 노력만이 권위자가 되게 한다.

나는 이제까지 은사치유에 관련된 총 4권의 책을 통해 치유의 이론과 성경공부 교재, 은사와 치유의 원리, 그리고 이 책에서 은사치유 사역의 방법까지를 집필했다. 이 정도면 은사치유에 대한 기본적인 것들을 대충 다 다루었다고 생각한다. 내 책들을 읽는 독자들에게 꼭 하고 싶은 말이 있다. 그것은 딱 하나다. 바로 예수 그리스도다. 나에게 있어서 은사나 그에 따른 치유의 능력 등은 하나의 도구에 지나지 않는다. 나는 오직 예수를 전할 뿐이다. 이를 위해서라면 나는 언제든지 내게 있는 은사나 능력과 같은 도구들을 모두 다 버릴 수 있다. 내 책을 통해 배워야 할 것이 있다면 그것은 은사도 아니요, 치유 방법이나 이론이 아니라 예수다. 이 책을 통하여 오직 예수만이 독자들에게 전달되었으면 하는 바람이다.

제3부 예언

사역과 목회

황광명

서론: 글을 쓰게 된 동기

교회를 담임하여 목회를 한 지 20년을 맞는다. 대부분의 목회자들이 그렇겠지만 나 역시 목회의 여러 가지 사역 중 설교를 가장 중요하게 생각하였다. 그러나 목회 10년을 넘기면서 "과연 설교가 사람을 변화시키는가?"라는 물음을 갖지 않을 수 없었다.

목회자 앞에서는 은혜를 받았다고 말하지만 실생활은 여전히 똑같은 생활을 반복하는 성도들, 삶의 변화가 전혀 없는 성도들을 볼 때마다 무거운 마음을 갖고 있었지만 무어라 말할 수 없었다. 나의 무능함이 들춰지는 것 같았기 때문이다.(이러한 마음 역시도 교만임을 나중에 알게 하셨다) 그러면서도 뾰족한 방법을 찾지 못하고 단지 목회자나 성도와의 편안한 관계와 교회 일 열심히 하는 것으로 신앙생활 잘한다고 찜찜한 인정을 주고받았지만 주님 앞에서는 부끄럽기 짝이 없는 일이었다.

> 이와 같이 좋은 나무마다 아름다운 열매를 맺고 못된 나무가 나쁜
> 열매를 맺나니 좋은 나무가 나쁜 열매를 맺을 수 없고 못된 나무가
> 아름다운 열매를 맺을 수 없느니라.(마 7:17-18)

열매 없이 주님을 닮지 않으면서도 단지 윤리적이고 좋은 사람이 되는 것으로 만족해 하는 성도들과 이를 합법적(?)으로 용인하는 나 자신을 보면서 목회에 대한 갈증은 커져만 갔다. 그러던 중 기름 부음 사역을 접하면서 이 모든 의문이 풀렸다. 특히 예언 사역과의 만남은

나의 목회에 있어 목회자의 생각이 아닌 하나님의 생각으로 성도들을 이끌 때에만 하나님의 사람으로 세워질 수 있음을 알게 된 중요한 경험이었다.

물론 기존의 말씀공부나 기도를 무가치하게 생각한다는 것은 절대 아니다. 오히려 더 많이 기도하게 되었고 더 깊이 말씀을 보려고 노력하게 되었다. 왜냐하면 이제는 내 생각보다 주님의 생각, 주님의 마음, 주님의 계획이 더 중요하기 때문이다. 아니 절대적이다. 내가 목회하는 것이 아니라 주님이 목회하시고, 나는 그분이 시키는 일을 하는 종으로 서 있는 사람임을 깨달았다.

나는 이 글을 읽는 모든 목회자들이 목회에서 예언 사역의 필요성을 인정하고 적극적으로 받아들이길 바란다. 그러면 목회가 훨씬 더 쉬워진다. 성도들이 더 온유해지고 영적으로 강해진다. 서로에게 복종하며 섬김에 열심을 내게 된다. 기쁨과 감격에 넘쳐 신앙생활 하는 모습을 보게 된다.

예수가 그리스도임을 믿고 행하는 모든 목회 가운데 건강한 목회, 성서적 목회, 주님께서 주신 도구를 적절하게 사용하여 주님의 사람으로 세워가는 목회가 이루어졌으면 하는 것이 이 글을 쓰게 된 동기다.

사도 바울은 예언에 대해 고린도전서 14장 3절에서 "사람에게 말하여 덕을 세우며 권면하는 것"으로 정의하고 있다. 인간적인 좋은 말이나 위로가 아니라 하나님께로부터 들은 것을 다른 이에게 전달해 줌으로써 하나님의 위로와 격려를 받도록 하는 것이다. 물론 성서를 해석하거나 설교를 통하여 위로와 격려를 하는 것도 넓은 의미의 예언이라 할 수 있지만 이글에서는 설교나 성경공부와 같은 이지적 차원이 아니라 내 안에 없던 특별한 것을 계시받아 전달하는 성령의 은사로서의 예언에 초점을 맞추어 이야기하고자 한다.

1장 예언 사역자로 세워지기까지

나는 평범한 목회자로 그저 진실한 목회를 하기 원했었는데, 예언의 은사가 나타나고 예언 사역을 하게 된 것은 누구랄 것도 없이 내가 먼저 놀랄 일이다. 그 만큼 나는 은사 사역에 관심이 없었고 무지했다. 이는 어렸을 적 교회에서 보았던 은사받은 사람들의 무례한 모습과 신학 교육을 받은 학교가 은사와는 거리가 먼 학교였기 때문이었을 것이다. 그럼에도 지금 하나님의 선물로서의 은사를 사모하고 실제 목회 현장에서 사용하게 된 것은 전적으로 하나님의 은혜이고 사랑하는 이들의 기도를 하나님께서 들어 응답하신 것이라 믿어진다.

예언 사역을 접하다

2009년 9월 새로운 교회 개척을 준비하며 참여한 기름 부음 집회에서 놀라운 경험을 했다. 그 중에 하나가 예언 사역이었다. 그것도 신학교 동기인 P목사와의 만남이 결정적이었다. 그를 통해 들은 단 한마디 예언의 말씀이 얼마나 마음에 위로가 되고 힘이 되었는지 '참으로 신기하다'는 생각이 들었다. 이때 나는 '과연 하나님께서 나의 사정을 알고 계신다'는 사실이 믿어졌다. 이는 나에게 새로운 소망과 힘을 주었다.

당시 나는 유치원 강당을 빌려 임시로 예배를 드리면서 예배 처소를 찾고 있었는데 너무나 지치고 탈진하여 '내가 이렇게 가는 것이 맞는 것인가?', '쉬운 길도 있는데 굳이 이 길을 가야만 하는가?'라는 의

문을 갖고서 마음의 방황을 하고 있었던 때였다.

몇 달 후 브라이드 영성훈련원 원장이며 목회자와 평신도를 대상으로 한 영성훈련과 치유집회, 부흥회 등을 인도하고 계시는 윤남옥 목사가 진행하는 '예언영성훈련'이라는 세미나를 신청했다. 인터넷으로 예언에 관련된 성서와 글을 읽고 이에 답하면서 성령의 은사를 사모하면 예언이 열려진다고 하는 영성훈련이었다. 막상 훈련에 임하여 매일같이 올라오는 몇 개의 글을 읽고 답했지만 언제 어떻게 어떤 모습으로 예언이 열리는 것인지 도통 알 수가 없었다. 예언이란 것이 방언처럼 어느 날 기도하다가 입을 통해 저절로 나오는 것인가? 아니면 연설처럼 조금씩 훈련하여 숙달되어 말하게 되는 것인가? 의문의 몇 날들 동안 호기심과 기대감으로 보냈다. 그렇게 훈련에 임한 지 몇 달이 지나도 아무런 일이 일어나지 않았다.

그럼에도 한 가지 변화가 있었는데 '예언이란 것이 특별한 사람이 할 수 있는 것이 아니라 누구나 할 수 있는 것인가 보다'라는 생각으로 바뀐 것이었다. 그러나 '내가 할 수 있을까?', '나는 아닐지 몰라'라는 마음은 계속 남아 있었다.

예언이 열리다

그러던 차에 어느 날 새벽기도회 후 개인 기도를 하는 시간, 성도들 한 사람 한 사람을 생각하며 중보기도를 하는데 뭔가 가슴으로부터 울컥 솟아 올라오는 것이 있었다. 주체할 수 없는 그 느낌은 그들을 향한 긍휼과 사랑이었다. 나는 한없이 흐느낄 수밖에 없었다. 그들을 위한 주님의 마음임을 느꼈기 때문이다. 온유함과 따스함, 부드러움으로 부어지는 주님의 마음은 목회자로서의 성도를 향한 마음과는 너무나 차이가 있었다.

그 순간 번개처럼 스치는 생각이 있었다. 혹시 '이런 마음이 예언과 연결되는 것인가?' '예언이 주님의 마음을 전하는 것이라면 이 마음은 분명 내 마음이 아닌데' 하는 생각과 함께 "'하나님께서 말씀하십니다' 라고 말하고 시작하십시오. 그러면 예언이 열릴 것이다."라는 예언영성훈련에서의 가르침이 떠올랐다. 지체 없이 실행에 옮겼고 '하나님께서 말씀하십니다'라고 말하는 순간 내 입에서는 1인칭 화법의 말이 쏟아져 나왔다. 내가 말하는 것 같기도 하고 내 안에 다른 누가 그 말을 시켜 강하게 밀어내는 것 같기도 한 묘한 감동 가운데서 거침없이 나오는 그 말들은 모두 내가 중보기도하고 있는 그 사람들을 위한 격려와 위로의 말이었다. 하나님께서 얼마나 사랑하시는지 그리고 그가 하나님의 사랑을 떠났음에 대해 얼마나 가슴이 아픈지에 대한 하나님의 마음이었다.

한참 동안의 기도를 마친 후, 멍하니 앉아 나의 입을 통해서 나온 그 말에 대한 의미를 다시 한 번 생각해 보았는데, 그 말은 단지 말이 아니라 어떤 그림에 대한 해석임을 알게 되었다. 또한 내가 기도하는 내내 어떤 그림(이것이 내적 환상임은 나중에 알게 되었다) 속에서 그 그림에 대한 감동이 그 사람에 대한 하나님의 마음이었다는 것이 정리되어 깨달아졌다. '아하 이런 것이 예언인가' 참 신기하다 생각이 들면서 만약 예언이 이런 것이라면 예전에도 할 수 있었는데 라는 생각도 겹쳐 왔다. 왜냐하면 예전에도 이런 감동과 기도 중의 그림이 계속 있어 왔는데 그때는 내 생각 속의 그림이라고 여겨왔기 때문이다.

예언을 시험해 보다

그런 경험이 계속되면서 기도하는 것, 특별히 중보기도하는 것이 재미있어졌다. 항상은 아니지만 기도하면 때때로 하나님께서는 그 사람을 향한 그림과 마음을 부어 주셨다. 그런데 며칠이 지나면서 '이게 과연 사실일까?' '기도하는 그 사람의 상황이나 마음이 정말 그럴까?' 하는 의문이 들었다. 그래서 기도 중에 받았던 그 마음이 정말 하나님의 마음인지 또 그 사람의 현실과 정말 연관이 있는 것인지 시험해 보고 싶었다.

시험 대상으로 한 사람을 정했는데 그분은 예전에 내가 담임했던 교회의 남자 집사로 당시에 해외공관으로 근무를 떠날 준비를 하던 때였다. 현재 교회의 성도를 대상으로 하지 않고 예전 교회의 집사를 선택한 이유는 만약에 예언의 말씀을 전했다가 틀릴 수도 있다고 생각했으며, 현재 교회의 성도들은 대부분 초신자들이지만 시험 대상으로 선택한 그분은 오랜 신앙생활을 하셨고 마음이 넓은 분이라 혹시 내가 실수를 했다 하더라도 다 이해하실 것이라 여겼기 때문이다. 기도를 마친 후 기도 중 보인 그림을 생각하면서 조심스럽게 하나님의 마음이라 여겨지는 것들을 적어서 이메일로 보냈다.

네가 가는 곳에 어두움이 드리워져 있다. 그러나 두려워하지 말라. 내가 너희들이 가는 곳마다 빛을 비춰 주리라. 내가 곧 빛이다. 내가 너와 동행할 것이다. 그리고 그 어두움 속에는 영적 거목들이 많이 있다. 너희들을 통하여 그들을 골라내리라.(그리고 책을 많이 사가라고 하십니다. 그 책은 한국어로 된 신앙서적인데 이를 통해 집사님이 출석하게 될 교회에 나오는 한국 청년들이 하나님을 알게 될 것 같다.)

얼마 후 그 집사는 해외공관으로 발령이 나서 나가게 되었고 나의 메일에 대한 답장을 보내 주셨다.

> 목사님 감사합니다. 그렇지 않아도 해외공관으로 발령이 난 것에 대해 감사하면서도 앞으로 감당해야 할 일들로 인해 약간의 두려움이 있었는데, 목사님께서 보내주신 편지를 읽고 하나님의 동행하심을 다시 한 번 확신하면서 담대하여집니다. 청년 사역을 마음에 담고 늘 기도하겠다. 임기를 마치고 돌아왔을 때 은혜의 간증들을 많이 할 수 있기를 소원합니다.

자신감을 갖고 사역을 펼치다

집사님의 답장은 내가 하고 있는 이것이 주님의 마음을 전하는 것으로서의 예언임을 확신하게 했다. 그리고 이런 모든 과정을 아내와 나누었을 때 아내는 내가 받은 것이 하나님께로부터 온 것이 틀림없으며 이런 사역이 교회 내에서 정말 필요한 것임을 말해 주었다. 아내의 동의와 격려는 기존 교회에서는 참으로 생소한 예언 사역에의 자신감을 더 갖게 했다. 그 이후로도 아내의 격려는 계속적인 사역을 할 수 있게 하는 끈이 되어 주었다.

자신감을 얻은 후 이제는 교회 내에서 공공연하게 예언 사역을 하기로 작정하고 실행에 옮겼다. 삶의 문제로 힘들고 어려워하는 분들에게 상담과 함께 예언 기도를 하면서 신앙생활을 독려하였고, 때로는 편지로 기록을 하여 전달하기도 하고 이메일을 통해서 전달하기도 했다. 그리고 2011년 1월부터는 '기름 부음 집회'라는 이름으로 금요 기도회를 시작하였는데 기도회 중에 감동을 주시는 분들에게 모두 예언의 말씀을 전했다. 예언 사역을 받은 성도들 대부분은 자신에게 맞는 하나님의 마음을 전달받은 것으로 인해 감격하고 기뻐했으며, 넘어짐에서 쉽게 일어나 믿음의 길에 서는데 그렇게 오랜 시간이 걸리지 않는 것을 보았다. 만약 역사가 오래된 교회였다면 그 시도가 쉽지 않았을 텐데 이제 막 개척을 시작한 터라 별 염려가 되지 않았음은 참으로 감사한 일이다.

물론 항상 일사천리로 나아갔던 것은 아니다. 때론 이해할 수 없고 해석되지 않는 예언의 말씀에 대해 성도들에게 이해시키는 것이 참 어려웠다. 그런데 감사하게도 하나님께서는 나보다 주님의 마음과 사람의 마음에 대해 설명이나 해석을 잘하는 아내를 통해 약한 부분을 보충할 수 있도록 해 주셨다.

사역의 장을 넓혀 주심

교회를 개척했던 초기부터 몸담고 있던 경건훈련 그룹의 목사님들은 내게 예언의 은사가 열려지고 있음을 아시고는 여러 자리에서 은사를 사용할 수 있는 기회를 주셨다. 참으로 감사한 일이다. 소그룹 나눔의 자리에서 "목사님, 예언으로 섬겨주실 수 있겠어요?" 선배 목사님임에도 부족한 나를 존중하면서도 정말 하나님의 마음을 사모하는 마음이 느껴져 기쁨으로 섬길 수 있었다.

때로는 부흥회와 세미나 강사로 세워 주셨는데 이를 통해 예언 사역의 이론을 체계적으로 공부하게 되었다. 부흥회 중에는 여러 부류의 성도들을 예언 사역으로 섬기며 이론만으로 알 수 없는 다양한 실제를 경험하게 된 것은 더 깊은 예언의 차원을 여는 촉매제가 되었던 것 같다. 본인의 은사나 사역이 아님에도 주님의 일이라 믿고 기쁨으로 세워 주신 여러 선배 목사님들께 감사드린다.

내가 받은 예언의 말씀

목회자로서 예언 사역을 하고 있지만 내가 다른 예언 사역자로부터 예언 사역을 받는다는 것은 참으로 설레고 흥분되는 일이다. 그동안 여러 집회에 참여하면서 여러 번 예언의 말씀을 받았는데 모두 그때의 상황에 맞는 위로와 격려를 주신 말씀들이었다. 그중 나의 예언 사역에 이정표를 세워 주었던 가장 기억에 남는 것은 2011년 5월에 데이비드 켈리David Kelly 목사로부터 받은 예언의 말씀이다. 켈리 목사는 예언의 말씀을 통하여 내가 지난 3달 동안 여러 가지 하나님의 응답을 받고 있으며 이는 그동안의 기도의 열매인 것을 말씀하셨다. 또한 내가 현재 예언 사역을 조금 하고 있지만 이제 앞으로는 예언 사역의 길이 더 넓게 열려 예언에 대해 강의도 하게 될 것이고, 우리 교회가 예언 사역을 하는 교회로 한국 내에 알려지게 될 것을 말씀하셨다. 처음 만났음에도 그의 예언은 정확했으며 나의 가슴에 불을 댕겼다. 나는 켈리 목사의 예언이 하나님께로부터 온 것임을 확신했다.

얼마 후 윤남옥 목사로부터 "메누하 힐링 룸Healing Room에서 열리는 예언 세미나에서 나의 예언 사역의 실제에 대해 간증을 해 줄 수 있겠느냐?"는 제의를 받았을 때, 나는 그 자리에서 아멘으로 받아들였다. 속으로는 내가 과연 그것을 할 수 있을까? 하는 마음도 있었지만, 켈리 목사로부터 받은 예언의 말씀을 하나님께서 주신 말씀으로 믿고 있었기에 '아 하나님께서 하신다' 믿어졌고 순종하는 것이 내게 유익하다고 판단되었기 때문이다. 40분 정도의 짧은 예언 사역에 대한 간증이었지만 내가 받은 예언의 말씀이 이루어지고 있는 것에 대해 흥분했고 이루시는 하나님께 감사드렸다.

특별히 우리 교회가 예언 사역을 하는 교회로 알려질 것이라는 말씀을 나는 하나님께서 열어 주시는 비전의 말씀으로 붙잡았다. 그리고 그렇게 될 것을 믿었고, 그 길을 힘차게 걸어가리라 다짐했다.

예언 사역자를 길러내다

하나님께서 하시는 일임을 믿었지만 다른 예언 사역자로부터 들은 예언의 말씀은 믿음에 더 큰 확신을 심어 주었고, 예언 사역의 길을 흔들리지 않고 갈 수 있도록 확증해 주었다.

우선 우리 교회가 예언 사역을 하고 예언 사역으로 알려지기 위해서는 목회자인 나 혼자 예언 사역을 하는 것이 아니라 교회 내의 평신도들을 예언 사역자로 훈련시키는 일이 필요한 것임을 알게 되었다. 나아가 평신도들을 바르게 훈련시키기 위해서는 내가 주님과 더 깊은 교제를 통해 그 예언의 깊이와 넓이를 더하고 체계적인 이론도 준비해야 함을 느꼈다.

이에 예언에 관한 책들을 읽으면서 평신도를 위한 예언 사역 훈련을 준비했다. 그런데 그 기간 중 우연한 기회에 아내도 예언이 열리게 되었다. 어느 다른 교회 성도가 마음의 상처와 가족 불화의 문제로 우리 교회를 방문하여 아내와 상담하던 중 하나님께서 그분을 위해 기도하라는 마음을 주셨다. 이에 그분의 손을 붙잡고 주님의 마음을 기다릴 때에 1인칭으로 전달되는 이른 바 '대언의 은사'가 임했다.

하나님의 일하심은 참으로 신비하다. 아내와 함께 열린 예언의 은사는 서로 보완하고 조언하는 동역자로서의 관계를 더욱 돈독하게 하였으며 지금도 더 깊은 부분을 나눌 수 있게 하고 있다.

그 후 교회 내에서 세 번에 걸친 예언 훈련을 통해 평신도 중 8명이 예언을 할 수 있게 되었고 그 중 4~5명은 아주 자세히 주님의 마음을 전할 수 있는 사역자들로 세워지고 있다. 현재 우리 교회에서 예언은 너무나 일상적인 일이 되었다. 누구나 할 수 있는 것이라 믿고 있고 소그룹 모임 중 또는 기도회 후에 자연스럽게 예언의 말씀을 나눈다.

분명한 것은 예언의 말씀을 듣는 성도들은 이전 사역지에서 만났던 성도들에 비해 그 세워지는 속도가 빠르고 그 세워짐이 참으로 견고해 보인다. 이는 타 교회에서 신앙생활을 하다가 이사 오신 분들이 증명한 일이기도 하다. 물론 믿음이 성장하는 과정에서 넘어짐이 없는 것은 아니다. 그런데 그 넘어짐의 시간이 오래가지 않는 것 같다.

그렇다고 해서 나의 목회에서 예언 사역자를 길러내는 것이 목회의 목적은 아니다. 하나님의 사람, 주님의 말씀과 생명으로 움직이는 사람을 세워가는 것이 목회의 목적이다. 그런 의미에서 예언은 기도하면서 성서 말씀에 순종하여 나아갈 수 있는 동기부여를 확실하게 해 준다. 성서 속에서 말씀하시는 하나님이 아니라 지금 내 삶 속에서 말씀하시는 하나님을 예언 사역을 통하여 경험하게 해 준다.

이제 내년에는 치유 사역팀과 함께 예언 사역팀을 조직하여 평신도 예언 사역을 감당하게 하려고 한다. 은사와 인격을 겸비한 평신도를 통하여 많은 이들이 주님의 마음과 계획을 전해 들음으로 더욱 담대하게 기쁨으로 믿음의 길을 걸어갈 수 있으리라 믿어 의심치 않는다.

2장 예언에 대한 성서적 이해

1. 예언은 성서적인가?

예언을 기피하거나 터부시하는 경향이 한국 교회 안에 있다. 목회자인 나도 얼마 전까지 그랬다. 한국 교회 혹은 목회자들이 예언을 받아들이지 않는 이유를 종합해 보면 '설교가 곧 예언인데 굳이 왜 예언이 필요한가?' '예언의 시대는 초대 교회로 끝났는데 왜 굳이 예언을 하려고 하는가? 성서만으로 충분하다.' '예언을 함으로 얻는 유익보다는 교회 내에 병폐가 많다'라는 것이다. 과연 그럴까?

우선 '설교가 예언'이라면 왜 사도 바울은 고린도교회에 편지를 보낼 때 '특별히 설교하라'고 하지 않고 '특별히 예언하려고 하라'(고전 14:1)고 했을까? 이 말씀은 공개적인 예배의 자리에서 설교자를 통해서 선포되는 말씀이 아님을 전후 문맥을 읽어 보면 누구나 알 수 있다. 고린도전서는 교회 전체를 대상으로 한 사도 바울의 편지다. 한 개인에게 보내는 목회서신이 아니다. 즉 고린도교회 모든 성도들에게 '예언'에 대해 사모하라고 한 것은 모든 성도들이 예언할 수 있으며 이는 설교자를 통해서 전달되는 설교가 아닌 일반 성도들을 통해서 전달되는 하나님의 말씀을 이야기하고 있는 것이다.

둘째, '예언의 시대는 초대 교회로 끝났다'라는 말은 누군가가 지어 낸 말이다. 성서 어디를 보아도 예언이 끝났다거나 하나님께서 끝낼 것이라는 말씀이 없다. 다만 성서에는 예언이 폐하여지는 때에 대해서 기록하고 있다.

> 사랑은 언제까지나 떨어지지 아니하되 예언도 폐하고 방언도 그치
> 고 지식도 폐하리라.(고전 13:8)

그러나 이것은 성령의 은사로서의 예언이 현재 교회 내에서 필요 없다는 말이 아니다. 예언이 폐하여지는 때는 주님의 재림의 때를 말한다. 예언뿐만 아니라 방언과 지식도 필요 없는 때가 온다는 것이다. 오직 사랑만이 그 가치와 의미를 갖는 그때, 그때가 언제인가? 그것은 바로 주님께서 오셔서 세상의 모든 것들을 온전하게 회복시키는 재림의 때다. 그때까지는 예언도 필요하고 방언도 필요하고 지식도 필요하다는 말씀이다.

예언의 시대는 초대 교회 이후로 끝난 것이 아니라 그 범위가 더 확장되었다. 특별한 사람들만이 아닌 성령의 인도함을 받는 모두가 예언할 수 있고 예언하는 것이 서로에게 유익하다. 다만 우리의 예언이 온전한 것이 아님은 인정해야 한다. 일부만을 예언하기 때문이다. 그러나 온전한 것이 올 때(재림의 때)에는 부분적인 것이 필요 없게 된다.

> 우리는 부분적으로 알고 부분적으로 예언하니 온전한 것이 올 때
> 에는 부분적으로 하던 것이 폐하리라.(고전 13:9-10)

오히려 성서는 말세에 예언이 더욱더 크게 임할 것을 말하고 있다.

> 하나님이 말씀하시기를 말세에 내가 내 영을 모든 육체에 부어 주
> 리니 너희의 자녀들은 예언할 것이요 너희의 젊은이들은 환상을
> 보고 너희의 늙은이들은 꿈을 꾸리라.(행 2:17)

셋째, 예언에 따른 교회 내의 병폐의 문제는 바른 예언 교육이 선행되고 병행된다면 충분히 극복할 수 있는 문제다. 과거 예언 사역이 교회로부터 배척을 당한 이유는 은사를 받은 이들의 비인격적이고 권위와 질서를 인정하지 않는 행동에 기인한다. 목회자의 목회에 도움이 되지 않고 오히려 대척점에 서곤 했는데, 이것이 예언 사역 자체를 부정하는 결과를 초래했다. 강조하여 말하건대 예언을 비롯한 모든 은사의 나타남은 결코 믿음의 성장이나 인격의 성장과 비례하지 않는다. 방언을 제외한 모든 은사는 공동체의 다른 이들을 돌보고 세워주기 위해 필요한 도구들이며 모든 은사의 주인은 하나님이시다.

이러한 영적 원리에 대해 바른 성서적 교육을 받지 않았기에 은사자들의 교만함을 이용하여 사탄은 교회를 분열시켰고 아주 유용한 영적 도구를 사용하지 못하도록 하는 결과를 초래했다. 너무나 안타까운 일이다. 그러나 현재 한국 교회의 모습은 예언을 함으로 나타나는 병폐보다 예언을 하지 않음으로 나타나는 무기력함이 더 큰 문제로 보인다. 나는 예언 사역이 성도들의 신앙에 활력을 불어넣어 주고 공동체를 견고하게 세우며 믿음의 길을 더욱 담대히 갈 수 있는 지극히 성서적이며 하나님께서 원하시는 사역이라 믿는다.

2. 구약성서와 신약성서의 예언

구약성서에는 '예언'이라는 단어가 100회 이상 나온다. 예언이라는 단어를 사용하지 않았을 뿐이지 예언과 연관된 구절까지 포함하면 구약성서에서 예언은 아주 빈번하게 사용되었음을 알 수 있다. 구약성서에서는 하나님의 말씀이 사람을 통해서 전해지는 것을 예언이라고 했다.

구약성서의 예언은 주로 미래에 일어날 일을 미리 이야기하는 '예지적 성격'을 띤 것으로 가까운 미래로부터 몇 세기 후의 일까지 예언의 범주에 포함되었다. 그 대표적인 경우가 바로 야곱이 임종이 가까워 아들들을 불러 모아 놓고 한 사람씩 그들의 미래에 일어날 일들을 말하여 주는 모습이다.

> 야곱이 그 아들들을 불러 이르되 너희는 모이라 너희가 후일에 당할 일을 내가 너희에게 이르리라.(창 49:1)

위의 말씀에 이어지는 내용들은 야곱의 아들들의 당대를 넘어서 그들의 후손들이 이룬 지파에 대한 예언으로 수세기 동안에 걸쳐 이루어질 예지적 내용을 포함하고 있다.

구약성서에 나타난 또 다른 예언의 형태는 현재 하나님의 마음(뜻)을 전하는 이른 바 '대언'의 형태로 나타난다. 모세와 포로기의 여러 예언자들을 통해 나타나는 예언은 현재 하나님의 마음을 전하는 내용이었다.

세 번째로 나타나는 구약성서의 예언은 시나 노래의 형식을 띠는 경우다. 성령의 영감으로 충만한 시편 기자들의 노래는 그들이 고난의 시간을 통과하면서 예언의 영으로 기름 부음 받아 탄생한 작품들[1]이다.

이렇게 구약성서의 예언이 예지적 성격을 띤 미래에 관한 이야기라면 신약성서의 예언은 우리 가운데 역사하시는 성령의 생각을 드러내

---

1 케네스 해긴, 「예언의 은사」, 정승혜 옮김(서울: 베다니출판사, 2011), 26-32.

는 것으로 현재적 성격을 갖고 있다. 물론 미래적 측면의 예언도 나타날 수 있지만 이는 현재적 의미 안에서 연결된 것이라 볼 수 있다. 그런 의미에서 신약성서의 예언은 하나님의 마음을 말로써 전함으로 성도들을 '권면하고 위로함'(고전 14:3)을 목적으로 행해지는 사역이라 할 수 있다.

3. 예언의 목적

교회는 건물이 아니고 사람이다. 예수 그리스도를 주님으로 고백하고 그분의 뜻을 따라 가는 사람들을 교회라고 할 때 이들을 권면하고 위로하는 것이 예언의 목적이다. 그리스도를 따라 살아간다고 하지만 그리스도인 역시 세상 속에서 사탄의 위협과 유혹 가운데 노출되어 있기에 그 따라감이 늘 왕성할 수는 없다. 넘어지고 쓰러지는 것을 반복한다. 이때 예언을 통한 권면과 위로는 성도를 굳게 서게 만드는 좋은 도구가 되며 성도 간의 강한 영적 유대감과 그리스도의 몸으로서의 유기체적 하나 됨을 경험하게 한다.

위에서 언급한 고린도전서 14장 3절에 나오는 예언의 목적을 자세히 살펴보면, 첫째, 교회의 덕을 세우기 위함이다. 우리나라 말의 '덕德'이란 의미는 한 사람의 좋은 성품을 말하는 것으로서 '교회의 덕을 세운다'고 하면 교회의 이미지를 좋게 한다는 뜻으로 해석하기 쉽다. 그러나 신약성서 그리스어 오이코도메이의 뜻은 '집을 세운다'라는 뜻이다. 이는 단순히 이미지를 좋게 만드는 것이 아니라 견고하게 한다는 의미를 갖고 있다. 즉 예언은 성도들의 믿음을 더욱 견고하게 하기 위하여 행해지는 것이다.

대부분의 예언 사역을 경험한 이들은 하나님께서 나와 함께하시는 것에 대해 확신을 갖거나 예언 사역을 받기 이전보다 하나님에 대해 더 가깝게 느낀다. 아무리 전능하신 하나님이 계신다 하더라도 나의 처지와 형편을 알지 못하시는 나와 상관없는 하나님이 무슨 의미가 있겠는가? 그러나 예언 사역을 통해 나를 보시고 알고 계신 하나님에 놀란다. 그리고 소망을 갖는다. 희미했던 믿음의 실체가 가깝게 느껴진다. 즉 견고해진다는 것이다.

둘째, 예언은 권면의 목적을 갖고 있다. 사람은 누구나 지시받는 것을 싫어하지만 권면받을 때는 하고 싶은 의욕이 생겨난다. 지시는 명령하는 것이므로 자유가 속박당하지만 권면은 내가 선택할 수 있는 여지를 남겨 놓음으로 자유를 느낄 수 있다. 우리 안에 계시는 성령은 권면하시는 분이다.

얼마 전 어느 교회 부흥회를 인도하러 갔다가 담임목사의 아들인 고등학교 1학년 학생을 위해 예언의 말씀을 전한 적이 있다. 주님께서는 어떤 사역을 그 학생의 인생 가운데 맡기길 원하시는데 "네가 이 일을 해라" 하시지 않고 "네가 이 일을 해 줄 수 있겠니?" 하시는 것이었다. 그리고 그렇게 부탁하시고 권면하시는 주님의 마음은 "혹 이 아이의 마음이 다치지 않을까? 안 해도 괜찮다. 그래도 사랑한다. 그렇지만 네가 이 일을 감당해 준다면 내가 너무 기쁠 것 같다"라는 마음이었다.

아니 창조주 하나님께서 왜 우리에게 부탁을 하시고 권면을 하시는가? 그분은 우리에게 그 어떤 명령을 내려도 우리는 아무 할 말이 없다. 그럼에도 그분은 권면하시고 우리의 마음을 살피신다. 이것이 사랑이기 때문이다. 나는 그 사랑에 감동하여 예언의 말씀을 전하지 못하고 한 동안 울 수밖에 없었다. 예언 사역자가 주님의 마음을 바르게 전할 수만 있다면 예언의 말씀을 통해 예언을 받는 이는 언제나 권면을 받게 된다. 그리고 그 말씀을 받은 사람은 강요가 아닌 자유 가운데 결단을 하게 된다.

셋째, 예언은 위로하는 것이다. 사람의 생각으로 위로의 말을 하면 때론 내가 아무리 좋은 의도를 갖고 위로를 했다 하더라도 상대방의 처지와 형편을 모르기에 상처를 줄 수 있다. 그러나 전능하신 하나님의 위로는 정확하다. 단 한 문장, 단 한마디의 말이라도 하나님으로부터 온 것은 상대방을 위로하기에 충분하다.

자연인 인간, 상처와 아픔을 경험한 인간이 처음부터 이타적인 사랑의 삶을 살 수 없다. 지속적인 사랑과 인정, 권면과 위로를 받아야만 비로소 그의 밑바닥에 있던 사랑이 흘러나온다. 특별히 주님의 한량없는 사랑, 목숨까지도 바쳐진 그 사랑이 흘러 들어갈 때 상처가 소멸되고 아픔이 치유되며 비로소 사랑을 줄 수 있는 사람으로 변화되는데 예언 사역은 그 주님의 사랑을 직접적으로 흘려보내는 통로다. 우리는 주님이 될 수 없다. 그러나 주님의 사랑의 통로가 될 수는 있다. 주님께서 주시는 선물(은사)을 받고 그것을 활용하면 누구든지 그 통로로 사용된다.

3장 예언의 실제

1. 예언의 재료

하나님의 말씀과 마음을 전하는 것이 예언이라고 할 때 그 예언의 말씀을 전하기 위해서는 우리가 하나님의 말씀을 들어야 하는데 하나님께서 말씀하시는 통로로 사용하시는 것이 무엇일까? '말씀'이라고 해서 단지 귀로 들리는 '음성'만이 아님은 모두 알 것이다. 그러면 하나님은 무엇을 통해 그분의 마음을 알려 주시고 말씀해 주시는가?

예언 사역자 스티브 톰프슨Steve Thompson은 그의 책에서 하나님께서 말씀하시는 다양한 방법(재료)을 다음과 같이 이야기하고 있다[2].

- **예언적 영감**: 스쳐 지나가는 생각이나 느낌. 그러나 모든 생각이나 느낌이 하나님께로부터 온 것은 아니기에 많은 훈련과 지혜가 필요하다. 내 생각인가 하나님으로부터 온 생각인 가를 구분하는 잣대는 언제나 하나님의 말씀이다.
- **예언적인 감각들**: 신체에 오감이 있듯이 영적 오감도 있다. 즉 영적으로 보고 듣고 냄새맡고 맛을 느끼고 촉각의 느낌을 통해서도 하나님은 말씀하신다.
- **주님의 목소리**: 고요하고 세미하게 들리는 하나님의 음성과 내면에서 들리는 음성, 직접 귀로 들리는 하나님의 음성이 있는데 전자보다는 후자가 덜 주관적이다. 그러나 예언 사역을 위해서 들려지는 음성은

---

2 스티브 탐슨, 『당신도 예언할 수 있다』, 곽정남 옮김(서울: 순전한나드, 2008), 41-75.

귀로 들리는 음성보다는 고요하고 세미하게 들리는 음성과 내면에서 들리는 음성이 일반적이다.

- **환상들**: 예언적 계시라는 측면에서 보면 환상은 영감에 비해 덜 주관적이다. 환상에는 '영으로 흘낏 봄', '내적 환상들', '열린 환상들'(눈을 뜬 상태에서 보이는 환상)이 있다.
- **꿈**: 사실 그대로의 꿈, 상징적 꿈, 천사나 주님이 나타나시는 꿈을 들 수 있다.
- **입신(황홀경)**: 입신 가운데서도 주님의 음성을 들을 수 있다.
- **영으로 끌어올려 짐**: 이는 입신보다 더 높은 차원으로 영이 다른 어딘가로 이동되어 간다는 점에서 입신과는 차원이 다른데, 이를 통해서도 하나님은 말씀하신다.
- **천사의 방문**: 성서에는 천사들이 방문하여 메시지를 전해 주는 장면이 자주 등장한다. 오늘날도 하나님은 천사를 통하여 메시지를 전달하신다.
- **주님의 방문**: 우리 모두가 사모하는 것이기도 하지만 주님은 실제로 우리를 방문하기도 하시는데 목적을 갖고 방문하신다.

이렇게 주님은 다양한 방법으로 말씀하신다. 그러나 실제로 교회 내 예언 사역(그룹 예언, 일대일 예언)에 있어 주로 사용되는 방법은 내적 음성과 환상이므로 이 글은 이 부분에 초점을 맞추어 글을 썼다.

1) 내적 음성

'내적 음성'은 귀로 들리는 음성이 아니라 내 안으로 들려지는(직감적으로 알아지는, 깨달아지는) 음성이다. 또한 이 음성은 머리로 이해되는 것이 아니라 가슴으로 그 의미가 확 알아진다. 파장을 가진 음으로 들리는 것이 아니라 몰랐던 사실이나 예상하지 못했던 어떤 의미가 갑자기 다가오는 것을 말한다.

어떤 모임에 참석했던 적이 있었다. 모임 후 식사를 같이 하게 되었는데 그 식사 자리에 예전에 알지 못했던 어떤 권사님이 같이 식사를 하게 되었다. 그런데 그 권사님을 처음 보면서 '오래된 고통', '계속되는 고통'이란 의미가 확 다가왔다. 처음에는 이를 외면하고 '그 분의 얼굴에서 느껴지는 인상'인가 생각했지만 혼자 기도하는 중에도 그 느낌은 계속되었다. 그래서 어떻게 이를 전할까를 주님께 물어본 후 조심스럽게 그 권사님에게 말을 꺼냈을 때에 그 권사님은 자신이 아주 오랫동안 남편과의 관계에서 아픔을 당해 왔으며 지금도 계속되고 있음을 눈물을 흘리며 고백하시는 것이었다.

실제로 사람들을 만남에 있어 예언적 메시지를 가진 내적 음성인지 단지 나의 생각 속의 추측인지를 구분하는 것은 참으로 쉽지 않다. 내가 나의 생각을 들여다 볼 때에 예언의 재료로 사용되는 내적 음성과 단지 내 생각 속의 추측이 머무는 자리가 어떻게 다른지 구분할 수 없고 설명하기도 힘들기 때문이다.

다만 어떤 내적 음성이 들려졌을 때 주님께 이것이 과연 주님께로부터 온 것인가? 주님께로부터 왔다면 왜 나에게 알려 주셨는가를 물어보는 과정을 통해서 이 둘을 구분할 수 있다. 물론 이런 과정이 숙달되면 그 속도가 빨라져 내적 음성을 분별하는데 그렇게 시간이 많이 걸리지 않는다. 286컴퓨터가 팬티엄급의 고성능 컴퓨터로 바뀌면 그 진행 과정이 전혀 없는 것 같지만 사실 엄청난 속도로 빨라졌기에 진행 과정이 없는 것처럼 보일 뿐인 것처럼 말이다. 이 둘을 구분하기 위해 겪는 여러 번의 시행착오는 이것의 분별력을 키우는 아주 좋은 교사다.

2) 내적 환상

눈을 뜨고 환상을 보는 것이 외적 환상(오픈 비전)이라면 눈을 감고 환상을 보는 것이 내적 환상이다. 나는 예언 사역을 할 때 종종 눈을 뜨고 환상을 보기도 한다. 그러나 그 외적 환상이 오래 지속되거나 깊은 곳까지 도달할 수 없기에 주로 눈을 감고 내적 환상을 구한다. 그러면 주님께서는 위로하고 격려하기 위한 상징적 의미를 가진 내적 환상을 보여 주신다.

정지된 그림 또는 비디오처럼 움직이는 그림 등으로 나타나는 환상은 내적 음성에 비해 예언 사역을 하는데 편하다. 집중하기에 좋고 주님께로부터 온 것인가 하는 물음과 갈등에서 비교적 자유롭다. 주파수가 잘 맞지 않는 라디오에서 나오는 소리를 듣는 것보다 텔레비전을 통해 듣고 보는 것이 더 정확하고 오래 각인되는 것처럼 말이다.

예언 사역의 초기에는 한두 개의 그림이 보였지만 사역의 횟수가 거듭될수록 그림의 개수가 증가하다가 이제는 다큐멘터리 영화를 보는 것처럼 보인다. 흑백의 그림이었다가 이제는 컬러로 보인다. 그리고 그 환상 안에서 어느 정도 내가 원하는 것을 보고 싶을 때 더 가까이 가서 볼 수도 있고 들을 수도 있다. 마치 비디오의 줌 기능이나 녹취 기능처럼 그렇다. 그림의 종류를 예언 사역자가 선택할 수는 없지만 주님께서 보여주신 그림 안에서의 더 정확하고 깊은 예언을 위한 세밀한 부분까지 들여다보게 되었다. 더 정확하게 마음을 전해 주시기 위한 주님의 세심한 배려임이 느껴지는 부분이다.

내가 인도한 기름 부음 집회에 참여한 어느 성도를 위해 예언 기도를 할 때 주님께서 보여주신 환상은 이렇다. 가로수가 있는 넓고 평평한 길, 앞으로 끝없이 펼쳐진 길을 그 성도가 힘없이 걸어가고 있는 것을 보여 주셨다. 넓고 평평한 길, 게다가 가로수가 있으면 걸어 갈 만한데 그의 고개와 어깨는 축 처져 있었다. 언제 끝날지 모르는 막막함 때문이었다. 같이할 사람이 없는 외로움 때문이었다. 게다가 자세히 보니 외롭게 걸어가는 그의 왼손에는 어린아이 하나가 달려 있었다. 그 성도의 보살핌이 아니면 살아갈 수 없는 돌봄이 필요한 이가 있는 모양이었다. 이 모든 환상 가운데서 주님께서 주시는 마음은 이런 어려움을 주님께서 다 아신다는 것이었고, 이제는 너를 외롭게 내버려 두지 아니하고 내가 너를 안고 그 막막한 길을 함께 걸어갈 것이라는 마음을 주셔서 이를 조심스럽게 전달했다.

이렇게 내적 환상은 상징적 의미를 갖고 있고 그 안에 여러 가지 메시지를 내포하고 있는데 이를 주님께서 주시는 계시를 통해서 받고 해석하여 전달하게 된다. 내적 환상에 대한 해석과 전달에 관해서는 이후 계속되는 예언의 과정과 예언 사역의 종류를 설명하면서 더 자세히 나눌 것이다.

예수를 진정한 주님으로 그분의 음성을 듣기 위하여 영접하고 기도하는 모든 사람은 이 음성을 들을 수 있고 볼 수 있다. 그러나 예언과 연결되기 위해서는 간혹 어쩌다가 듣고 보는 것으로는 어렵고 언제든지 기도하고 주님의 말씀을 구하면 듣고 볼 수 있어야 하는데, 이를 가리켜 예언의 은사라고 할 수 있다. 즉 모든 성령 받고 기도하는 이들은 예언을 간헐적으로 할 수 있지만 예언의 은사를 받고 훈련받은 사람들은 언제든지 본인이 하고자 한다면 예언을 할 수 있는 것이 그

특징이다.

2. 예언의 과정

그러면 어떤 과정을 통해서 예언 사역은 이루어질까? 크게 두 단계로 나눈다면 예언을 위한 준비 과정과 실제로 예언 사역이 이루어지는 과정으로 나눌 수 있다.

1) 준비 과정

하나님께로부터 오는 말씀은 언제나 완전하다. 그러나 그것을 듣고 해석하여 전달하는 사람(예언 사역자)은 불완전하다. 성령의 충만함이 언제나 동일하게 유지되는 것이 아니고 감정이나 생각, 겪은 일들로 인하여 늘 불완전할 수 있는 가능성을 갖고 있다. 따라서 예언에 임하는 사역자는 하나님께로부터 온 그 말씀을 바르게 전달하기 위하여 자신의 상태를 가능한 한 온전한 상태로 끌어올리는 일이 필요하다. 깨끗한 수돗물을 공급하기 위하여 수도관을 청소하고 부서진 부분은 교체하는 것과 같은 일이다.

① 회개의 기도

하나님은 죄를 미워하신다. 죄가 있다고 해서 예언 사역을 할 수 없는 것은 아니지만 죄에 대한 거리낌이나 죄책감은 주님을 대면하고 그분의 마음을 전하는데 제한적일 수밖에 없다. 회개의 기도는 사역자의 눈을 깨끗하게 해 줌으로 주님의 마음을 더 정확히 그리고 깊이 볼 수 있는 눈을 열어 줌과 동시에 예언 사역을 받는 사람들을 주님의 사랑으로 대할 수 있는 마음을 갖게 해 준다.

그래서 나는 예언 사역에 임하기 전 이렇게 기도한다. 특별한 죄가 생각이 난다면 그 문제를 붙잡고 계속 기도하되 마음에 평안이 올 때까지 기도한다.

> 하나님, 주님의 이 거룩한 사역에 부족한 종을 사용하여 주시니 감사드립니다. 주님께서 나의 모든 죄를 짊어지심으로 구원받았지만 주님을 온전히 따르지 못하고 말과 행동 그리고 마음으로 지은 모든 죄를 이 시간 주님 앞에 내어 놓다. 주님의 거룩한 보혈의 은총으로 덧입혀 주옵소서.

② 깊은 곳으로 이끌기 위한 기도

우리는 보통 때 영의 눈을 잘 사용하지 않고 살아간다. 그저 보이는 것, 들리는 것과 씨름하고 그것만을 생각하며 살아가기에 영적 사역을 위해서는 영의 감각이 살아나도록 해야 한다. 나는 이 일을 위해서 충분한 방언기도를 한다. 방언기도는 영으로 하나님께 기도하는 것이기에 방언으로 충분히 기도하면 마음에 시원함이 느껴지고 기름부음이 경험되고 예언 사역에 들어갔을 때 좀더 깊은 계시와 해석을 할 수 있게 된다. 방언기도야말로 하나님께서 한 개인을 든든하게 세우기 위해 주신 영적 선물이다. 여기까지는 예언 사역 이전의 단계에서 이루어지는 것이다.

③ 주님의 말씀에만 집중하기 위한 기도

이제 예언 사역에 임하여 예언 받는 사람을 만났을 때다. 막상 예언 사역을 시작하려고 하지만 눈으로 보이는 여러 가지 상대방의 모습과 선입견과 선지식에 입각한 판단을 하게 된다. 물론 경험과 훈련을 통해 이는 충분히 극복될 수 있는 문제지만 초기에는 이 부분이 깊은 예언으로 나아가는데 걸림돌로 작용할 수 있다. 그래서 나는 개인 예언의 경우에는 예언을 받는 사람 앞에서 오직 주님만을 바라보겠다는 다짐과 주님께서 나를 도구로 사용해 달라는 간구를 한 후 예언 사역에 임한다. 이렇게 기도하는 이유는 내 생각이나 내 판단을 바라보지 않겠다는 다짐을 하는 것인데 실제로 이렇게 기도하면 많은 부분 내 생각에서 자유로워짐을 느끼게 된다.(기도 내용은 4장 예언 사역의 여러 종류 - 2. 일대일 예언과 방법 부분을 참조하라)

2) 예언의 전달 과정

예언이 예언 사역자를 통하여 전달되는 과정은 크게 세 부분으로 나뉘는데, 첫째는 하나님으로부터 말씀을 받는 계시의 과정이고, 둘째는 그 받은 계시의 의미를 알아내는 해석의 과정, 그리고 마지막으로 해석된 내용을 예언을 받는 사람에게 전하는 전달 과정으로 나눌 수 있다. 즉 계시→해석→전달의 세 단계를 거쳐 예언은 이루어진다.(어떤 예언 사역자들은 전달의 과정 이후에 '적용'의 과정을 첨가하여 총 4단계로 분류하기도 하지만 '적용'은 예언을 받은 사람들의 몫이기에 여기서는 다루지 않기로 하겠다.)

① 계시

계시는 예언에 필요한 정보를 하나님으로부터 전달받는 과정이다. 사람에 대한 우리의 지식은 한계가 있다. 설사 알고 있다 할지라도 그

지식이 지금 현재 상대방을 권면하고 위로하는 지식이 되리라는 보장이 없다. 많은 경우 필요 없는 것을 너무 많이 알고 있기 때문에 하나님의 마음으로 위로하지 못하는 경우가 많다.

언젠가 한 예언 세미나에 참석했는데 세미나 마지막 즈음 서로 짝을 이루어 예언을 하는 순서가 되었다. 사람이 많은 연고로 원치 않았지만 옆에 있는 어느 사모가 파트너인 여자 목사에게 예언하는 소리를 듣고 말았다. 나는 이미 예언 실습을 마치고 기다리고 있던 참이었다. 그 사모의 예언의 내용은 "목사님의 아픔을 하나님께서 알고 계십니다. 남편으로부터 받은 상처를 주님께서 치료해 주실 것이다."라는 내용이었다. 그러나 예언의 말씀을 받는 목사의 얼굴은 별로 기쁨이나 감동이 없는 채 마지 못해 그저 손만 잡고 있는 듯 보였다. 아니나 다를까? 예언을 마치고 서로 나누는 시간에 사모는 그 여자 목사에게 미안해 어쩔 줄 모르는 것이었다. 그 여자 목사는 아직 미혼이었던 것이다.

왜 이런 경우가 발생할까? 그것은 바로 하나님께로부터 온 것이 아닌 자기의 생각이나 선입견을 말했기 때문이다. 우리는 사람의 겉으로 드러난 모습을 가지고 그 사람의 속을 모른다. 때론 본다는 것이 오히려 예언의 가장 큰 걸림돌일 수 있다.

> 여호와께서 사무엘에게 이르시되 그의 용모와 키를 보지 말라 내가 이미 그를 버렸노라 내가 보는 것은 사람과 같지 아니하니 사람은 외모를 보거니와 나 여호와는 중심을 보느니라 하시더라.(삼상 16:7)

하나님은 사람의 중심을 보시고 알고 계신다. 그러므로 계시의 단계에서 우리는 결정해야 한다. 하나님께로부터 온 것이 아닌 내가 만들어 낸 느낌이나 환상이나 이미지 등은 그 어떤 것이라 할지라도 말하지 않겠다고 말이다.

② 해석

해석은 하나님께서 말씀하시고 보여 주신 계시에 대한 의미를 이해하여 받아들이는 것으로 이는 예언의 말씀을 전달하기 위한 사전 단계다. 바른 해석을 위해서는 하나님께 물어야 한다. 계시를 주신 분이 하나님이시기에 그에 대한 해석 역시 하나님께로부터 와야만 가장 정확한 해석을 할 수 있다. 그러나 해석이 곧바로 명확하게 되는 경우도 있지만 좀 시간이 지체되는 경우도 있다. 왜 그럴까? 기도하는 사람이 하나님과의 코드가 정확하게 안 맞혀져 있는 경우도 그렇겠지만 하나님께서 의도적으로 그에 대한 해석을 미룸으로써 더 기도하게 하는 뜻도 있을 것이다. 이 부분을 우리가 다 알 수는 없다. 다만 계시를 받았다고 해서 해석을 서두르거나 나에게 유리한 쪽으로 해석하려고 한다면 엉뚱한 방향으로 흘러갈 수 있다. 그래서 나를 포함한 많은 예언 사역자들이 오류를 범하는 부분이 바로 이 부분이다.

사도행전 21장에 보면 제3차 선교여행을 마무리하면서 바울은 서둘러 예루살렘으로 향한다. 바울을 따르던 제자들은 기도하며 성령의 감동을 받고 난 후 바울더러 예루살렘으로 들어가지 말 것을 종용한다. 예루살렘으로 가면 유대인들의 핍박이 기다리고 있는 것은 불을 보듯 뻔했기 때문이다. 그러나 바울은 계속 예루살렘을 향하여 전진한다. 얼마 후 아가보라는 예언자가 유대로부터 내려와서 바울에게 성령의 말씀을 전한다.

우리에게 와서 바울의 띠를 가져다가 자기 수족을 잡아매고 말하
기를 성령이 말씀하시되 예루살렘에서 유대인들이 이같이 이 띠
임자를 결박하여 이방인의 손에 넘겨주리라 하거늘.(행 21:11)

제자들이 받은 성령의 감동이 정확하게 맞음을 다시 한 번 확인해
준 예언의 말씀이었다. 그래서 제자들은 강력하게 바울을 만류한다.
제자들이 받은 성령의 감동도 사실이었고, 아가보 예언자가 전해 준
예언의 말씀도 사실이었다. 그런데 반응은 정반대로 나타났다. 바울
은 예루살렘에 가고자 한 반면 제자들은 예루살렘에 가기를 원하지
않았다. 어떻게 이런 일이 일어날 수 있을까? 해석이 달랐던 것이다.
바울도 자신이 예루살렘에 가면 잡히고 옥에 갇힐 것을 알았다. 그럼
에도 불구하고 바울은 복음을 위해서 예루살렘에 가야 한다고 해석한
것이고, 제자들은 예루살렘에 가면 잡히고 핍박을 당함으로 가지 말
아야 한다고 해석한 것이다. 바울의 제자들이 사랑하고 존경하는 스
승의 안위를 염려는 하였지만 오히려 그 인간적인 염려로 인하여 하
나님의 계획의 차원에서 해석을 할 수 없었던 것이다.
　해석에 있어 내 생각의 차원에서 상대방을 좋게 하고 기쁘게 하려
고 한다면 아무리 아름다운 해석이라 할지라도 그 해석은 빗나갈 수
밖에 없다. 언제나 하나님의 뜻을 구해야 한다. 예언의 목적은 하나님
의 사람으로 세우는 것이기 때문이다.

③ 전달
하나님께로부터 받은 계시를 하나님께서 주시는 마음 가운데서 해
석이 되었으면 이제 그것을 전달하는 단계다. 계시와 해석이 예언 사

역자 안에서 이루어지는 것이라면 전달은 이제 예언을 받는 사람에게 드러나는 때이고, 이때에 비로소 예언을 받는 사람은 예언 사역을 접하게 된다. 대부분 예언의 말씀을 받는 사람들은 감격하여 울기도 하고 놀라기도 하며, 살아계신 하나님에 대하여 믿음을 새롭게 하는 단계가 바로 이때다.

이 단계에서 가장 필요한 것은 지혜다. 예언의 말씀을 언제 어떻게 전달할 것인가? 전달의 때와 방법이 중요하다. 하나님께서 알게 하신 것이라 할지라도 지금 여기서 전해야 하는지, 가슴에 품고 기도를 더한 후 전달해야 하는 것인지, 다른 방법으로 전해야 하는 것인지 하나님께 지혜를 구해야 한다.

일대일 예언의 경우 대부분은 그 자리에서 전해야 하는 것만을 하나님께서 알게 하심으로 별 어려움이 없다. 그러나 중보기도를 통해서 알게 하신 예언의 메시지는 그 사람의 비밀한 것들이 있는 경우가 있다. 처음 중보기도를 시작하여 상대방의 비밀한 것을 알게 된 사람들은 신기하여 빨리 전하고 싶어 마음이 급해진다. 그러나 그런 경우 하나님은 당사자에게 알리기보다는 그것을 가슴에 품고 주님의 마음으로 계속 기도하기를 원하신다.

다음으로 전달에 있어 중요한 것은 전달 방식이다. 예언의 말씀을 전하는 통로는 말이다. 그러기에 말을 어떻게 구사하느냐가 참으로 중요하다. 자기의 자녀나 형제가 아닌 이상 반드시 존댓말을 사용해야 할 것이며, 상대방을 존중하는 자세로 임해야 한다. 예언 사역자는 결코 성령이 아니라 하나님의 마음을 단지 전하는 통로이기 때문이다. 아무리 정확한 예언이라 할지라도 지시적이거나 무례한 태도로 전한다면 예언의 말씀을 받는 이가 마음이 상하게 되고 이는 예언 사역자는 물론 예언 자체에 대해 불신하는 결과를 초래할 수 있다. 부드러우면서도 상냥하고 엄중하면서도 온유한 말투야말로 예언의 메시지를 전하는 사역자가 갖추어야 할 태도다.

예언 사역을 위한 준비 과정을 거쳐 계시-해석-전달로 이어지는 모든 과정은 예언 사역자 홀로 수행하는 과정이 아니라 성령과 동행하는 과정이다. 성령과 동역하는 것이다. 그리고 주관자는 성령이다. 성령이 주관하시고 예언 사역자는 돕는 자의 위치에 있음을 잊지 말아야 한다. 그러할 때 예언 사역으로 인한 결과에 일희일비하지 않고 계속적으로 순종하며 사역에 임할 수 있다.

3. 예언 사역 시 방언의 활용

예언 사역에서 방언은 참으로 유용하다. 대부분의 경우 모든 성령의 은사는 방언에서 시작된다. 방언기도가 개인의 덕을 세우는 것이기에 한 개인이 영적으로 튼튼해진 이후에야 다른 은사를 잘 사용할 수 있기 때문인 것 같다. 예언에 있어서 방언은 준비 과정이나 그 진행 과정에서 더 깊은 예언, 원활한 진행을 위해 중요한 은사다.

앞에서 말했거니와 나는 예언 사역을 준비할 때 충분한 방언기도를 한다. 방언은 깊은 우물의 생수를 길어 올리기 위해 두레박을 내리는 것과 같다. 그러면 내 영이 가벼워지고 맑아지는 느낌을 받는다. 그 후 예언 사역을 시작하면서도 하나님의 계시를 구할 때는 방언 찬양을 한다. 방언 찬양은 그 곡조도 아름답거니와 깊이 집중할 수 있게 해 준다. 내 생각으로 만들어내는 이미지나 말씀이 아닌 하나님의 계시를 분별하는 데 놀라운 집중력을 갖게 한다. 또 계시 받은 것을 해석하거나 전달할 때 곧바로 분별이 안 되면 한동안 방언 찬양을 하며 하나님의 해석을 구하고 지혜를 구한다. 나도 생각하지 못한 아름다운 음과 멜로디로 예언 사역의 분위기를 편안하게 해 주는 것은 방언 찬양이 가져다주는 보너스다.

4장 예언 사역의 여러 종류

1. 공개 예언과 방법

대중 집회 시 한 개인을 정하여 모든 회중들이 들을 수 있도록 예언하는 경우 또는 회중 전체를 대상으로 예언의 말씀을 전하는 경우를 가리켜 공개 예언이라 한다. 공개 예언은 모두가 듣고 볼 수 있기에 하나님께서 친히 일하시는 것을 목격하여 하나님께 영광 돌리는 기회가 된다. 그러므로 공개 예언은 담대하고 자신 있게 큰 소리로 선포해야 하며, 가능하면 하나님께서 감동 주시는 사람을 선택하여 예언의 말씀을 전하는 것이 좋다. 하나님께서 감동을 주신다고 하는 것은 지금 그 사람이 예언의 말씀이 필요하며 그 말씀을 받을 준비가 되어 있음을 알려 주는 것이라 믿는다. 성령은 모든 사람에게 임하시고 모든 이들을 축복하기 원하시지만 지금 현재 그 역사가 활성화된 사람이 있고 성령의 역사가 위축되어 소강상태인 사람들도 있다. 성령께서 예언을 위해 사인을 주시는 사람들은 하나님의 말씀을 사모하고 갈급해 하는 사람들이다. 그런 사람들은 예언의 말씀을 들을 때 '아 이것은 하나님께로부터 온 것이 틀림없다'는 분명한 확신과 응답을 받는다. 사역자는 언제나 성령께서 일하시는 통로임을 잊지 말아야 한다.

공개 예언을 경험하는 사람들이 알아야 할 차원은 한 개인을 지목하여 공개 예언을 한다 할지라도 오직 그 한사람만을 위한 예언이 아닐 수 있다는 것이다. 그저 누군가에게 행해지는 공개 예언을 듣고 보는 중에 그 예언의 말씀이 내게 주시는 레마의 말씀이라 믿어진다면 이는 그 사람뿐만 아니라 내게 주신 예언으로 믿어도 무방하다. 내가 인도하는 기름 부음 집회에서 종종 한 사람의 머리에 손을 얹고 마이크를 통하여 예언의 말씀을 전했을 때 내가 기도한 사람이 아닌 다른 사람이 '하나님께서 내게 말씀하시는 것 같았다.' 하는 고백을 집회 후에 듣곤 한다. 하나님의 말씀은 시간과 공간을 초월함은 물론 한 사람을 위한 것인 동시에 여러 사람을 위하여 주어지는 말씀이기 때문이다.

2. 일대일 예언과 방법

일대일 예언은 예언 사역자가 한 사람을 앞에 놓고 예언하는 형태다. 물론 두세 사람이 함께 예언의 말씀을 같이 듣는 경우도 있지만 예언의 대상은 오직 한 사람이다. 일대일 예언은 다양한 예언의 종류 중에 가장 사적 관계 가운데 행해지는 예언이다. 관계가 사적이라는 것은 전달하는 언어나 태도 등도 사적 방법으로 전달되어야 함을 말한다. 예언을 받는 이는 하나님과의 관계 이전에 예언 사역자와의 관계를 맺는다. 단 둘이 마주보고 있음으로 인해 내성적인 이들은 알 수 없는 부끄러움과 서먹함을 느낄 수 있다. 또 죄책감을 갖고 예언을 받는 이들은 '혹시 나의 은밀한 부분이 드러날까?' 하는 막연한 두려움을 갖는다. 따라서 일대일 예언에서 예언 사역자의 친근하고 존중하는 언어, 부드럽고 상냥한 태도는 기도 받는 이들이 사역자를 신경 쓰는 것이 아니라 주님께만 집중하고 주님 앞에 선 자세를 가다듬는데 꼭 필요하다. 주장하는 자세가 아닌 섬기는 자세로 예언 사역을 행할 때 기도를 받는 이들은 마음 문을 활짝 열고 하나님의 마음을 받아들일 수 있다.

또한 사적 관계에서 이루어지는 예언이라는 의미는 육체의 눈과 귀로 가장 가까이서 보고 듣는 가운데 이루어지는 사역임을 말한다. 그런데 육체의 눈으로 보고 육체의 귀로 듣는 것이 때로는 영적 귀와 눈을 열어야 하는 예언 사역에서 방해물로 작용하기도 한다. 미리 봐서 알고 있는 것, 미리 귀로 들어서 갖고 있는 정보가 하나님의 마음을 읽고 전달하는 데 그렇게 큰 도움을 주지 못한다. 예언 사역에 임하면 하나님께서는 우리가 눈으로 봐서 '힘들어 보인다'든지 '기쁨이 있어 보인다'든지 하는 겉으로 드러나는 정보를 통하여 위로하거나 격려하지 않으신다. 오히려 겉으로 보이지 않고 드러나지 않는 부분을 알게 하셔서 하나님의 마음과 계획을 전하곤 하신다.

그래서 나는 일대일 예언 사역을 시작하며 매 사람마다 항상 이런 기도를 드린다.

> 이 시간 사랑하는 하나님의 아들(딸)을 향한 주님의 마음과 계획을 구합니다. 저의 생각이나 선입견, 선지식을 말하지 않게 하시고 오직 주님께서 알게 하시고 보게 하신 것만 말하게 하옵소서.

이렇게 기도하는 이유는 예언 사역자로 선 나 자신을 위한 다짐이다. '육체의 눈으로 보고 귀로 들은 것을 말하지 않겠다. 오직 영적 귀와 눈으로 본 것, 오직 주님께서 계시하시는 것만 말하겠다.'라는 다짐을 매번 주님 앞에 고백하며 다짐하는 것이다. 물론 이렇게 기도하지 않는다고 해서 예언 기도가 안 되는 것은 아니지만 나의 생각이나 판단이 결코 상대방의 깊은 곳을 만지고 위로할 수 없음을 알기 때문이다.

아래에 이어지는 글은 나의 예언 사역이 진행되어지는 순서대로 그 내용을 기록했다. 예언 사역자마다 다양한 형태로 사역을 행한다. 예언이 성서적 원리 안에서 주님의 마음을 전하는 것이라면 예언 사역자의 스타일과 받은 은사의 유형에 따라 달라질 수 있다. 내가 제시하는 방법이 온전한 것은 아니지만 여러 가지 시행착오를 거쳐 아래와 같은 순서로 행하는 것이 내게는 가장 적합하다고 생각했다.

1) 영 찬양(방언 찬양)으로 주님을 기다림

예언 사역을 시작하며 위와 같이 주님으로부터 온 것만을 집중하겠다는 기도를 드린 후, 앞에 있는 이를 위한 주님의 마음을 기다리며 보통 방언 찬양(영 찬양)을 드린다. 아무 소리도 하지 않고 조용히 기다릴 수도 있지만 주님의 뜻을 기다리면서 만나는 적막감은 서로에게 익숙하지 않고 편안한 마음으로 집중하는 데 어색함이 더 많다. 영 찬양은 예언을 위한 주님의 마음을 구하는 데 아주 좋은 배경을 만들어 준다. 본격적인 그림을 그리기 위해 밑그림을 그리는 것과 비슷하다. 단순히 방언으로 기도를 하는 것도 주님의 음성을 분별하는 데 도움이 되지만 문제는 예언을 받으러 온 이가 방언을 하지 못하는 사람일 경우 방언이 그 사람에게 거부감을 줄 수 있다는 것이다. 이에 반해 영 찬양은 알아듣지 못하는 소리일지라도 아름다운 멜로디로 부르는 찬양이기에 예언 사역의 분위기를 편안하고 따뜻하게 만들어 준다. 중요한 것은 영 찬양을 부르며 주님께로부터 오는 주님의 마음에 집중하는 것이다.

2) 떠오르는 그림(내적 환상)을 서로 나눔

영 찬양을 드리면서 하나님의 마음을 구할 때 하나님께서는 예언적 계시가 담긴 몇 가지 환상을 보여 주시는데, 이를 예언을 받는 이에게 자세히 설명해 준다. 그림(환상)의 모습, 등장인물에 대한 묘사, 인물들이 하는 말, 전체적인 느낌 등등.

환상 가운데 나타난 그림은 그것 자체가 해석을 포함하기도 하지만 대부분의 경우 해석을 해야 하는 상징적 의미를 담고 있는 것들이다. 그러나 보통은 상징적 그림의 의미가 무엇인지 예언을 받는 본인이 알고 있다. 그림의 의미를 모를 경우 주님께 묻는다. 그래도 주님께서 가르쳐 주시는 것이 없으면 모른다고 솔직하게 이야기하는 것이 필요하다.

간혹 의미에 대한 해석이 안 되는 경우 초조함이 밀려오고 그 초조함 때문에 주님으로부터 오는 해석을 놓치는 경우가 있는데, 이때 명심해야 할 것은 서두르지 말아야 한다는 것이다. 초조함과 조급함은 예언 사역자의 욕심 때문이다. 정확하게 예언해야 한다는 욕심, 실수를 하지 말아야 한다는 욕심, 내가 상대방에게 능력 있는 사역자로 보이고 싶은 욕심 등이 그것이다. 나의 예언은 언제든지 틀릴 수 있다. '나는 단지 주님의 도구일 뿐이다'라고 인정하면 훨씬 마음이 가벼운 상태에서 주님의 마음에 집중을 하게 되고 맑은 영안으로 주님으로 온 것을 분별하게 된다.

나는 해석이 안 되는 경우에도 역시 영 찬양을 부르며 기다린다. 그러면 어느 순간 주님의 계시가 임한다.

3) 대언 기도로 말함

환상 속에 나타나는 그림을 설명하고 그 의미를 해석하며 예언 사역을 진행하다가 어느 순간 가슴 박동이 빨라지고 무언가 내 속에서 북받쳐 올라오며 주님께서 말하게 하시는 것이 있다고 느껴지는 순간이 있다. 그때에는 대언 기도를 통하여 주님의 마음을 전한다. 대언 기도는 구약성서에서 심판과 경고의 메시지를 전했던 예언자들이 사용했던 1인칭 화법을 통하여 전하는 방법이다. "하나님께서 말씀하십니다. 사랑하는 아들(딸)아!"로 시작하는 대언 기도는 단지 그림을 설명하고 주님의 마음을 전하는 것보다 강력한 전달 방식이다. 한번 시작하면 마치 기관총이 발사되듯이 연달아 나온다. 강력한 전달 방식이기에 잘못 분별하여 전달하였을 경우 그것에 대한 잘못된 파급 효과 또한 크다. 따라서 나의 생각에서 올라오는 것이 아닌 주님께서 감동시키신다고 믿어질 때 말하는 것이 필요하다.

대언 기도 안에는 단순한 위로와 권면을 넘어서서 경고의 메시지를 담고 있는 경우도 있다. 자주 있는 것은 아니지만 특별한 감동으로 경고의 메시지를 전할 경우 대부분 예언을 받는 이들은 하나님의 메시지로 받아들인다.

간혹 대언 기도에 대한 감동을 주시지 않는 경우도 있는데 이때에는 환상(그림)에 대한 설명과 해석만을 나누고 굳이 대언 기도를 하려고 하지는 않는다.

4) 일반 기도로 마침

모든 예언적 메시지를 전달한 후 그냥 예언 기도를 마치면 무언가 마무리가 덜 된 느낌이다. 그래서 마지막은 이 모든 예언의 과정을 바라보며 하나님의 인도하심에 감사를 드리고 예언의 말씀을 통하여 약속하신 하나님께서 반드시 그 일을 이루실 것을 믿음으로 고백하고 기도를 마친다. 소용돌이를 만났던 물결이 넓고 평탄한 내를 따라 조용히 흐르듯이 현실의 삶을 돌아보며 결단할 수 있도록 짧은 기도면 좋겠다.

3. 그룹 예언과 방법

그룹 예언은 한 사람을 위해 여러 사람이 주님의 음성을 듣고 전하는 형태의 예언이다. 보통 한 사람을 앞에 세워 놓고 여러 사람이 손을 내밀어 기도할 수도 있고 동그랗게 둘러 앉아 한 사람씩 예언의 말씀을 받을 사람을 정하여 기도한 후 예언의 말씀을 나눌 수도 있다.

가장 좋은 방법은 한 사람을 원 안에 서게(혹은 앉게) 한 후 주변 사람들이 빙 둘러 서(앉아)서 원 안에 있는 사람의 몸에 가볍게 손을 대고 기도하는 것이다. 몸을 터치하는 것은 기도하는 사람으로 하여금 기도 받는 이에게 집중하게 해 준다. 또 기도 받는 이는 기도하는 사람과 서로 연결되어 있음을 느끼게 해 줌으로 주님의 사랑과 마음을 경험할 수 있는 아주 좋은 통로가 된다. 만약 몸에 터치할 수 없는 상황이라면 손바닥을 펴고 기도 받는 이 에게로 뻗고 기도하는 것이 좋다.

방언으로 혹은 조용히 기도한 후 지도자의 인도에 따라 각자에게 주신 주님의 마음과 뜻을 돌아가면서 전달한다. 이때 지도자는 전체의 나눔이 은혜 가운데 진행될 수 있도록 이끌어야 하는데, 그룹 예언에는 참여하는 구성원들이 저마다 예언의 깊이가 다르고 때로는 전혀 엉뚱한 내용이 나올 수도 있음을 잊지 말아야 한다. 따라서 지도자는 '성도를 권면하고 위로함'에 목적을 두고 짧은 내용을 펼치기도 하고 때론 장황하게 늘어놓는 구성원들의 예언의 말씀을 요약 정리하여 다시 한 번 확인해 주는 것이 좋다.

그룹 예언은 예언 실습을 하는데도 아주 좋은 방법이다. 그동안 예언 사역은 일반 교회에서 공식적으로 행해지지 않은 사역이었다. 그래서 예언을 충분히 할 수 있는 사람임에도 조금은 낯설기도 하면서 '실제로 내가 할 수 있을까?'라는 막연한 두려움을 가지고 있다. 그러한 사람들에게 그룹 예언은 '나도 예언할 수 있구나', '하나님께서 나에게도 예언의 메시지를 주시는 구나' 하는 것을 확인하고 자신감을 갖게 해 준다.

만약 예언 훈련이나 실습을 위한 그룹 예언이라면 지도자는 한 조각(단어, 그림)의 예언의 말씀을 말한 사람이라 할지라도 그것이 얼마나 당사자에게 위로가 되고 힘이 되는지를 찾아서 드러내는 것이 필요하고, 예언을 받는 사람들은 반드시 피드백을 통하여 그들의 예언이 나에게 어떻게 들려졌는지 나누는 것이 필수적이다. 우리 모두 완전한 사람은 없다. 다만 완전을 향하여 갈 뿐이다. 서로가 서로를 격려하고 세워 주는 것은 목표를 향하여 힘 잃지 않고 달려가게 하는 디딤돌이다. 이것이 교회의 원리인데 이는 예언 사역에도 똑같이 적용된다.

나는 그동안 교회 내와 교회 밖에서 몇 번에 걸쳐 그룹 예언 실습을 통해 예언 훈련을 했다. 그런데 대부분의 참여자들이 정확한 예언을 했으며 더 많이 열려지는 것을 경험했다. 이는 성령과 인격적인 교제를 하고 있는 사람이라면 누구든지 예언할 수 있음을 말하는 증거이며, 하나님께서는 사랑하는 주의 자녀들이 서로의 생각이나 인간적인 위로가 아닌 주님의 마음으로 교제하기를 원하심을 알게 하는 증거다.

4. 편지(이메일)을 통한 예언과 방법

참으로 흥미로우면서도 놀라운 것이 편지나 이메일을 통한 예언이다. 가끔씩 이 방법을 사용하는데 그때마다 하나님의 일하심은 정말 놀랍다 아니할 수 없다. 예언 사역 초기부터 이 방법을 사용했었다. 그런데 어느 날『하나님의 대사』라는 신앙 간증 책을 보는데 저자 가 이 방법을 이미 사용하고 있음을 알고 하늘 아래 새것이 없음을 새삼 느끼게 되었다.

지금 앞에 있는 사람이 아닐지라도 얼마든지 예언 사역이 가능하다. 예언의 말씀은 내 생각이 아닌 하나님으로부터 오는 것인데 예언의 원천인 하나님은 전능하시고 전지하시되 시공을 초월하여 계신 분이기 때문이다.

한번은 우리 집에 나의 누님의 딸인 조카 내외가 놀러 온다고 연락해 왔다. 직감적으로 단순히 놀러 오는 것이 아닌 어떤 마음의 문제가 있구나 하는 것을 알게 되었고, 그들이 도착하기 전에 그들을 위해서 기도했다. 그리고 하나님께서 주시는 마음을 편지로 기록하여 선물할 책과 함께 갖고 있었다. 오래전에 한번 만나기는 했었지만 얼굴도 가물가물했던 조카사위를 향한 주님의 마음과 둘째 아이의 출산이 가까워서 거동하기 쉽지 않은 조카를 향한 주님의 마음을 조심스럽게 적었지만 아직 그들의 사정을 정확히 모르기에 대화를 나누면서 편지를 전해 줄 요량이었다.

오랜만에 만난 조카는 만삭의 몸에도 항상 그랬던 대로 웃음을 잃지 않고 있었고, 일류대학에서 박사학위를 받을 정도로 앞길이 촉망되는 조카사위는 씩씩하고 믿음 좋은 청년의 모습이었다. 얼마간 삶의 주변 이야기를 나누던 중에 "요즘 자네에게 힘든 것 없나?" 하고 조카사위에게 물었다. 조카사위는 사실 자기가은혜 받고 새벽기도에도 나가고 열심을 내고 있지만 마음이 참 힘들다는 것이었다. 나는 이때다 싶어 당신들이 오기 전에 하나님께서 기도할 마음을 주셔서 기도하다가 당신들을 향한 하나님의 마음이라고 하면서 준비하고 있던 편지를 그들에게 전달해 주었다.

"하나님 살려 주세요. 하나님 도와 주세요"(조카사위가 하나님을 향해 갖고 있는 외침)
사랑하는 아들아!
네가 절벽의 중간에 놓여 있는 좁은 길을 걷고 있는 것처럼, 어려운 길을 걷고 있는 것을 내가 안다. 또 형언할 수 없는 아픔이 있는 것을 또한 알고 있다.
그러나 그 어려움을 통하여 너에게 예전에 없었던 힘(내적 강건함)이 생길 것이며, 새로운 일을 행하는 팔이 생길 것이다. 너는 그때에 어떤 절벽이라 할지라도 뛰어서 올라갈 것이며, 아무리 높은 곳에 서서도 두려워하지 않는 담대함을 갖게 될 것이다. 사랑하는 아들아, 내가 너의 부르짖음을 듣고 있으며 너의 눈물을 보았노라.
너는 지금 내가 그저 지켜본다고 생각하고 있지만 이제 곧 나의 뜻을 알게 될 것이다. 내가 너를 위하여 어떻게 일했는지 네가 깨닫게 될 것이다.
사랑하는 아들아, 담대하라.

조카사위는 편지를 받는 순간부터 흐르는 눈물을 주체하지 못했다.

하나님이 자신의 마음을 너무나도 정확히 알고 있다는 사실에 놀랐으며 위로하시는 주님의 그 사랑 때문에 너무나 큰 힘을 받았다는 것이다. 특별히 하나님은 나의 기도를 듣기는 하시지만 그저 지켜볼 뿐이라는 마음을 갖고 있었는데 그 마음이 정확히 기록되어 있는 것에 놀랐다고 했다. 그 즈음 은혜를 받아 열심을 내서 새벽기도회와 수요예배에 참여하고 있었지만 박사학위 공부와 이 모든 신앙생활을 병행하는 것이 너무나 힘들고, 그 힘든 상태가 계속 진행되고 있지만 하나님이 그 어떤 상황도 바꾸시지 않고 침묵하시는 것 같아 '과연 하나님이 나를 알고 계시기는 한 건가?' 하는 의문이 들면서 이 모든 것을 감당하기 너무 힘들었다는 것이다.

그런 자신에게 예언의 말씀이 담긴 편지는 지금 자신의 길을 하나님이 알고 계시는 것은 물론 친히 인도하시고 있다는 확신을 갖게 되었고, 이제 더욱 담대하게 하나님 앞에 나아갈 수 있다고 고백했다.

만삭의 조카에게 전달되었던 편지는 다음과 같다.

사랑하는 딸아!
자욱한 안개에 가려 나아갈 길이 보이지 않음으로 네가 울고 있는 것을 내가 보고 있다. 아무도 없는 것과 같은 외로움, 그 외로움 속에서 너는 나를 찾을 것이며 나는 너를 만날 것이다.
더 많이 울어라. 너는 내 앞에서 울고 있는 것이다. 너의 눈물이 강이 되어 흘러갈 때에 그 눈물이 닿는 곳마다 안개가 물러날 것이다.
너는 내 사랑하는 딸.
내가 너의 눈물을 보았고, 이제 너를 내 품에 안아 내 심장 소리를 들게 할 것이며 나의 속삭이는 소리를 듣게 할 것이다.

그때에 너는 앞으로 나아가는 것보다 바로 이 자리, 눈물의 자리,

나를 만난 이 자리가 더 소중하다는 것을 알게 될 것이다.

편지를 읽는 내내 조카 역시 눈물을 흘렸으며, 하나님께서 자신의 깊은 마음까지도 알고 계시는 것에 대해 놀라움과 기쁨을 금치 못했다. 조카는 첫째 아이가 어린 상태에서 둘째 아이를 임신했고, 해산일이 가까워오자 몸이 무거워 집안일을 하기도 쉽지 않은데 직장 업무까지(집에서 근무하지만) 감당하는 것이 버거웠던 모양이다. 게다가 막바지 박사학위 공부에 전념하고 있던 남편은 늘 바쁘고, 쉬는 날도 교회 예배와 봉사에 전념하는 것을 알기에 깊은 이야기를 나누지도 못하면서 지냈는데, 그것이 본인에게는 감당하기 힘든 일이었고 누구에게도 알릴 수 없는 눈물을 남모르게 흘렸던 것이다.

우리는 흔히 하나님의 일이라 여겨지는 것을 열심히 하면 하나님께서 기뻐하실 것이라 여긴다. 그러나 하나님은 일보다 그 일을 감당하는 우리와 사랑을 나누기 원하신다. 일 때문에 하나님의 마음을 모르고 일을 핑계로 하나님 자신을 구하지 않을 때 우리는 종종 일에 눌려 지쳐가면서도 하나님이 기뻐하실 것이라 착각한다.

편지를 통한 예언은 본인의 고백과 함께 주어지는 것이기에 하나님의 정확하고 깊은 만지심을 경험하게 된다. 또한 글로 기록된 것을 보면서 하나님의 만지심을 경험하는 것이기에 단순히 말로 하는 예언 사역보다 더 정확하고 감동을 오래 간직할 수 있다.

또 한 번은 어느 사모의 소개로 타 교단 여자 목사가 우리 교회를 방문하여 나와 이야기를 나누고 기도를 받고 싶다는 연락을 받았다.

만날 수 있는 시간을 정하고 방문하시는 목사님의 성함만을 물어본 후 그분을 위하여 기도했다. 하나님께서 그분을 향한 예언의 말씀을 주셨고 이를 기록하여 갖고 있어야지 라는 마음이 들어 짧지만 컴퓨터로 타자를 하여 인쇄를 한 후, 봉투에 넣어 갖고 있었다. 약속 시간이 되어 우리 교회를 방문하기로 한 L목사가 우리 교회에 오셨고 처음 뵙는 분이기에 우리 교회의 소개와 일반적인 이야기를 가볍게 나누었다. 어느 정도 이야기를 나누는 중에 L목사가 우리 교회를 방문한 이유는 예언 기도를 통해서 과연 하나님의 자신을 향한 뜻이 무엇인지 알고 싶다는 것이었다. 더 정확히 이야기하면 지금 이 자리를 떠나야 하는 것인지, 아니면 더 이 자리에 머물러야 하는 것인지였다. 무엇이든 하나님의 뜻이라 믿어지면 자신은 순종하겠다는 것이다. 잠깐 동안의 나눔이었지만 이분이 정말 하나님의 뜻에 순종하고 계시고 순종하기를 원하는 분임이 믿어졌다. 하나님의 정확한 지시하심에 대한 궁금함으로 찾아온 것이 분명하게 느껴졌다. 그래서 나는 준비한 편지를 조심스럽게 그 목사님 앞에 내밀며 이렇게 말했다 "목사님께서 오시기 전 하나님께서 목사님을 위해 기도할 마음을 주셔서 이렇게 기록하여 갖고 있었다. 아마 이 편지가 목사님의 궁금함에 답이 되리라 믿는다."

"주님 제가 떨어질 것 같다. 제가 서 있는 길은 너무나 좁고 험한 곳이기에 두려움이 밀려옵니다. 앞으로 나아갈 수도 뒤로 물러설 수도 없다. 나는 어떻게 해야 할까요?"
사랑하는 딸아!
네가 서 있는 그 자리가 네가 믿음으로 걸어간 자리임을 내가 안다. 그러나 그곳에서 너 스스로 앞으로 나아갈 수도 뒤로 물러설 수 없음을 내가 보고 있다.

네가 서 있는 곳에서 내가 일할 것이다.

흔들림이 멈추어 안정된 자리로 바뀔 것이며, 좁은 것 같은 너의 길이 넓혀질 것이다.

그곳에서 생수가 솟아오르는 것을 보게 될 것이며 그 생수는 너뿐만 아니라 여러 명의 생명을 살리는 생명수가 될 것이다.

그 생수는 점점더 그 양이 많아질 것이고, 너의 모든 삶을 적시고 흘러넘치게 될 것이다.

그러나 명심하라. 생수의 근원에 바로 내가 있음을.

내가 너의 선 자리를 생수가 터지는 자리로 만들 것이다. 사모하며 기다려라.

편지를 읽는 동안 목사님은 눈시울이 뜨거워졌고 다 읽었을 때쯤 눈물이 방울방울 흘러내리고 있음을 볼 수 있었다. 그것은 감사의 눈물이었고 확신의 눈물이었다. 처음 들어오실 때는 한숨 가운데 풀리지 않는 답답함을 보았지만 헤어질 때는 가벼운 마음으로 발걸음을 옮기고 계심에 감사를 드렸고 부족한 종을 사용하시는 하나님의 은혜가 참으로 놀라웠다.

편지를 통한 예언 역시 하나님께서 보여주시는 환상 가운데서 주님의 마음을 옮겨 놓은 것뿐이다. 나의 생각이 아니라 주님의 마음으로 위로하는 것은 편지를 통해서도 가능하다.

5. 일반 기도를 통한 예언과 방법

일반 기도를 통해서도 예언적 기도가 가능하다. 우리의 기도는 보통 내가 생각하는 제목으로 기도하는데 '예언적인 일반 기도'(이 말은 내가 단지 명명한 것이다)란 일반 기도의 형태를 취하고 있으되 그 내용은 하나님께서 알게 하시고 보게 하신 것을 말하는 기도다.

1년 반 전쯤 되었을까? 어느 교회의 부목사로부터 청년부 부흥회 인도를 해 달라는 요청을 받았다. 전할 말씀을 정성껏 준비하여 그 교회에 갔다. 30여 명의 청년들과 부모님들 그리고 그 교회 담임목사와 사모가 같이 참석했다. 청년들에게 관심을 갖고 기도해 주시는 모습이 너무나 아름다웠다. 나는 부목사님에게 조심스럽게 물었다. "혹시 담임목사님께서 은사 사역에 관해 허용하시는 편입니까?"라고 물었을 때 전혀 그런 쪽은 말씀하지 않으시고 허용하지 않는다고 했다. 참으로 난감했다. 그래서 속으로는 그냥 말씀만 전하고 일반적으로 하는 안수 기도를 해야겠다고 마음먹고 있었다. 담임목사의 목회 방향과 맥을 같이하지 않으면 오히려 은사 사역으로 인해 어려움을 가져올 수도 있기 때문이다. 이윽고 말씀을 전하고 안수 기도를 하는 시간이 되었다. 안수받기를 원하는 청년들은 앞으로 나오라고 했을 때 10여 명의 청년들이 앞으로 나와 무릎을 꿇고 간절히 기도하는 것이었다.

한 사람 한 사람 기도하는 가운데 그 청년을 향한 주님의 계획과 마음이 그림(내적 환상)과 함께 내 가운데 느껴졌다. 그 순간 '이것을 말하면 안 된다'라는 생각 속에서 내 머리로 하는 기도와 내 가슴에서 밀고 올라오는 기도가 갈등을 일으킴을 보았다. 처음 한두 명의 청년은 그런 갈등 속에서 그냥 좋은 축복의 말로만 기도를 했다. 그러다 어느 순간 뭔가 확 열려지는 듯한 마음이 들었다. 그 갈등의 해결책이 생각난 것이다. 그것은 바로 예언적 메시지를 담은 기도를 일반 기도처럼 하면 되지 않겠나? 싶은 생각이었고 곧바로 적용했다.

> 하나님의 사랑하는 젊은 딸을 축복하여 주심을 감사합니다. 마음에 지치고 힘든 마음을 갖고 있음을 주님 아시리라 믿다. 사람들에게 아무런 위로와 격려를 받지 못함으로 허전한 마음이 있지만 주님께서 위로하심으로 다시 일어서게 하여 주옵소서. 이 아픔과 고난의 자리가 주님을 만나는 자리가 되게 하여 주옵소서. 사랑하는 딸아, 가슴이 찢어지는 듯한 아픔이 네게 있는 것을 알고 있으며 사람들에게 받을 수 없는 그 사랑을 내가 채워주리라 하시는 주님의 음성을 듣게 하여 주옵소서.

안수하며 이런 식으로 기도하는 동안 기도를 받는 청년들은 통곡하며 깊은 주님의 만지심을 경험함을 느낄 수 있었다. 위의 기도의 내용은 대부분 주님께서 보여 주신 환상과 알게 하신 주님의 마음을 바탕으로 기도한 내용이었다.

기도자의 생각으로 하는 기도도 때론 필요하지만 지금 여기를 향한 주님의 마음을 전하는 예언적 기도야말로 기도하는 이를 통하여 하나님과 연결됨을 경험하는 좋은 통로라 믿어 의심치 않는다. 특별히 부흥회나 특별 집회 때 행해지는 안수 기도의 경우는 더 그렇다.

예언 기도에 대해 거부감이 있는 경우, 예언 기도를 쉽게 받아들이지 않을 수 있다. 그러나 누구든지 주님의 마음은 원한다. 그리고 주님의 나를 향한 주님의 마음을 들을 때 감격하고 기뻐하며 놀라워한다. 적어도 주님을 기다리는 사람들에게 주님의 마음과 음성은 항상 적절하다. 그렇게 주님은 우리를 사랑하신다.

> 보라 아버지께서 어떠한 사랑을 우리에게 베푸사 하나님의 자녀라 일컬음을 받게 하셨는가. 우리가 그러하도다. 그러므로 세상이 우리를 알지 못함은 그를 알지 못함이라.(요일 3:1)

5장 예언 사역에서 염두에 두어야 할 것들

1. 예언 사역자가 염두에 두어야 할 것들

1) 거짓 예언을 조심하라

거듭 말하거니와 예언 사역자는 하나님의 마음을 전달하는 사람이다. 편지를 전달하는 우편배달부가 할 일은 손상되지 않은 편지 그대로를 전하는 것이다. 거기에 그 어떤 것을 첨가하거나 뺀다면 이는 전달자의 역할을 제대로 했다고 할 수 없다.

하나님의 마음을 전달하는 예언 사역에서 가장 주의할 점은 거짓 예언이다. 물론 처음부터 거짓으로 예언할 것을 작심하고 예언 사역에 참여하는 사역자는 없을 것이다. 그러나 그 어떤 예언 사역자라 할지라도 불완전한 인간임으로 늘 실수할 수 있는 가능성이 있음을 잊지 말아야 한다. 때론 아무리 좋은 마음으로 예언을 했다 하더라도 하나님의 것을 원형 그대로 전달하지 못했다면 엄밀한 의미에서 거짓예언이기 때문이다.

거짓 예언이 나오는 이유를 살펴보자. 첫째, 겉모습으로 드러난 보이는 것을 따라 예언하는 경우다. 그동안 예언 사역을 하면서 많은 이들을 만났는데 겉으로 보이는 것을 따라 예언을 한 경우는 없었다. 그럼에도 눈으로 보이는 것에 끊임없이 추측을 하고 그에 따라 판단하고 싶은 유혹을 받는다. '혹시 그것이 아니겠는가?' 하는 생각과 함께 미리 예상을 하는 것이다. 예를 들어 남루한 옷을 입고 있는 사람이라면 '아 저 사람은 가난하구나. 그래서 재정적인 어려움이 있겠구나'라

고 생각하는 것이다. 말을 더듬거나 자신 없는 태도를 보이는 사람이
라면 '아 이 사람은 뭔가 커다란 좌절을 맛보았거나 어떤 죄책감으로
갈등하고 있구나'라고 짐작하는 것이다.

만약 이런 생각으로 예언한다면 십중팔구는 거짓 예언을 하게 된
다. 사람은 겉으로 드러난 것을 보지만 하나님은 깊은 것을 보시기 때
문이다.

> 오직 하나님이 성령으로 이것을 우리에게 보이셨으니 성령은 모든
> 것 곧 하나님의 깊은 것까지도 통달하시느니라.(고전 2:10)

둘째, 혼의 생각으로 예언하는 경우다. 상대방을 도와줄 선의를 가
지고 예언한다는 것이다. 이게 무슨 잘못인가 할 수도 있겠지만 우리
는 예언의 주체를 바로 알아야 한다. 내가 돕는 것이 아니고 하나님의
말씀이 그들 돕고 세우는 것이다. 우리의 인간적인 생각, 혼의 생각
으로는 그들을 진정으로 도울 수 없다. 따라서 아무리 좋은 생각에서
비롯된 것이라 할지라도 하나님에게서 온 것이 아니라면 거짓 예언이
될 수 있음을 명심해야 한다.

언젠가 잘 아는 목사님을 위해 기도한 적이 있었다. 그때 보여 주
신 두 개의 그림(환상)이 있었는데, 첫째 그림은 땅으로부터 'I'자로 솟
아오른 파이프에서 물이 세차게 위로 뿜어지는 그림이었고, 둘째 그
림은 'ㄱ'자로 구부러진 파이프에서 물이 나오고 있는 모양이었다. 당
시 그 목사님은 생명력 넘치는 사역을 하고 계셨고, 내가 생각하기에
그분은 더 넓은 사역지를 감당할 수 있는 분이라 여겼다.

나는 첫째 그림에 대해 목사님께서 지금 생명력 있게 사역을 감당

하고 계심을 말씀하시는 것이라 전했고, 둘째 그림은 'ㄱ'자가 마치 아라비아 숫자의 7자처럼 생겼기에(현재 서양에서는 '7'자를 'ㄱ'자처럼 쓴다) 아마 7일 안이나 또는 7월(2011년) 안으로 사역지를 옮길지 모른다고 해석하여 전했다. 예언의 말씀을 나눌 때가 6월이었는데 7월이 다가도록 아무런 일이 일어나지 않았다. 그래서 혹시 '7개월 이후'를 말하는 것이 아닐까?' 생각하고 기다렸지만 7개월이 훨씬 더 지난 지금까지도 그 목사님은 그 교회에서 열심히 아름다운 목회를 하고 계신다.

왜 이런 결과가 생겼을까? 그것은 바로 나의 선의로 해석을 했기 때문이다. 'ㄱ'자에 대한 해석을 하나님께 깊이 물었어야 했는데 단지 그 목사님에게 지금보다 나은 사역의 조건과 환경이 만들어졌으면 좋겠다는 생각에서 나의 생각으로 해석했음을 시인하지 않을 수 없다.

지금에 와서 생각해 보니 'ㄱ'자는 '7월'이나 '7개월'을 말하는 것이 아니라 단지 '1'자와는 다른 차원의 사역을 말하는 것 같다. '1'자가 아주 곧은 사역을 말한다면 'ㄱ'자는 유연한 사역으로 해석할 수 있다. 내가 보기에 그 목사님은 지금 그 당시와는 다른 차원의 유연한 사역을 하고 계신다.

이렇게 아무리 좋은 의도에서 비롯된 예언이라 할지라도 나의 생각이 들어가면 그야말로 보기 좋게 거짓 예언으로 전락하고 만다. 언제나 주님의 뜻을 구하고 주님께서 주신 것만 말할 때에 가장 좋은 예언이 될 수 있다.

2) 언제든지 실수할 수 있음을 인정하라

예언 사역자가 예언 사역을 감당할 수 있는 것은 전적으로 성령이 함께 하시기 때문이다. 그에게서 나오는 초자연적 능력은 오로지 주님의 것이고 주님께서 주실 때만 가능하다. 성령은 언제나 완전하지만 사역자는 언제나 불완전하다. 따라서 언제든지 실수할 수 있음을 인정해야 한다.

예언 세미나를 인도하면서 참여한 모든 분들(20여 명)에게 예언 사역을 한 적이 있다. 대부분의 사람들이 하나님의 마음을 느끼고 그분의 생각을 알며 기뻐하고 감동했지만 한 사모님에게는 그러한 일이 일어나지 않았다.

내가 주님의 마음을 구하며 그 사모님을 향한 주님의 계획을 물었을 때 주님께서 보여 주시는 환상은 물이 말라 버린 시냇물이었으며 주님을 바라보고 주목할 때 그 시냇물이 넘쳐나고 그곳에서 생명들이 살아나게 될 것이라는 것을 알게 하셨다. 나는 조심스럽게 그 예언의 말씀을 사모님께 전했지만 사모님은 전혀 자신의 상황과는 다르다고 하시면서 받아들이기 힘든 표정을 짓는 것이었다. 한참을 이야기한 후에 나는 사모님께 말씀드렸다.

저의 예언이 틀린 것 같다. 저의 예언을 받지 말고 버리십시오. 주님께서 사모님께 직접 말씀하시리라 믿다.

당시 왜 나의 예언의 말씀이 그 사모님에게 적합하지 않게 들렸는지 아직도 나는 모른다. 주님께서 주신 것을 내가 잘못 해석했는지, 주님으로부터 받은 것이 아닌 내 생각에서 그려낸 이미지를 갖고 사역에 임했는지 모르지만 나는 최선을 다했을 뿐이다. 그럼에도 나의 최선이 완전하지 않음을 인정한다.

이 일로 인해 잠시 동안 좀 위축이 되었다. '내가 이정도 밖에 안 되나?' '또 예언 사역을 하다가 틀리면 어떡하지?' 하는 마음으로 마음이 편치 않았다. 그러다 어느 순간 자유로움이 임했는데 그것은 '나는 통로일 뿐이다'라는 은사 사역의 기본 원리에 대한 재확인을 하게 된 때였다.

그 이후로 예언 사역에 임할 때 나의 능력으로 하는 것이 아님을 전적으로 인정하며 오직 주님만 드러나길 원하는 겸손함을 사모하게 되었다. 주님은 실수하지 않으신다. 그러나 예언 사역자는 언제나 실수할 수 있다. 예언 사역자가 자신의 한계를 인정하고 주님 앞에 설 때 주님은 예언 사역자를 더 기쁘게 사용하실 것이다.

3) 질서 안에서 예언하라

예언 사역이 하나님의 말씀을 전달하는 것이지만 그렇다고 해서 예언 사역이 모든 사역에 우선한다는 말은 아니다. 하나님은 질서의 하나님이다. 교회 공동체 안에서 예언 사역을 한다면 반드시 영적 지도자(담임목사)의 인도 또는 승인 하에 이루어져야 한다. 예언 사역을 통해 하나님의 말씀을 전하시고자 하시는 하나님은 영적 지도자를 통하여 그 교회 공동체 전체를 이끄시는 분이기 때문이다. 예언 사역은 교회 전체의 움직임과 보조를 맞추어야 하는 한 부분일 뿐이다.

과거 한국 교회 안에 많은 은사가 나타났음에도 효과적으로 교회 안에서 사용되지 못한 이유는 영적 지도자의 지도력 안에서 행해지지 않은 것이 한 요인이라 할 수 있다. 영적 지도자가 은사가 없거나 발견되지 않았다 해도 그는 하나님께서 세우신 지도자다. 하나님께서 전체 공동체를 이끌도록 권위를 부여하신 사람이다. 그러므로 예언 사역을 비롯하여 모든 은사 사역은 영적 지도자의 권위 아래서 행해지는 것이 성서적이라 할 수 있다.

> 모든 것을 품위 있게 하고 질서 있게 하라.(고전 14:40)

> ······예언하는 자들의 영은 예언하는 자들에게 제재를 받나니.(고전 14:32)

2. 예언을 받는 사람이 염두에 두어야 할 것들

예언 사역자는 예언을 받는 위치에도 선다. 내가 교회 내에서 예언 사역을 행한다면 다른 누군가를 통해서 예언 사역을 받기도 한다. 예언 사역자는 동시에 예언 사역을 받는 이들이며 예언 사역을 필요로 한다. 따라서 어떻게 예언할 것인가와 함께 어떻게 예언 사역을 받을 것인가도 중요하다. 이는 예언의 은사가 없거나 예언 사역을 행하지는 않지만 예언에 대해 마음이 열려 하나님의 중요한 말씀의 통로로 믿고 있는 모든 사람들에게도 적용되는 말이다.

1) 예언을 점치는 것과 같이 생각해서는 안 된다

언젠가 어느 남자 집사가 예언 기도를 받으러 왔고 한참동안 주님으로부터 온 예언의 말씀을 나누었다. 그 집사는 본인의 상황과 맞았는지 신기하다는 표정을 지으면서도 얼굴에는 별로 기쁨이 없었다. 나를 향한 주님의 마음이 어떻든지 그것은 내게 별 관심의 대상이 아니라는 표정이었다. 그러면서 한 가지 질문을 하였다. 자신이 자동차 정비소를 운영하고 있는데 땅 주인이 임대료를 크게 올려 이참에 땅을 사서 이전하려고 한다는 것이다. 매월 임대료를 내느니 은행의 돈을 대출받아 땅을 구입하여 정비소를 차리면 장기적으로는 이익이 될 것 같은데 이것이 과연 옳은 판단인지 잘 모르겠다는 것이다. 땅을 구입하여 이전한 후에 지금처럼 정비소 운영이 잘된다는 보장이 없기 때문이었다.

한마디로 이야기하면 그 집사가 원하는 것은 예언 기도를 통해서 이전한 후에 사업이 잘 될지 잘 안될지 알아봐 달라는 것이었다. 순간 나는 '이분이 점을 치려고 하고 있구나'라는 생각이 들었고, 내가 점쟁이가 된 것 같아 아주 불쾌했다. 마음을 안정시킨 후 그 부분은 집사님께서 직접 기도하시면서 결정하셔야 할 문제라고 말씀드렸다.

아직도 적지 않은 이들이 예언을 받음에 있어 마치 점쟁이에게 점괘를 받는 것같이 생각하고 있다. 그래서 평안과 기쁨과 응답에 관한 예언의 말씀을 받으면 모든 게 이루어진 듯이 기뻐하고 경고와 아픔과 고통에 관한 주님의 마음을 전해 들으면 시무룩해진다. 이는 자신의 책임과 노력에 상관없이 주님께서 이루신다고 믿는 운명론적 예언으로 받아들이기 때문이며 내 삶 가운데 주님이 고통을 허락하신 이유는 나의 죄의 대가라고 생각하기 때문이다.

신약성서의 '권면과 위로'로서의 예언은 결코 결정된 운명을 말하지 않는다. 하나님의 계획과 동시에 예언을 받는 이들의 책임이 있다. 즉 '내가 너를 축복할 것이다'라고 했다면 주님께서 축복할 것을 믿음으로 받아들이고 그 축복을 받을 수 있는 자리에 머무는 것은 예언 받는 자의 몫이다.

예언은 결코 믿음의 영역을 벗어나지 않는다. 하나님은 그 어떤 신령한 것이라 할지라도 믿음으로 나아가야 할 부분을 반드시 우리를 위하여 남겨 놓으신다. 그것이 우리의 인생 전체를 통해서 유익하기 때문이다.

> 예수께서 이르시되 내 말이 네가 믿으면 하나님의 영광을 보리라
> 하지 아니하였느냐.(요 11:40)

> 믿음이 없이는 하나님을 기쁘시게 하지 못하나니 하나님께 나아가
> 는 자는 반드시 그가 계신 것과 또한 그가 자기를 찾는 자들에게
> 상 주시는 이심을 믿어야 할지니라.(히 11:6)

2) 예언의 말씀보다 내 기도가 중요하다

간혹 예언을 받는 사람들 중에서 자신이 기도하는 것과 예언의 말씀이 다르다고 이야기하는 경우가 있다. 자신은 기쁘고 즐거운데 예언의 말씀을 통해서 나타난 자신의 모습은 슬프고 어두운 모습으로 그려져 마음이 안 좋다는 것이다. 이때 나는 언제나 "제 예언이 틀렸을 것이다. 성도님께서 기도한 것이 맞을 가능성이 훨씬 많으니 그 쪽을 택하시는 것이 좋을 듯합니다"라고 말한다. 왜냐하면 하나님은 예언 사역자에게보다 본인의 문제는 본인에게 더 정확히 말씀하시기 때문이고 예언 사역자로서의 나는 언제나 틀릴 가능성이 있는 존재이기 때문이다.

설사 예언 사역자의 예언이 맞고 예언을 받는 이의 판단이 틀렸다 할지라도 예언 사역자가 틀릴 수 있는 가능성을 더 많이 열어두는 것은 후에라도 예언을 받은 사람이 예언의 말씀을 붙잡는 데 큰 힘이 된다. 지적과 추궁 속에서 선택하면 자유가 없다. 그러나 자율 속에서의 선택에는 늘 자유가 있다. 예언은 자유를 준다. 이는 하나님께서 우리를 대하시는 방식이며 예언을 통해서 나타나는 하나님의 말씀 또한

그렇다.

예언 사역자로부터 받은 잘못된 예언의 말씀 때문에 괴로워하고 있는가? 과감하게 그 말씀을 버려라. 그리고 하나님께 새로운 말씀을 구하라. 그러면 하나님께서 당신에게 맞는 말씀으로 응답할 것이다. 또한 내가 버린 말씀이 정말 내가 취해야 할 말씀이었다면 하나님께서는 반복해서 말씀하실 것이다. 다시 말씀하시는 것에 대해 싫증내시지 않는 분이 우리의 하나님이시다.

3) 하나님으로부터 온 것인가 점검하라

하나님으로부터 온 예언은 언제나 완전하지만 그것을 전달하는 예언 사역자는 불완전하기에 잘못 해석될 수 있고 잘못 전달될 수 있음은 앞서 이야기한 바 있다. 따라서 예언을 받는 사람은 예언 사역자를 바라보지 말고 그것이 과연 하나님으로부터 온 것인지를 분별해야 한다. 그러면 그것을 어떻게 분별할 것인가?

첫째, 예수 그리스도를 드러내는 것인가를 물어야 한다. 성령의 사역은 항상 예수 그리스도를 드러내며 그분의 사역을 이어가고 있음을 잊지 말아야 한다.

> 보혜사 곧 아버지께서 내 이름으로 보내실 성령 그가 너희에게 모든 것을 가르치고 내가 너희에게 말한 모든 것을 생각나게 하리라.(요 14:26)

사람을 높이거나 영적 자랑을 늘어놓는 것이 아닌 오직 예수의 마음과 예수의 계획에 초점이 맞추어져 있을 때 하나님께로부터 온 것임을 확신할 수 있다.

둘째, 성서의 원리 안에서 이루어지는 것인지를 보아야 한다. 하나님의 특별 계시로서의 성서는 예언 사역의 근거가 되며 진행하는 동안의 원리가 된다. 사랑과 공의로 다스리시는 하나님, 온 세상을 구원하길 원하시되 한 사람을 특별한 사랑으로 사랑하시는 하나님, 악인조차도 사랑하셔서 구원으로 이끄시는 하나님이 성서 속에 나타나 있다. 이런 성서의 원리 안에서 이루어지는 것인지를 보고 하나님께로부터 온 것인지를 구별할 수 있다.

따라서 설령 예언이 정확하게 맞는다 할지라도 예수 그리스도를 드러내지 않거나 성서의 원리 밖에서 행해진 예언이라 한다면 과감하게 버리는 것이 마땅하다.

6장 예언과 방언 통역의 은사

1. 방언 통역이 열리다

방언이 알 수 없는 소리로 기도하는 영의 기도라고 한다면 방언 통역은 그 알 수 없는 소리가 무엇을 의미하는지 통역하는 은사다. 이것 역시 하나님께서 주시는 선물로서의 은사이며 이는 방언을 받은 사람들에게 주어지는 은사다. '통역'이라고 하기도 하고 '통변'이라고 하기도 하는데 이 글에서는 이를 구분하지 않고 사용하려고 한다.

나는 예언의 은사가 임하기 전부터 방언 통변을 원해서 하나님께 기도했다. 정말 사모하며 간절히 구한 것은 아니지만 나의 방언기도의 내용이 무엇인지 궁금했고 방언하는 이들을 위해 통역을 할 수 있으면 그의 믿음을 세우는 데 도움이 되겠다고 하는 목회적 필요성으로 인해 방언 통변을 구했다. 그럼에도 통변의 은사는 쉽게 열리지 않았다. 무엇인가 아직 내게 통변의 은사를 주실 만한 하나님의 조건이 충족되지 않은 것으로 믿었다. 그렇다고 해서 그로 인해 실망하지 않았고 방언기도는 계속해 왔다.

그런데 예언의 은사가 열리고 예언의 은사를 계속 활용하면서 방언 통변이 예언과 비슷한 차원에서 이루어짐을 알게 되었다.

어느 금요일 밤 늘 하던 것처럼 우리 교회에서 진행되는 기름 부음 기도회를 인도했다. 성령께서 인도하시는 대로 기도회를 이끌리라 다짐하며 주님의 음성에 귀를 기울이고 있을 때였다. 한 성도가 눈에 들어왔다. 우리 교회 성도는 아니지만 가끔씩 우리 교회 금요기도회에 나와서 뜨겁게 기도하시는 분이 계시는데 그날은 울면서 방언으로 기도하는 것이었다. 얼마나 간절하게 기도하는지 그 모습이 실로 안타깝고 애처로워 보였다. 그런데 그 순간 그분이 기도하는 방언의 내용이 '주님! 제 사정을 아시지요'라는 내용인 것이 가슴에 확 느껴졌다. 마치 예언을 할 때 주님의 마음이 내 속에서 느껴지듯 그렇게 다가왔다. '이것이 혹시 방언 통역인가?' 생각이 되어 조심스럽게 그분의 머리에 손을 얹고 그의 방언을 들으면서 내 안에 느껴지는 것을 그에게 들려주었다. "주님, 제 사정을 알고 계시지요? 그럼에도 주님을 사랑합니다. 나의 깊은 곳에서 우러나오는 감사를 드립니다"라는 내용(그 당시에는 이것이 통역인 것을 확신하지 못했다)이었다. 그분은 나의 통역을 들으면서 더욱 더 통곡했다. 마치 본인의 기도를 내가 하는 것처럼 나의 통역에 따라 그의 감정의 변화가 일어나고 있음을 느낄 수 있었다.

그날의 경험은 방언 통역의 은사가 내게도 열리고 있음을 직감할 수 있었지만, 정작 방언 통역을 받았다고 예상되는 그분에게 직접 확인을 하지 못했기에 약간의 답답함이 있었다. 그 이후로 몇 주 동안 금요기도회를 통해 방언 통역을 시도하고자 했지만 전과 같은 시원함이 경험되는 방언 통역을 하지는 못했다.

그러던 중 어느 순간부터 금요기도회에 참여한 분들의 방언이 통역되기 시작했다. 외국어를 통역하는 것처럼 세밀하게 조목조목 해석되는 것은 아니지만 때로는 '한 문장'으로 때로는 '한 단어로' 그분의 방언이 무엇을 기도하는지 내 가슴 깊은 곳에서 뜨겁게 느껴졌다. 가끔은 아주 긴 문장으로 깊이 통역이 되기도 했지만 대부분은 지금 하고 있는 방언 기도가 무엇을 기도하는 것인지를 알게 되거나 한 문장 정도의 내용을 알 수 있는 정도였다.

지금도 나의 방언 통역은 아주 초보적인 수준이다. 어느 기도원에서 열린 목회자 집회에 참여했던 적이 있다. 강사 목사는 방언 통역의 은사를 받은 한 청년을 불러내더니 방언하는 사람들의 기도를 통역하게 했다. 마치 유능한 통역사가 외국어를 통역하듯 아주 쉽게 줄줄 통역하는 것이었고, 통역을 받은 이들은 자기의 기도가 이렇게 하나님께서 기뻐하시는 내용인가를 알고는 감격하며 눈물 흘리는 것을 본 적이 있다. 그것에 비하면 나는 아직 '몇 단어'나 '한 문장' 정도만을 통역할 수 있고, 간혹 끊이지 않고 전체를 통역할 수 없기에 초보적인 단계다.

그러나 사용하면 할수록 점점 더 열리는 것이 느껴진다. 마치 영어를 배울 때 아주 간단한 문장이라 할지라도 전혀 들리지 않다가 계속 듣고 있노라면 몇 개의 단어가 들리는 것에서 시작하여 한 문장이 들리기 시작하고 전체가 들리는 것 같은 이치다. 생명의 사역을 위해 주님께서 주신 선물이 진정 놀랍고 감사할 뿐이다. 잘 관리함은 물론 교회를 세우는 일에 활용하여 주님의 온전한 통로로 계속 사용되길 원한다.

2. 방언 통역의 특징

방언 통역은 외국어 통역과는 다르다. 외국어는 중요한 한 단어를 놓치거나 잘못 해석하면 전혀 엉뚱하게 해석될 수 있다. 그래서 가능하면 모든 단어를 듣고 이해하는 것이 정확한 해석을 위해 필요하다. 그러나 방언 통역은 한 단어나 한 글자를 해석하는 것이 아니라 전체적인 감동과 느낌을 설명하는 것이다. 주님께서 주시는 감동과 주님께서 주시는 느낌 안에서 말해야 한다. 그러므로 통역하는 이는 주님의 감동의 파도에 같이 실려 있어야 하는데 이는 머리로 생각하는 것이 아닌 가슴으로 경험되는 것이다.

신기한 것은 많은 방언을 말하지만 한 문장 정도로 압축되어 해석이 되는 때도 있고, 같은 단어를 반복하여 말하는 것 같지만 그 속에 많은 내용을 포함한 경우도 있다. 예를 들어 "다다다다 도도도도"라고 들려지는 방언을 누군가 말했다고 치자. 우리가 듣기에는 많아야 두 단어 정도를 말하는 것 같지만 실제 방언 통변 속에서는 훨씬 더 많은 내용을 포함하고 있다. 방언 소리의 높고 낮음과 강약, 그 속에 담긴 그 사람의 감정, 방언 빠르기 등등이 모두 방언의 내용과 관련이 있는 것 같다. 그러나 그렇다고 해서 그 사람이 내는 소리 자체가 곧 어떤 의미를 갖고 있다는 것이 아니라 그 속에서 느껴지는 성령의 감동이 통변으로 이어진다고 보는 것이 옳다.

예를 들어 아름다운 클래식 음악을 들을 때 그 안에 어떤 악기가 몇 개 사용되었고 악보가 어떻게 그려졌는지를 생각하는 사람은 없을 것이다. 그저 여러 가지 악기들이 어울려 연주되는 음악을 들으면서 일어나는 어떤 감동에 빠져든다.

만약 비발디의 〈사계〉 중 '가을'편을 듣고 있다면 어떤 이는 황금 물결치는 가을 들녘을 생각하기도 하고 어떤 이는 뉘엿뉘엿 넘어가는 저녁 햇살의 노을을 생각하며 풍성함 혹은 충만함 등의 감동에 젖을 것이다. 마찬가지로 통변은 전체적인 느낌 속에서 성령의 감동으로 받는 것이다.

둘째로 생각해야 할 문제는 방언 통변의 은사 역시 믿음을 필요로 한다는 것이다. 통역하려고 할 때 '과연 이것이 맞을까? 이게 혹시 내 생각이 아닌가' 하는 불신이 밀려온다. 그때에 우리는 과감하게 믿음을 사용하여 선포하고 말해야 한다. 성령께서 내 안에 오셔서 나를 통해서 일하신다는 것은 그리스도인이라면 누구나 알고 있다. 그러한 믿음은 방언을 통역하는 현장에서도 그대로 적용된다. 성령께서 감동시키는 것이라 믿어지면 믿음으로 과감하게 말하고 선포하라. 잘못 말하여 혹시 당할지 모르는 부끄러움은 통변을 통하여 갖게 되는 기쁨에 비하면 아주 작은 것이다. 주님께 집중하라. 그리고 주님께서 나를 사용하심을 믿음으로 받아들여라. 가슴에서 끓어 올라오고 북 받쳐 느껴지는 것을 말하라.

그러할 때 당신의 통변을 들은 이가 기뻐하고 감격해 하는 모습을 보며 당신은 당신이 하나님의 귀한 통로로 사용되는 기쁨을 경험하게 될 것이다.

3. 예언과 방언 통역의 공통점과 차이점

방언 통변은 예언과 참으로 비슷하면서도 차이점이 있다. 앞서 이야기했듯이 예언이나 방언 통변은 모두가 다 성령께서 주시는 감동(느낌) 안에서 해석되고 이루어지는 것이 공통적인 특징이다. 예언이 어떤 환상이나 감동을 사람이 들을 수 있는 언어로 이야기하는 것이라면 방언 통변은 알 수 없는 영의 기도를 사람이 들을 수 있는 언어로 나타내는 것이다. 그런데 그것이 해석되고 통역되는 핵심은 성령께서 주시는 감동이다. 성령께서 사역자를 감동 시키실 때 예언에 대한 영감이 생기고 해석이 되며, 통역을 위한 영적 감각이 생겨난다. 이렇게 성령의 감동으로 해석된 통역을 하면 방언을 하는 사람은 자신의 방언기도가 통역된 것을 들으면서 '나의 영이 어떻게 이런 기도를 드릴 수 있는가'라고 감격해 한다. 뜻도 모르는 기도를 드리는 줄 알았는데 정말 내 중심의 기도가 드려진다는 것을 알게 되고 큰 위로와 격려를 받게 된다. 그런 의미에서 통역의 은사는 넓은 의미의 예언이라 할 수 있을 것이다.(권면과 위로를 한다는 측면에서)

특별히 어떤 이를 생각하면서 방언으로 기도할 때 이에 대한 통역이 방언과 함께 번갈아 나오기도 하는데, 이런 경우 그 사람을 향한 주님의 말씀이 내 입을 통해 나오는 것을 발견하게 된다. 이런 경우는 통역과 예언이 합해진 것이라 할 수 있다.

예언과 통역의 차이점은 그 운행 경로가 다른 것이다. 예언은 방언의 은사와 상관없이도 사용될 수 있지만 통역의 은사는 반드시 선행된 방언기도를 필요로 하는 은사로서 방언의 보조 은사라고 할 수 있다. 보조 은사라고 해서 그저 보조 역할만 하는 종속적 의미가 아니라 방언을 더욱 값지고 귀중하게 사용할 수 있도록 만드는 은사라는 의미다.

> 그러므로 방언을 말하는 자는 통역하기를 기도할지니.(고전 14:13)

> 만일 누가 방언으로 말하거든 두 사람이나 많아야 세 사람이 차례를 따라 하고 한 사람이 통역할 것이요.(고전 14:27)

7장 예언 사역과 목회

1. 예언 사역의 목회적 유익

내가 담임하고 있는 교회는 개척 초기부터 예언 사역을 접하였고 담임목회자의 예언의 은사가 열리면서 성도들에게 예언에 대해 가르쳤다. 세 번에 걸쳐 공식적인 예언 훈련을 하였으며 필요하다면 언제든지 예언 기도를 요청할 수 있고 예언 기도를 하고 있다. 보통 교회에서 담임목사가 성도들에게 해 주는 축복 기도와 같이 우리 교회에서는 예언 기도가 평범한 기도가 되었다.

목회자와 사모를 제외하고 평신도들 중에서 8명이 예언을 할 수 있고 4-5명은 비교적 자세히 주님의 마음을 전하고 나누는데 익숙하다. 앞으로 더 열릴 것을 사모하고 있으며 우리 교회가 한국에서 예언자적 교회로 알려져 더 큰 사역을 감당하게 되리라 믿고 기도하며 준비하고 있다.

이제 개척한 지 만 3년이 가까워 오는 시점에서 예언 사역이 목회에 접목된 것은 정말 하나님의 개입이라고 밖에는 설명되지 않는다. 모든 목회의 과정이 예언 사역과 연관된 것은 아니지만 예언 사역은 성도들을 세우는 데 아주 중요한 역할을 하였다. 이전 교회에서 성도를 세우는 데 걸렸던 시간보다 더 빠르면서도 더 견고하게 세워지는 것을 경험하고 있다. 왜 그럴까? 나의 목회를 돌아보며 나름대로 정리한 원리는 다음과 같다.

첫째, 내 가까이 계신 하나님을 만나게 된다.

예언 사역을 통해서 만나는 하나님은 나의 삶의 구석구석의 형편을 아시는 주님, 나의 깊은 상처와 절망을 아시는 주님이다. 나의 과오나 부족함을 탓하시기 전에 나의 사정과 연약함을 아시고 나의 고통을 신원하시는 하나님이다. 내가 뜨겁고 신비스런 경험을 하지 않았다 할지라도 예언 사역을 통해서 이미 내 삶 가운데 함께하시는 하나님을 만나게 된다. 이는 성도들로 하여금 더욱 믿음으로 나아갈 수 있는 힘이 되었던 것 같다.

둘째, 사람의 소리가 줄어들고 하나님의 소리로 권면 받는다.

바울은 신령한 것을 사모하되 특별히 예언을 하라(고전 14:1)고 한다. 교회 공동체 안에서 사람의 세워짐은 하나님의 말씀으로 가능한 것이기 때문이다. 이는 예언적 의미로서의 설교나 성경공부도 중요하지만 성령께서 주시는 은사로서의 예언의 말씀이 나누어질 때 견고한 공동체가 세워질 수 있음을 말하고 있다. 설교는 전체 회중에게 하는 것으로 그것이 '레마의 말씀'으로 들릴 때만 예언적 의미로 내게 다가온다. 그러나 예언 사역을 통한 말씀은 지극히 개인적인 것이기에 언제나 레마의 말씀으로 받아들일 수 있다. '하나님께서는 나에게 개인적으로 말씀하신다.' 이는 생각만 해도 가슴이 뛰고 설레는 일이다.

그러면 예언 사역이 실제로 성도들의 신앙생활에 어떤 유익이 될까? 과연 목회에 도움이 되는 것일까? 이것이 많은 목회자들의 의문일 것이다. 그동안 우리 교회에서 직접 예언 사역을 받고 접한 성도들의 고백을 아래에 소개한다.

예언을 통하여 하나님께서 나와 동행함을 확신하게 된다. 또한 나의 기도를 듣고 계심이 확인되어 언젠가는 이루실 것이라는 소망

과 기대를 갖게 되며 그것으로 더욱 기도하고 주님의 뜻과 음성에 집중할 수 있는 힘을 얻게 된다.(S집사)

신앙생활에 있어 결단해야 될 때나 하나님이 내게 어떤 계획을 가지고 인도하실지 확신이 들지 않을 때가 있다. 때론 이미 응답을 주셨고 내가 기도를 하고 있음에도 내 생각인지 주님이 주신 생각인지 분별이 되지 않을 때가 있다. 그러할 때 예언은 분명한 하나님의 마음과 계획을 알게 하고 순종할 수 있는 믿음을 준다.
지난날 갈등과 나의 판단만으로 믿음의 결단이 쉽지 않았을 때 예언을 통하여 하나님께서는 내 모습을 보게 하셨고 주님의 마음을 알려 주셔서 평강과 확신 가운데 결단할 수 있었다. 주님의 마음을 가지고 사랑으로 상대방을 세우는 것이 예언 사역의 목표라고 한다면 분명 예언은 믿음의 사람을 세우는 데 엄청난 유익을 주는 도구다.(Y권사)

예언 사역을 통해 미처 알지 못한 나를 진실하게 바라보게 되었다. 예언이 때론 가슴 저미도록 아프게 때론 가슴 벅찬 감동으로 다가왔는데 이 모든 것이 나의 믿음을 굳건하게 했으며 나를 성장시키는 계기가 되었다.(L성도)

교회에 처음 나온 날 목사님의 대언 기도를 통해서 살아계신 주님의 음성과 나를 향한 주님의 사랑을 똑똑히 알 수 있었고 나의 주님으로 영접하고 주님 안에 거할 수 있었다. 예언은 하나님과 나를 소통시켜 주며 나를 향한 주님의 계획을 지속적으로 알 수 있기에 흔들리지 않고 믿음으로 나가도록 해 준다. 특별히 예언은 주님의 마음을 알게 됨으로 풍성함 가운데 신앙생활을 할 수 있음이 가장 큰 유익이다.(L성도)

목사님을 통해 예언 사역을 처음 접하면서 아무도 몰라주었던 내 마음, 억울함, 누구에게도 보여 주고 싶지 않았던 분노, 슬픔, 삶의 무게까지도 알고 계시는 주님을 만났고 그 무거운 짐들이 와르르 무너지는 것을 경험하였다.

이렇게 예언 사역은 내가 믿지 않았을 때조차도 나를 보고 계시고 나를 끊임없이 기다리고 계시는 하나님을 경험하게 하며, 지금 여기 나와 함께하시는 사랑의 하나님을 만나게 함으로 다시 일어설 수 있는 힘을 주는 것 같다.

또한 내가 예언 사역을 행함으로 상대방이 살아계신 하나님을 경험하는 것을 볼 때 나를 도구로 사용하시는 하나님께 감사하게 되고, 나 또한 살아계신 하나님을 더욱 든든히 붙잡는 계기가 되고 있다.(L집사)

예언을 통해 하나님 아버지의 마음을 알게 되고 욥의 고백처럼 귀로만 듣던 하나님을 눈으로 보게 되는 것 같다. 그리고 예언은 각 사람을 향한 주님의 절절한 사랑을 통해 나를 바라보시고 이끄시는 주님을 확신하게 하며 사람이 아닌 주님을 향한 갈망을 더욱 더 크게 한다(C집사)

고난 중에서 보이지 않는 믿음의 길을 걸어갈 때, 예언은 하나님의 마음을 알게 하고주님을 신뢰함으로 걸어갈 수 있는 힘을 공급해 주었다. 꼭 고난이 아니라 할지라도 예언은 나를 향한 주님의 마음 이 무엇인지를 알게 하는 것이 가장 큰 유익이다.(C성도)

예언을 통해 주님과의 관계가 더욱 가까워진 것 같다. 예전에는 그저 사랑의 하나님을 알았다면 지금은 그 사랑의 하나님을 지금 여기서 만나고 그분의 소리를 들으면서 나와 함께 계시는 친밀한 하나님을 경험하고 있다.(H성도)

하나님의 사람으로 세우기 위해서는 사람(목회자 또는 다른 지도자들)의 소리(생각)가 아니라 하나님의 생각(마음)이 필요하다. 예언은 사람의 소리를 줄이고 하나님의 생각을 말하는 것이므로 그 세움이 단단하고 견고하다. 하나님께서는 하나님의 사람을 하나님의 생각과 계획으로 세우기 원하신다. 목회자는 이를 이어 주고 감독하며 안내하는 교회 공동체에서 가장 중요한 통로다.

2. 예언 사역자는 어떻게 세워지는가?

교회 공동체 내에서 예언 사역자는 어떻게 세워지며 어떻게 세울 것인가? 참으로 민감한 문제다. 우선 영적 지도자(담임목사)가 예언 사역에 대해 영적으로 열려 있거나 영적 지도자 본인이 열려 있지 않지만 예언 사역을 인정하는 경우에는 사역자를 세우는 것이 가능하다. 영적 지도자가 인정하지 않고 받아들이지 않는 예언 사역은 극히 제한적일 수밖에 없기 때문이다.

예언 사역의 경우 영적 지도자가 예언이 열리지 않았다 할지라도 은사의 원리에 대한 교육과 영적 질서에 대한 충분한 교육이 선행된 경우라면 예언의 은사가 있는 부교역자나 다른 교회의 사역자들을 초청하여 성도들을 훈련하여 예언 사역자로 세울 수 있다.

이 글에서는 담임목사가 직접 예언 사역을 훈련시키는 것을 염두에 두고 설명하고자 한다.

첫째, 예언 사역자는 성령 세례를 받은 사람이어야 한다.

사도행전에 보면 예언은 성령 세례를 받은 후에 임했다. 마가의 다락방에 모였던 120문도가 오순절 성령강림(성령 세례)을 경험한 후 방언으로 말하기 시작했으며, 바울이 에베소에 갔을 때 아볼로와 에베소교인들에게 안수했을 때 성령 세례가 임하였고 이어 방언과 예언이 임하는 것을 볼 수 있다.

> 바울이 그들에게 안수하매 성령이 그들에게 임하시므로 방언도 하
> 고 예언도 하니.(행 19:6)

예언 사역은 하나님의 마음을 전하는 사역이기에 사역자는 반드시 성령 세례를 받아 현재 인격적인 교제를 나누고 있는 사람들에게만 열리는 은사다. 그러므로 영적 지도자가 예언 사역자를 세우기 원한다면 성령 세례를 받도록 성도들을 인도하는 것이 선행조건이다. 다만 사람의 기질에 따라 성령 세례를 받은 양상이 다르게 나타날 수 있는데 외향적인 사람은 아주 요란하고 떠들썩하게 나타나지만 내성적인 사람은 외향적인 사람에 비해 차분하게 그 양상이 나타남을 명심해야 한다. 겉으로 드러나는 양상만을 가지고 판단해서는 안 되며 대

화를 통해 하나님과의 인격적인 교제가 얼마나 이루어지고 있나 점검한 후 사역자로 세워야 할 것이다.

둘째, 훈련해야 한다.

처음부터 온전한 은사는 없다. 다듬어져야 하고 훈련되어야 한다. 자전거 타는 법을 익혔다고 해서 그 수준이나 정도가 똑같은 것이 아니다. 어떤 이는 그저 쓰러지지 않고 탈 정도이지만 어떤 이는 거꾸로 앉아서도 갈 수 있을 정도로 능숙하게 탈 수 있는 것과 마찬가지다. 예언의 은사가 나타남을 격려하되 계속 훈련하고 사용할 때 능숙하게 사용할 수 있다.

셋째, 예언 사역자는 인격적으로 존경받는 사람이어야 한다.

예언의 은사는 '양날의 칼'과 같다. 말을 통해서 전해지는 것이기에 사람의 욕심과 걸러지지 않은 마음이 담겨 있으면 아픔을 제거하는 것이 아니라 생살을 베고 찌르는 무기가 되기도 된다. 그러므로 특별히 교회 안에서 세워지는 예언 사역자는 인격적으로 완벽하지는 않을지라도 존경받고 있거나 점점 온전해져 가는 사역자를 세움이 바람직하다고 할 수 있다

이렇게 훈련된 예언 사역자에게 영적 지도자가 권위를 부여하고 공식적인 사역을 행하게 한다면 분명 좋은 결과가 있을 것인데, 이는 곧 예언 사역자의 권위가 성도들을 통해 세워지는 계기가 된다.

물론 그 이후에도 영적 지도자는 예언 사역자가 바른 사역을 감당할 수 있도록 성경공부와 기도, 순종의 삶을 점검하고 힘을 북돋아 주어야 할 것이다.

3. 예언과 영적 성숙

예언의 은사가 나타나 예언 사역을 행하는 것과 영적 성숙은 비례하지 않는다. 영적으로 성숙한 이가 예언의 은사가 열렸다면 그렇지 않은 사람보다 훨씬 더 깊고 친근감 있게 예언의 말씀을 전할 것이다. 그러나 반대의 경우, 예언이 정확하고 하나님의 마음을 잘 전했다고 해서 그 사람이 영적으로 성숙한 것이라고 말할 수는 없다. 예언은 하나님의 선물(은사, gift)이기 때문이다. 선물은 선물을 받는 이의 영적 성숙도를 보고 주는 것이 아니라 그 사람이 원하고 그 사람이 맡은 사역에 필요하기 때문에 주는 것이다.

즉 예언은 사역과 사모함에 따라 주어진다면 영적 성숙은 인격과 열매에 관한 부분이다. 우리의 최종적인 목적은 당연히 영적 성숙이다. 그러나 예언이라는 선물을 받고 영적 성숙으로 나아간다면 다른 이들을 세우는 과정을 통해서 사역의 기쁨을 누리게 될 것이다. 또한 세워진 이들은 나를 세우는 부메랑이 되어 돌아오는데 이는 사역자 자신이 효과적으로 넘어짐에서 일어나 성숙을 향해 나아갈 수 있는 힘을 준다.

결론

모든 성령의 은사가 그렇듯 예언의 은사는 그야말로 하나님의 선물이다. 그러나 그렇다고 해서 소유권이 내게 있는 선물이 아니라 '조건적 선물'이다. 즉 내가 하나님과의 관계가 계속 생명력 있게 유지되고 주님의 마음을 느낄 수 있도록 내 영이 활성화된 때에만 내 것으로 사용할 수 있는 조건적 선물이다.

그러므로 예언의 은사를 받기 원하거나 예언 사역을 행하는 이들은 늘 주님과의 관계에 초점을 맞추어야 한다. 아무리 사람을 살리고 권면하고 위로하고자 하는 목적을 가졌다 할지라도 사역자가 주님과의 관계가 소원하다면 그 예언은 하나님의 마음을 전하는 예언이 되지 못할 것이요 예언을 받는 사람 역시 하나님의 위로와 권면을 받지 못할 것이다.

주님과의 관계를 통해서 우리 안에 채워지는 것은 언제나 주님의 사랑이다. 우리를 사랑하시는 주님은 사역 역시 사랑 가운데 이루어지길 원하시고 사랑이 전해지길 원하신다.

예언 사역을 통해서 예언 사역자 자신이 세워지고 예언 사역자 자신도 유익함을 얻기 원하는 것이 주님의 뜻이다. 내가 누군가를 위해 희생한다고 하면서 나는 그저 고통만 당하고 부족함을 느끼고 소모되는 것을 주님은 바라지 않는다. 다른 이를 세우며 나도 같이 유익함을 얻는 것이 영적인 원리다.

사도 바울은 "너희는 더욱 큰 은사를 사모하라 내가 또한 가장 좋은 길을 너희에게 보이리라"(고전 12:31)고 권면하면서 고린도전서 12 장을 마쳤고, 이어 13장에서는 '사랑'에 대해서 이야기하고 있다. 즉 사랑은 모든 은사를 사용하는 바탕이 되며 하나님의 사람을 주님께로 이끌 수 있는 가장 큰 힘Power이라는 것이다. 그런데 더 놀라운 사실 이 기록되어 있다. 사랑은 사역의 능력이나 사역을 받는 사람을 위해 서뿐만 아니라 사역자 본인에게도 유익함을 주는 유일한 조건으로 말 한 부분이다.

> 내가 예언하는 능력이 있어 모든 비밀과 모든 지식을 알고 또 산 을 옮길 만한 모든 믿음이 있을지라도 사랑이 없으면 내가 아무것 도 아니요, 내가 내게 있는 모든 것으로 구제하고 또 내 몸을 불사 르게 내줄지라도 사랑이 없으면 내게 아무 유익이 없느니라.(고전 13:2-3)

사랑이 없으면 '내가 아무것도 아니요' 사랑이 없으면 '내게 아무 유 익이 없느니라.' 이 부분을 주목해서 보자. 사랑은 예언의 바탕이요 능력일 뿐 아니라 예언 사역자가 사역을 통해서 본인이 유익함을 얻 는 핵심이라는 것이다. 사랑 없이도 예언 사역을 행할 수 있지만 그럴 경우 예언 사역자에게는 아무 유익이 없다는 말씀이 얼마나 진리인 가? 하나님은 누군가에게 좋은 일하는 사람이 되기만을 원치 않으신 다. 그 일을 통해 사역자도 유익함을 얻기를 원하신다. 그런데 사역자 에게 유익함을 주는 핵심이 바로 사랑이다. 그 사랑은 내 사랑 내 호 의가 아니라 하늘로부터 부어지는 사랑이다. 십자가를 통해서 그리스 도의 보혈과 함께 흘러드는 사랑이다.

사랑을 구하자. 조건적이고 불완전한 내 사랑이 아니라 영원하고 불변한 주님의 사랑을 구하자. 그것이 다른 이를 살리고 나도 사는 길이다. 우리 모두가 함께 사는 길이다.

주님의 사랑만이 하나님의 일을 하나님의 뜻 안에서 할 수 있다.

요컨대 이 글을 읽는 모든 그리스도인들은 예언할 수 있다. 그러기에 예언을 사모하고 예언하고자 훈련하고 노력하되 늘 주님의 사랑 가운데 이루어지도록 주님께 구해야 할 것이다.

주님께서 주신 신령한 도구인 예언의 은사를 잘 활용하여 모든 교회가 주님의 사랑 가운데 건강하게 세워지기를 기도한다.

할렐루야!

제4부 임파테이션과 그 사역

오명동

서론

80년대 후반 한국 교회에서는 찬양과 경배 사역의 붐이 일어나기 시작했다. 그때 임파테이션Impartation은 어노인팅Anointing과 함께 소개되었다.

어노인팅은 '기름 부음'이라는 뜻인데 성서를 보면 하나님께서 특별한 일을 위해 세운 사람들, 제사장과 왕, 그리고 예언자들에게 기름을 부음으로 성별하고 그 일을 감당하도록 하나님의 영을 부어 주신 것을 뜻하는 것이다. 기름 부음은 성서에는 없었던 것이 어느 날 현대 교회에서 새롭게 만들어 쓴 것이 아니다. 원래부터 성서 안에 있었던 것인데 그동안 기름 부음에 대해 관심이 적었다가 오늘의 상황에서 그것이 새롭게 조명되었을 뿐이다.

성령 사역에 있어서 '거룩한 전이轉移'를 뜻하는 임파테이션도 마찬가지다. 그동안 영적 계승에 대한 사건들은 주로 부흥사들을 중심으로 한 특정한 소수의 성령 사역자들이 관심을 갖고 있었는데, 문명의 전환과 영성 시대의 도래와 함께 현대 교회에 새로운 관심으로 떠오른 것이다.

내가 어렸을 때에는 교회에서 부흥회와 성령 세례와 성령 충만이라는 말이 많이 사용되었지만 오늘 우리가 쉽게 접하는 영성이나 임파테이션이나 그리고 어노인팅이라는 말이 사용되지 않았다. 그렇지만 그때나 지금이나 변함없이 주님의 몸 된 교회에서 성령께서는 동일하게 놀라운 일들을 행하신다. 우리는 그때 성령이 행하신 사역에 대한 증언에서 드러난 신유와 방언, 예언, 다양한 성령의 은사들이 오늘 우리들에게도 주어지는 동일한 은사들임을 알 수 있다.

나는 최근 한국 교회 전도 프로그램 중 하나로 정착된 '알파 코스 ALPHA Course'에서 임파테이션이라는 용어를 접했다. 2004년 봄, "성령의 날 주말 수양회를 어떻게 효율적으로 운영할 수 있느냐?"에 관심을 갖고 사랑의교회 수양관에서 열린 알파 컨퍼런스에 참석했다. 그때 강사들은 참석한 목회자들에게 성령 사역을 하기 위해서는 임파테이션을 받아야 함을 강조했다. 그 후 나는 임파테이션에 관한 글들과 책들을 통해서 관심을 갖고 연구하였고, 브라이드영성훈련원을 통해 임파테이션을 구체적으로 접하게 되었다. 이제는 성령의 은사로 신령한 집을 세움으로 건강한 교회를 회복하는 일에 관심을 갖고 성령 사역자로서 임파테이션을 사역하고 있다.

이 글은 서론을 포함하여 8장으로 구성되어 있다. 1장은 "왜 우리 시대에 교회에서 임파테이션이라는 말이 사용되고 있는가?"에 대한 종교사회학적 분석이다. 임파테이션은 영성 시대와 포스트모던 시대에 몸의 발견이라는 오늘의 시대적 상황의 요청에 대한 교회의 응답이다. 2장은 "임파테이션이란 무엇을 의미하는가?"에서 우리가 사용하는 임파테이션의 용어를 정의했다. 임파테이션은 하나님의 신령한 것을 함께 나누는 것을 의미하는 '거룩한 전이'이며, 하늘에 속한 주님의 것이 잉태되는 것으로 정의한다. 3장은 "어떻게 하나님의 사람들에게 임파테이션이 주어지는가?"를 다루고 있다. 성서가 증언하는 임파테이션의 방법은 하나님께로부터 직접 나누어지거나, 때로는 하나님께서 세우신 사람들을 통해서 나누어진다는 것이다. 그리고 임파테이션 사역 시 사역자들과 받는 자들이 갖추어야 할 태도를 구체적으로 제안했다. 4장은 교회사에 나타난 성령의 임파테이션이다. 그리스도의 몸 된 교회가 상속받은 2000년 기독교의 역사를 통해 성령께서 그의 백성들에게 어떻게 찾아오셨고, 역사하셨는지에 대한 놀라운 증언들을 소개했다. 5장은 성령의 사역에서 가장 밀접한 관계를 지니고 있는 임파테이션과 기름 부음의 관계를 설명했다. 6장은 사역의 현장에게 성령을 통해서 주어지는 다양한 임파테이션의 종류에 관한 것들을 다루고 있다. 7장은 내가 경험한 임파테이션에 대한 사례를 중심으로 임파테이션이 나의 목회 현장에서 주어진 유익들을 소개했다. 8장은 글을 마치면서 임파테이션 사역에 유의해야 할 것들을 강조했다.

나는 성령의 사역 중 임파테이션에 관한 글을 정리하면서 두 분에게 사랑의 빚을 졌다. 브라이드영성훈련원 원장으로 메누하치유 사역을 이끌고 계신 윤남옥 목사의 『사도행전의 임파테이션』과 『생명과 자유의 기름 부음』, 그리고 토론토 축복의 주역인 랜디 클라크Randy Clark 목사의 『그 이상을 갈망하라』다. 나는 임파테이션 사역에 관심이 있는 독자들에게 꼭 한 번은 읽어 보시길 기꺼이 추천한다.

1장 왜? 임파테이션인가?: 영성 시대의 도래와 임파테이션

　　스코틀랜드 종교개혁자 존 녹스John knox의 종교개혁 450주년을 맞아 "영국 교회는 무너져 가고 있다"는 「국민일보」의 특집 기사는 충격적이었다. 한국 장로교회의 모태가 된 영국 장로교회가 술집과 유령체험관, 티켓 판매점, 이벤트 장소 등으로 바뀌고 있으며, 교회에서는 젊은이들을 찾아보기 힘들고 노인만 10여 명씩 모여 주일날 예배당을 지키고 있는 형편이라는 것이다. 한때 복음이 융성하고, 태양이 지지 않는 나라로 전 세계에 선교사를 파송했던 영국 교회가 비어가는 원인을 전문가들은 세 가지로 분석한다.

　　첫째는 신학의 문제로 자유주의 신학이 들어오면서 교회 강단이 무너졌으며, 둘째는 사회복지에 대한 지나친 관심이 교회 안의 2세 교육의 부재를 가져왔으며, 마지막으로 성령 운동의 부재다. 침체된 영국 교회 중에서도 성장하는 교회의 대부분은 뜨겁게 성령 사역을 하는 교회들이다. 이런 현상은 비단 영국 교회만이 아니라 쇠락해 가는 유럽의 교회의 모습과 별다른 차이가 없다. 「국민일보」 특집 기사는 물질의 부요함이 영적 빈곤을 초래하고 사회적 냉소의 대상이 되어 마이너스 성장을 하는 오늘의 한국 교회가 반면교사로 삼아야 할 것을 강조하고 있다[1]. 이러한 관점에 동의하면서 나는 오늘의 한국 교회가 쇠퇴하게 된 이유 중 가장 근본적인 것은 시대의 변화에 적합하게 대처하지 못했기 때문이라고 생각한다.

---

1 "영국 교회 비어가고 있다," 「국민일보」(2010년 4월 26일).

오늘 우리가 사는 시대는 영성靈性의 시대다. 우리 사회와 교회에서 영성이라는 말이 쓰인 것이 언제 부터일까요? 우리나라가 경제적으로 어려웠던 시절에는 영성이라는 말이 사용되지 않았다. 영성이란 말이 우리나라에서 본격적으로 사용된 것은 1988년 서울올림픽 이후, 국민소득이 1만 불 가까워져 우리나라 사람들이 물질의 풍부함을 경험한 이후부터일 것이다.

영靈과 대조되는 낱말이 물질物質이다. 우리나라보다 잘 사는 서구 사회, 물질의 넉넉함을 경험한 사회에서 영성이라는 말이 먼저 사용되었다. 영성은 여러 가지 의미로 여러 종교에서 사용되고 있다. 불교에서는 부처의 영성으로, 유교에서는 공자의 영성, 도교에서는 노자의 영성 등 동양 종교들이나 여러 철학에서도 적용되는 말이다. 우리는 서구 사회에서 동양종교들의 부흥에 대한 소식을 쉽게 접할 수 있다. 미국이나 유럽의 대도시에 선불교 사원이 생기는 것을 흔히 볼 수 있다. 서양 사람들이 방학이 되면 우리나라의 사찰에서 실시하는 템플스테이에 참여하는 것도 심심치 않게 볼 수 있다.

우리가 사는 시대는 '포스트모던' 시대로 '몸'이 발견된 시대다. 내가 학교 다닐 때만해도 학생들에게 지성知性이 가장 중요하게 요청되었다. 그때는 학교에서 공부 잘하는 학생, IQ(지능지수)가 높은 학생들이 자긍심을 가지고 있었다. 그러나 포스트모던 시대에서는 IQ보다는 EQ(감성지수)를 더 소중하게 생각한다. 학교에서도 얼짱, 몸짱인 학생들이 인기가 높다. 이 때문에 우리나라는 세계에서 성형수술이 제일 발달한 나라가 되었다.

이러한 현상은 교회에서도 볼 수 있는데 전에는 하나님을 알아야 되겠기에 하나님의 말씀을 잘 이해하도록 설명하는 교리教理가 중요하게 취급되었다. 하지만 이제는 하나님을 직접 만나고 느끼고 싶은 시대가 되었기 때문에 예배가 축제와 합쳐지는 모습들을 볼 수 있다. 대중가요 콘서트장과 유사한 예배당 강단과 좌석에서 보컬 팀, 신디사이저와 드럼이 주류를 이루며, 티셔츠를 입은 찬양단원들이 앞에서 목소리로 또는 몸으로 찬양한다. 인도자는 강단을 왔다 갔다 하면서 가끔 배경 음악 속에서 복음적인 '멘트'를 달 뿐이다. 소위 구도자 예배, 열린 예배 등으로 부르지만 록 예배라 불러도 무방할 것이다. 이처럼 문명의 전환기를 사는 현대인들은 하나님과 가까워지고 싶고, 만져지기 바라고, 직접 체험하고 싶은 무의식적인 욕구를 지니고 있는 것이다[2].

그러면 기독교에서 어떻게 하나님을 만나고 느낄 수 있을까요? 인간은 본질적으로 종교적 존재이기에 삶의 목적과 의미를 부여해 주는 초월적 근원에 대해 끊임없이 갈망하는 영적 존재다. 하나님의 영을 통해서만이 우리는 살아계신 하나님을 만질 수 있으며, 직접 느낄 수 있다. 영성이란 영적 생활을 할 수 있는 능력으로 하나님의 성령이 우리를 지배하여 우리 안에 그의 생명력이 충만해 가는 것을 의미한다. 그리스도 안에서 우리가 처음 창조되었을 때의 그 모습을 그대로 다시 형성하는 것, 그리스도의 형상과 일치하게 되는 것을 말한다.(고후 3:17-18) 영성의 시대에 우리가 하나님을 만지고 느끼게 할 수 있는 길이 성령의 임파테이션에 있다.

성서가 증언하는 하나님은 그의 백성들이 하나님의 영으로 가득 차기를 원하시는 분이다. 이집트 탈출 후 이스라엘 백성의 광야 40년간

---

2 김용호, "문명의 전환과 종교의 새로운 가능성: 보는 신에서 만지는 신으로," 「기독교사상」 (1993년 4월), 11-12.

의 삶은 불평과 원망과 비방으로 계속되었다. 민수기 11장을 보면 인도자 모세가 자신의 곤혹스러운 처지를 하나님께 호소하면서 자신은 불평, 불만만 일삼는 백성을 가나안으로 인도할 짐이 너무 무겁다고 호소했다. 모세의 요구를 들으신 하나님께서는 모세의 지도력을 함께 나눌 70인의 장로들을 택해서 성막 앞에 서게 하여 하나님의 영을 그들에게 부어 주셨다. 70인의 장로들이 하나님의 영을 받을 때 명령에 불순종하여 진 안에 있던 엘닷과 메닷이 영을 받고 예언을 했다. 이 소식을 듣고 여호수아가 모세에게 "어르신이 그 일을 말려야 한다"고 권하자 모세는 "나는 주님께서 주님의 백성 모두에게 그 영을 주셔서 그들 모두가 예언자가 되었으면 좋겠다"(민 11:29)[3]고 하였다. 우리는 모세의 말에서 하나님의 백성 모두가 그의 영으로 충만하게 되기를 원하시는 하나님의 소원을 엿볼 수 있다.

성서를 보면 하나님께서는 하나님의 영을 특별한 일을 위해 특별한 사람들에게만 제한적으로 주셨다. 성막을 건축할 때 브살렐과 오홀리압에게 예술적인 작업을 위하여(출 3:1-5), 지도자들에게 지도력을 위하여(기드온의 경우, 삿 6:14-16), 그리고 제사장과 왕과 예언자들에게만 하나님의 영을 부어 주시며 메시아의 통치를 약속하셨던 것이다.(삼상 16:13; 왕하 2:15)

그 후 하나님께서는 예언자 요엘을 통하여 "마지막 날에 나는 내 영을 모든 사람에게 부어 주겠다. 너희 아들들과 딸들은 예언하고, 너희 젊은이는 환상을 보고 늙은이는 꿈을 꿀 것이다."(욜 2:28-32)고 하나님의 영이 모든 사람들에게 임하실 것을 약속하셨다. 그 약속은 적어도 300년 동안 성취되지 않은 채로 남아 있다가 승천하시는 예수

---

3 이 글에서 사용되는 성서 인용은 대한성서공회에서 나온 새번역을 따랐다.

의 약속(눅 24:49)대로 오순절 마가의 다락방에 모여 기도하던 제자들에게 바람같이, 불같이 성령이 강림하심으로 약속이 성취되었다.(행 2:1-4)

우리나라의 예술품 중 세계적으로 자랑하는 고려청자나 이조백자들을 오늘날에는 만들 수 없다. 왜냐하면 고려청자와 이조백자의 아름다움을 만드는 비법이 후대에게 전수되지 못하고 끊어졌기 때문이다. 세상에서는 각 분야에서 저마다 비법을 간직하고 있다가 후대에 전해지지 않아 끊어지는 경우가 있지만 우리 주님은 제자들에게 능력을 주시면서 "거저 받았으니 거저 나누어 주어라"라고 명령하셨다.(마 10:8)

주님은 우리가 다른 이들과 함께 나누는 것을 가장 기뻐하신다. 마치 내 촛불을 다른 사람에게 붙여준다고 해서 내 촛불이 꺼지거나 약해지지 않음은 물론이고 오히려 내 촛불이 꺼질 경우에는 그 촛불로 내 촛불을 다시 붙일 수 있으며, 함께 촛불이 켜 있으면 어둠의 세력이 물러가듯이 임파테이션은 주님이 가장 기뻐하는 사역임이 틀림없다.

2장 임파테이션은 무엇인가?

임파테이션은 '기름 부음의 전이'라고 번역된다. 사도 바울이 로마 교회를 방문하기에 앞서 보낸 편지에서 로마교인들에게 편지를 쓰는 목적을 밝힌 데서 이를 찾아볼 수 있다. "내가 너희 보기를 간절히 원하는 것은 어떤 신령한 은사를 너희에게 나눠주어 너희를 견고하게 하려 함이니" 영어 성서 NIV에서는 "I long to see you so that I may impart to you some spiritual gift to make you strong"으로 번역했다. '나누다'는 말인 '임파트impart'에서 임파테이션impartation 이라는 말이 유래된 것이다. 즉 임파테이션은 하나님의 신령한 것을 나눈다give to는 뜻이다.

브라이드영성훈련원장 윤남옥 목사는 『사도행전의 임파테이션』이라는 책에서 영적인 것의 전수 또는 거룩한 전이를 뜻하는 임파테이션을 "주님으로부터 오는 새로운 생명의 잉태new-birth"로 정의한다. 즉 성령이 우리 안에 잉태하도록 해서 얻어지는 능력, 은사, 기름 부음이다. 마치 동정녀 마리아가 예수를 성령으로 잉태한 것과 같은 사건이다. 우리가 주님이 잉태하게 할 때에 우리에게서 생명이 자라는 것과 같다는 것이다. 그러므로 임파테이션은 능력 있는 자로부터 전이되는 것이 아니라 주님이 직접 잉태하시도록 주시는 선물이다. 주님이 직접 생명을 잉태하게 하시고, 용서를 잉태하게 하시고, 사랑과 긍휼, 능력과 모든 것을 잉태하게 하신다.

사도행전의 임파테이션은 사도행전의 삶이 우리의 삶의 현장에서 거룩한 잉태함으로 다시 재현된다는 것을 뜻한다. 주님의 목회, 생명 목회를 회복하고 사도행전의 목회가 이 땅에 이루어지는 것이다. 우리들은 주님으로부터 임파테이션을 받아서 사도행전 29장을 써야 할 주역들로 세움을 받은 자들이다. 사도행전은 이를 우리에게 권면하고 있다[4].

성령이 하시는 임파테이션은 전적으로 재창조(re-birth, re-creation)로부터 시작된다. 사탄은 생각을 심어주거나 기분을 전이하게 하거나 더러운 영들을 전이시키지만 사탄은 무소부재하지 못하고, 전지전능하지 못하기 때문에 잉태하게 할 수 없다. 그러나 '임파트'라는 말은 주님이 잉태하게 하신 것, 주님의 것의 일부를 우리에게 나누어 '주는 것'이다.

전적으로 주님의 것이 우리에게 잉태되는 것이다. 하늘의 것을 나누어 주시는 것이며, 위로부터 주시는 것이다. 따라서 능력의 사역자들은 임파테이션을 돕는 이, 곧 해산의 수고를 함께 나누는 자는 될지는 모르지만 근본적인 능력과 생명은 하나님에게 속한 것이기에 성령께서 잉태하도록 하실 때에만 받을 수 있는 것이다. 그러므로 지혜 있는 자들은 임파테이션을 할 때 사역자들보다는 언제나 성령께 관심을 가져야 할 것이다.

---

4 윤남옥, 『사도행전의 임파테이션』(여주 : 메누하영성출판사, 2009), 6, 15, 50-51.

3장 어떻게 임파테이션이 주어지는가?

"토론토 축복"의 주역인 랜디 클라크 목사는 『그 이상을 갈망하라!』는 책에서 임파테이션에 대한 성서적 근거를 제시하고 있다. 그는 성도들의 상속이라는 부분에서 교회사에 나타난 임파테이션에 대해서 증언함으로 잃어버린 임파테이션의 교리를 다시 세우려고 하였다. 그분도 "임파테이션은 하나님으로부터 또는 하나님의 임재 안에 거함으로 주어지기도 하고 기름 부음 받은 사람들의 안수로부터 주어진다"고 말한다. 다시 말하면 하나님께서 직접 주시든지 아니면 영적 지도자의 안수를 통해 간접적으로 전해지든지 간에 기름 부음은 하나님으로부터 오는 하나님의 것이며 하나님이 허락하실 때 가능한 것이라는 뜻이다.[5]

1. 하나님께로부터 직접 주어지는 경우

구약성서에서 우리는 성막에 있던 70인의 장로들에게 임한 성령의 역사에서 이를 찾을 수 있다.

주님께서 모세에게 대답하셨다. 이스라엘 장로들 가운데서, 네가 백성의 장로들 또는 지도자라고 알고 있는 사람들 일흔 명을 나에게 불러 오너라. 너는 그들을 데리고 회막으로 와서 그들과 함께

---

5 랜디 클락, 『그 이상을 갈망하라!』, 전진주·황준호 옮김(서울: 순전한나드, 2010), 25-35.

서게 하라. 내가 내려가 거기에서 너와 말하겠다. 그리고 너에게
내려준 영을 그들에게도 나누어 주어서, 백성을 돌보는 짐을, 그들
이 너와 함께 지게 하겠다. 그러면 너 혼자서 애쓰지 않아도 될 것
이다.……그 때에 주님께서 구름에 휩싸여 내려오셔서 모세와 더
불어 말씀하시고 모세에게 내린 영을 장로들 일흔 명에게 내리셨
다. 그 영이 그들 위에 내려와 머물자, 그들이 예언하였다. 이것은
처음이자 마지막이다. 그들은 다시는 예언하지 않았다.(민 11:16-
17, 25)

모세가 칠십인 장로들에게 안수했다는 말이 없다. 본문에서는 하나
님의 영이 그들에게 직접 임해서 그들이 모두 예언을 하였다고 했다.
성령의 임파테이션은 하나님으로부터 주어지든지 또는 영적 지도자
를 통하여 주어지든지 간에 그것은 하나님께서 행하시는 일이며 하나
님께 속한 것이다.

신약성서에서는 그리스도의 몸인 교회의 탄생을 알려 주는 오순절
사건에서 이를 볼 수 있다.

오순절이 되어서, 그들은 모두 한 곳으로 모여 있었다. 그 때에 갑
자기 하늘에서 세찬 바람이 부는 듯한 소리가 나더니, 그들이 앉
아있는 온 집안을 가득 채웠다. 그리고 불길이 솟아오를 때 혓바닥
처럼 갈라지는 것 같은 혀들이 그들에게 나타나더니, 각 사람 위에
내려앉았다. 그들은 성령으로 충만하게 되어서, 성령이 시키시는
대로, 각각 방언으로 말하기를 시작하였다.(행 2:1-4).

그들이 기도를 마치니, 그들이 모여 있는 곳이 흔들리고, 그들은 모
두 성령으로 충만해서, 하나님의 말씀을 담대히 말하게 되었다.(행
4:31)

이스라엘 백성들이 하나님의 말씀(토라)을 받은 날을 기념하는 오순절에 승천하시는 주님의 약속을 믿고 다락방에 모여 기도에 힘쓰며 하나님을 기다리던 제자들에게 하늘로부터 성령이 바람같이, 불같이 임하셨던 것이다. 사도들이 안수하지 않았음에도 불구하고 하나님의 영이 직접 하나님으로부터 성령의 은사들과, 성령 충만, 성령 세례 등 성령의 임파테이션이 그들에게 주어진 것이다.

2. 하나님이 세우신 사람으로부터 주어지는 경우

여호수아는 모세를 섬기고 가까이 보좌하면서 모세에게 임했던 기름 부음을 임파테이션받았다.(출 24:13; 신 34:9; 수 1:1)

> 모세가 눈의 아들 여호수아에게 안수하였으므로, 여호수아에게 지혜의 영이 넘쳤다. 이스라엘 자손은, 주님께서 모세에게 명하신 대로, 여호수아의 말을 잘 듣고 그를 따랐다.(신 34:9)

엘리사도 엘리야를 섬기며 보좌하다가 소원대로 엘리야에게 임했던 갑절의 영감(장자의 몫)을 받았다.(왕하 2:9-15) 엘리사가 스승 엘리야에게 "스승님이 가지고 계신 능력을 제가 갑절로 받기를 바랍니다"하고 구하였을 때, 엘리야는 "참으로 어려운 것을 요구하는구나. 주님께서 나를 너에게서 데리고 가는 것을 보면 네 소원이 이루어지겠다"고 말씀하셨다. 엘리야의 승천 후에 엘리사는 엘리야의 겉옷을 가지고 엘리야의 하나님을 부르며 요단 강물을 치자 강물이 갈라지고, 요단을 건너자 예언자 수련생들은 "엘리야의 능력이 엘리사 위에 내렸다"고 말하며 엘리사를 맞으려 나와 땅에 엎드려 절하였다. 그들은 엘리사에게서 엘리야에서 보았던 능력의 비슷한 역사를 보았으며, 성령께서 엘리사를 통해서도 역사하셨던 것이다.

성령의 행전인 사도행전을 보면 전도자 빌립에 의해 말씀을 받은 사마리아에 예루살렘교회가 사도 베드로와 요한을 보냈다. 그들이 안수할 때 사마리아에 영적 부흥이 일어났다.

> 사마리아 사람들이 하나님의 말씀을 받아들였다는 소식을 예루살렘에 있는 사도들이 듣고서, 베드로와 요한을 그들에게 보냈다. 두 사람은 내려가서, 사마리아 사람들이 성령을 받을 수 있게 하려고, 그들을 위하여 기도하였다. 사마리아 사람들은 주 예수의 이름으로 세례만 받았을 뿐이요, 그들 가운데 아무에게도 아직 성령이 내리시지 않았던 것이었다. 그래서 베드로와 요한이 그들에게 손을 얹으니(안수), 그들이 성령을 받았다. (행 8:14-17)

성령이 충만했던 안디옥교회가 바울과 바나바를 선교사로 파송할 때 안수하였다. 그들이 주님께 예배하며 금식하고 있을 때에, 성령이 그들에게 말씀하셨다.

> "너희는 나를 위해서 바나바와 사울을 따로 세워라. 내가 그들에게 맡기려 하는 일이 있다." 그래서 그들은 금식하고 기도한 뒤에, 두 사람에게 안수를 하여 떠나보냈다. (행 13:2-3).

이를 보면 처음 교회가 선교사를 세워서 안수하는 기름 붓는 의식은 단순한 의례가 아니라 성령께서 사역을 위한 은사와 능력을 주시는 순간임을 알 수 있다. 사도 바울의 경우에는 아나니아로부터 안수를 받고 눈을 다시 뜨게 되었을 뿐 아니라 성령의 충만함을 받았으며, 그 후에 그는 이방인의 사도로 세움 받았다. 위대한 사도 바울의 복음 전파는 말로만이 아니라 성령의 권능이 나타남으로 이루어진 것이다. 이를 증언하는 성서 말씀을 봅시다.

> 그래서 아나니아가 떠나서, 그 집에 들어가, 사울에게 손을 얹고 '형제 사울이여, 그대가 오는 도중에 그대에게 나타나신 주 예수께서 나를 보내셨소. 그것은 그대가 시력을 회복하고, 성령으로 충만하게 되도록 하시려는 것이요' 하고 말하였다. 곧 사울의 눈에서 비늘 같은 떨어져 나가고, 그는 시력을 회복하였다. 그리하여 그는 일어나서 세례를 받고 음식을 먹고 다시 힘을 얻었다. (행 9:17-19)

> 그리고 바울이 그들에게 손을 얹으니, 성령이 그들에게 내리셨다. 그래서 그들은 방언으로 말하고 예언을 했는데 모두 열두 사람쯤 되었다. (행 19:6-7)

> 마침 보블리오의 아버지가 열병과 이질에 걸려서 병석에 누워 있었다. 그래서 바울은 들어가서 기도하고, 그에게 손을 얹어서 낫게 해주었다. 이런 일이 일어나니, 그 섬에서 앓고 있는 다른 사람들도 찾아와서 고침을 받았다. (행 28:8-9)

> 그러므로 나는 하나님을 섬기는 일을 그리스도 예수 안에서 자랑스럽게 생각한다. 그리스도께서 이방인 사람들을 복종하게 하시려고 나를 시켜서 이루어 놓으신 것 밖에는 아무것도 말하지 않겠다. 그 일은 말과 행동으로, 표징과 이적의 능력, 성령의 권능으로 이루어졌다. 그래서 나는, 예루살렘에서 일루리곤에 이르기까지 두루 다니면서, 그리스도의 복음을 남김없이 전파하였다. (롬 15:17-19)

나의 말과 나의 설교는 지혜에서 나온 그럴듯한 말로 한 것이 아니
라 성령의 능력이 나타낸 증거로 한 것이다. 그것은 여러분의 믿음
이 사람의 지혜에 바탕을 두지 않고 하나님의 능력에 바탕을 두게
하려는 것이었다.(고전2:4-5)

바울 사도는 믿음의 아들 디모데에게 목회 사역에 있어서 안수에
관하여 다음과 같이 권면한다.

그대 속에 있는 은사, 곧 그대가 장로들의 안수 받을 때에 예언
을 통하여 그대에게 주신 그 은사를 소홀히 여기지 마십시오.(딤전
4:14)

아무에게나 경솔하게 안수하지 마십시오. 남의 죄에 끼어들지 말
고, 자기를 깨끗하게 지키십시오.(딤전 5:22)

이런 이유로 나는 그대를 일깨워서, 그대가, 나의 안수함으로 말미
암아, 그대 속에 간직하고 있는 하나님의 은사를 다시 불을 붙이게
하려 한다.(딤후 1:6)

이상에서 살펴본 것과 같이 우리는 성서에서 하나님이 직접 영을
부어 주시는 경우와 하나님께서 세우신 사람들의 안수를 통하여 임
파테이션이 주어짐으로 주님이 맡기신 사역을 감당해 온 구름같이 허
다한 증인들을 만날 수 있다. 예를 들면 아프리카와 아시아에서 표적
과 기사로 복음을 전하는 전도자 라인하르트 본케Reinhard Bonnke는
제프리스를 통하여 사역을 계승받았으며, 신유 사역자 베니 힌Benny
Hinn은 캐스린 쿨만의 집회에서, 국제추수선교회를 이끄는 채 안은

마훼쉬 차부다의 치유컨퍼런스에서 영적 권세가 전이되었고 활성화되었다고 한다[6].

이런 관점에서 성령 사역자들이 임파테이션을 할 때에 지켜야 할 태도와 임파테이션을 받는 성도들이 유의해야 할 태도들을 살펴보자.

3. 사역자가 임파테이션 사역 시 지켜야 할 태도들

첫째, 사역자는 성령의 임파테이션의 통로이므로 성도들이 사역자들보다 은사를 주시는 주님만 바라보도록 인도해야 한다.

둘째, 사역자는 자신이 무엇을 주는 것이 아니라 주님께서 자신을 통해 역사하심을 잊지 말고, 쓰임 받는 것을 감사하며 주님의 쓰임에 합당하도록 늘 자신을 비워야 한다.(나는 집회를 앞두고 강단에서 이렇게 기도한다. "내가 세례 받았을 때 이미 나는 죽었다. 나를 통해 살아계신 주님의 영광을 드러내길 원한다.")

셋째, 성령 사역은 믿음의 증거이므로, 사역자가 사역을 행할 때는 상황을 보지 말고 주님의 말씀의 약속을 믿고 믿음으로 행해야 한다.

넷째, 사역자는 모든 사역의 열매는 주님께서 주신 선물이므로 주님의 영광을 가로채지 말고 주님께 영광을 돌려야 한다.

다섯째, 사역자는 성령과 늘 교제함으로 신선한 기름 부음이 흐르도록 주님의 임재 안에 거해야 하며, 그 이상을 갈망하며 영적 공격으로부터 자신을 보호하기에 힘써야 한다.

여섯째, 사역자는 성령의 은사가 다양하므로 다른 은사를 지닌 영적 지도자들과 신령한 교제를 함께 나눔으로 성령의 지배 수위를 높

---

6 채 안, 『그리스도인의 권세와 치유』, 이성대 옮김(서울: 서로사랑, 2002), 8-27.

이고 영적 깊이를 더해야 한다.

일곱째, 사역자는 "거져 받았으니 거져 주어라"는 주님의 말씀을 명심하고 나누어 주기를 힘쓰며, 임파테이션을 결코 이익의 도구로 사용해서는 안 된다.

4. 임파테이션을 받는 성도들이 가져야 할 태도들

첫째, 성도들은 도구로 쓰임 받는 사역자들보다 성령을 주시는 주님께 초점을 맞추어야 한다. 주님을 바라보고 사랑을 고백하며, 기도를 받은 후에는 감사와 사랑을 드려서 주님을 영화롭게 해야 한다.

둘째, 사모하는 자에게 후히 주시고 꾸짖지 않는 주님의 약속을 믿고 더 깊은 기름 부음과 신선한 기름 부음을 기대하고 기도하며 기다려야 한다. 구체적으로 말하면 긴장을 풀고 온몸에 기운을 빼고, 고개를 들어 마음과 몸을 열어서 주님께서 주실 새롭고 놀라운 것을 기다리며 심호흡을 하며 기도하기를 권면한다.

셋째, 먼저 비워야 채울 수 있는 것처럼 하나님께서 주시는 것은 거룩한 것이므로 회개함으로 마음을 깨끗하게 비워야 한다. 특히 용서하지 못한 죄, 치유받지 못한 상처들을 주님께 가지고 나와서 먼저 해결함을 받아야 한다.

넷째, 임파테이션은 주님의 주권에 속한 것이므로 다른 사람과 비교해서는 안 된다. 주님께서 주시는 모든 것은 귀한 것임을 알아야 한다. 받은 것으로 충성하되 더 귀한 것을 갈망해야 한다. 가나안 여인은 주인의 상에서 떨어지는 부스러기 은혜라도 족한 것이라고 고백해서 주님께 칭찬을 받았다.

다섯째, 하나님이 세우신 영적 지도자들을 존중하고 그분들에게 순종해야 한다. 그분들과 가까이 하고 기회 있는 대로 안수받기를 사모하는 것이 영적 수위를 높이는 지름길이다.

여섯째, 받은 기름 부음이 소멸되지 않도록 영적 공격으로부터 자신을 보호하기 위해 경건에 이르기를 힘쓰며 자신의 몸을 성령이 거하는 신령한 집으로 세워 나가야 한다. 기름 부음이 증가되는 채널은 말씀, 기도(방언), 찬양(신령한 노래와 몸 찬양), 금식, 예배와 교제, 감사, 성찬, 기름 부음 집회 등을 통해서 경건에 이르기를 연습할 수 있다.

일곱째, 받은 것으로 만족하지 말아야 한다. 하나님의 영이 가득하기를 원하시는 주님의 마음으로 받은 것을 부족하지만 다른 사람에게도 나누어 줌으로 기름 부음이 흘러가게 해야 한다. 사랑은 주는 것이며 주님은 우리가 서로 나누는 것을 기뻐하신다.

4장 교회사에 나타난 성령의 임파테이션

그리스도의 몸 된 교회의 역사를 살펴보면 성령께서 그분의 백성들에게 어떻게 역사하셨는지에 관한 놀라운 이야기들을 대할 수 있다. 고대 교회의 교부 시대로부터 중세 교회 시대, 종교개혁 시대 그리고 현대에 이르기까지 기독교에서 표적과 기적을 통한 많은 현상들은 하나님께서 그의 교회에 행하시는 중요한 사역들이었다. 사도 시대로 표적과 기적, 은사들이 끝났다는 어떤 사람들의 주장과 달리 예수께서 성령을 약속하신 이후 예수는 성령의 임재와 충만 그리고 은사를 나누어 줌에 있어서 결코 시간의 제한을 두신 적이 없다[7].

1. 고대 교회 시대

교부들의 증언을 통해서 성령께서는 사도들과 함께하셨던 것처럼 고대 교회 교부들에게도 초자연적 은사를 계속 주셨으며, 치유의 역사가 계속 이어졌던 것을 볼 수 있다. 3세기 동안 고대 교회는 치유와 이적의 역사를 통해서 박해 속에서도 견고히 세워졌던 것이다. 주후 313년 콘스탄티누스 황제의 밀라노 칙령에 의해 기독교가 로마의 공인 종교로 제도화되면서 이적과 치유가 점차 사라지게 되었지만, 고

---

7 박명수, 『근대사회와 복음주의』(서울: 한들출판사, 2008); 랜디 클락, 『그 이상을 갈망하라!』, 89-43; 하워드 스나이더, 『교회사에 나타난 성령의 역사』, 명성훈 옮김(서울: 도서출판 정언, 2010) 참조.

대 교부들과 특히 5세기의 성 아우구스티누스의 저서에서 많은 치유와 이적들이 보고되고 있다.

1) 순교자 유스티누스Justin Martyr(100~165)

악령의 세력들은 예수의 이름 앞에서 멸망당해 왔다. 왜냐하면 우리 그리스도인들 중의 대부분은 세상의 이곳저곳에서 병 고치는 사역을 감당해 왔고, 또 현재도 지속하고 있기 때문이다. 로마인들 중에 악한 귀신들린 자들이 무당에게서 고치지 못한 병을 본디오 빌라도 치하에서 십자가에 못 박힌 예수 그리스도의 이름으로 꾸짖어 치유하는 일이 많았다. -『변증론』에서

2) 오리게네스Origen(185~254)

믿음을 통하여 신기하게 신유의 역사를 나타내는 사람들이 있는데, 그들은 만물의 주인 되시는 하나님과 예수의 전능하신 이름의 도움만을 구하고 있는 것이다. 그런데도 바로 그와 같은 방법으로 사람이나 악마들이 고치지 못하는 굉장한 고통이나 정신병, 그 밖의 수많은 질병들을 고치는 것을 우리는 목격하고 있다.

3) 성 아우구스티누스St. Augustin(354~430)

지금도 그리스도의 이름으로 기적이 향해진다. 성례나 기도나 성자들의 유물에 의해서 행해진다. 그러나 이전 기적들과 같이 널리 선전되지 않기 때문에 그렇게 유명하지 않다. 내가 밀라노에 있을 때에 눈먼 사람이 보게 된 기적은 많은 사람이 알게 되었다. 부지사의 전고문관인 인노켄티우스가 카르타고에서 내가 보는 눈앞에서 기적적으로

병이 나은 일……문벌이 높고 매우 경건한 부인이 유방에 암이 있었는데 부활절에 세례를 받고 자기 환부 위에 십자가의 표를 하였더니 즉시 병이 나았다. 세리의 아들이 병으로 죽었다. 그 아버지를 위로하던 친구가 스데반의 사당의 기름을 바르면 어떻겠느냐고 제의했다. 그래서 그대로 했더니 아들이 다시 살아났다. 그러므로 우리가 성서에서 읽는 기적을 행하신 그 하나님이 지금도 그가 원하시는 사람들을 통해서 그가 원하시는 대로 많은 기적을 행하신다. ―『신국론』(22권 8장)에서

2. 중세 교회 시대

중세 교회의 신유와 축사의 이적들은 성자들의 생애나 그들이 남긴 유물 또는 성지들과 관련되어 보고되고 있다. 중세 시대 대 수도원장이었던 성 브리지트는 다리아라는 맹인 소녀와 두 나병환자를 기도로써 회복시켰다는 기록이 있다. 특히 아시시의 성 프란치스코 St. Francis of Assisi는 많은 병자와 불구자들을 치유한 기록들이 있다. 이밖에도 라울라의 프랜시스, 제네비베, 가롤로 보로메오Carlo Borromeo, 커스버트Cuthbert, 패트릭Patrick, 빈센트 페리어Vincent Ferrier와 같은 이들이 신유의 기적을 나타냈다. 특히 원초적인 신앙과 사도적 단순성의 부흥을 목표로 했던 왈도파Wandensians들은 환상, 예언, 영적 황홀경을 믿는 것으로 성령의 사역에 의한 초자연적 은총을 귀중히 여겼다.

중세 교회는 마술적인 성례전 중심의 신앙으로 성자들의 유적과 유골, 특별한 성지순례 등 신비주의적인 경향이 많았지만, 그럼에도 불

구하고 하나님의 능력으로 병 고침을 받는다는 신유의 역사는 지속되어 왔다.

3. 종교개혁 시대

종교개혁자들은 성서에 기록된 신유 사건들은 예수와 그의 제자들이 사용했던 기적들이라 생각했다. 그들은 육신의 회복보다는 영혼의 회복에 더 관련이 있다고 믿었다.

1) 마르틴 루터Martin Luther(1483~1546)

종교개혁 과정에서 우상숭배와 미신적인 거짓 기적들을 축출하고 말씀의 권위를 회복하기 위하여 병자들을 위한 기름 부음과 대사면과 같은 행사들을 제거해 버렸다. 하지만 말씀의 권위에 의지하여 예수의 이름으로 귀신을 쫓아내고, 기도할 때 병든 자가 치유함을 받을 것을 확실히 믿었다. 말년에 루터는 그의 동역자 필리프 멜란히톤Philipp Melanchthon이 고열로 죽음의 문턱에 다다랐을 때에 그를 위하여 기도하였고 이에 멜란히톤이 기적적으로 회복한 것을 체험하였다.

2) 요한 칼빈John Calvin(1509~1564)

사도들에게 주어졌던 병 고치는 은사들은 후손들에게 물려줄 유산이 아니라 복음 교리를 인치는 표로서, 잠정적인 것이라고 주장했다. 그는 다른 모든 기적적인 은사와 더불어 병 고치는 은사도 일시적인 것이지 지속적인 것으로 보지 않았다. 우리는 다만 믿음으로 간구할 뿐이고 낫고 안 낫고는 치료자이신 하나님의 절대적인 뜻에 달려 있다는 것이다. 그는 육체의 여러 질병의 치유가 주된 일이 아니라 예수가 이 땅에 오신 목적이 영혼을 치료하기 위하여 오신 것이라고 강조하여 신유를 간과하였다.

아쉽게도 종교개혁자들은 중세 교회의 반작용으로 구원론의 성서 중심 신앙을 강조하다 보니 성령의 실제적인 역사와 초자연적인 신유의 역할이 간과되었다.

4. 계몽주의 시대

1700년대와 1800년대 유럽에서 일어난 과학혁명은 교회의 성서 해석에 엄청난 영향을 주었다. 과학적인 방법으로 설명이 안 되는 인간의 이해 한계와 논리를 벗어나는 하나님의 초자연적인 역사를 부정하는 성서의 고등비평이 독일 신학에서 일어났다. 인간의 이성과 논리가 보좌에 앉혀졌고 신적 계시와 체험보다 우월한 지위를 차지하였다. 이 시대의 특징은 '설명될 수 없는 것은 일어나지 않은 것이다'라는 명제에서 찾아볼 수 있다. 따라서 자유주의에 속하든지 근본주의에 속하든지 기적에 대한 신학적인 글을 결코 찾아볼 수 없다.

5. 경건주의 운동

종교개혁기를 거치면서 미미하게 이어져 내려온 성령의 역사는 30년 전쟁 이후 처참한 폐허 속에서 꽃을 피웠다. 경건주의는 필리프 야코프 슈페너P. J. Spener(1635~1705)와 아우구스트 헤르만 프랑케A. H. Franke(1663~1727)를 중심으로 교회의 영적 개혁, 윤리적 개혁, 내적 체험과 신앙의 실천을 강조하며 '성서적 기독교'를 주장하였고 18세기 부흥의 선두 주자 역할을 하였다. 이들에게 있어서 성서는 단순한 교리의 근거가 아니라 영적 생활의 근거였다. 경건주의는 내적 변화와 체험을 강조하며, 성서의 삶은 현재에도 재현되어야 하며, 기적은 지금 여기에서 나타날 수 있는 실제적인 사건으로 보았던 것이다.

경건주의의 영향으로 일어난 모라비안 운동이 친첸도르프G. N. Zinzendorf(1706~1760) 백작의 지도 아래 1727년부터 조직적인 운동으로 발전하였다. 이 운동은 성령의 임재를 추구하는 기도 운동과 전 세계를 상대로 최초로 선교사를 파송하는 전도 운동으로 발전한 영적 각성운동이었다.

6. 존 웨슬리의 부흥운동

18세기 감리교회 창시자 존 웨슬리John Wesley(1703~1791)는 모라비안 교도들의 영향으로 1738년 5월 24일 올더스게이트에서 복음적 회심을 체험하게 되었다. 그 후 그는 구원의 확신을 가지고 '세계를 교구삼아' 성서적 기독교를 전하였다. 그는 하나님의 부르심을 받을 때까지 53년간 지구의 12바퀴에 해당되는 거리를 말을 타고 선교 여행을 하면서 42,500여 회에 이르는 설교를 하였다. 존 웨슬리에 의해 시작된 메소디스트 운동은 개인의 구원과 교회의 부흥, 갱신뿐 아니라 영국 사회를 피의 혁명에서 구원한 전인적인 복음운동이며 사회적 성화를 가져온 선교 운동이었다. 이런 선교의 원동력은 성령의 역사다. 그의 집회에서 귀신이 쫓겨나가는 것과 저항할 수 없는 하나님의 능력에 의해 사람들이 바닥에 쓰러지는 것을 볼 수 있었다.

새벽 3시경이었다. 우리가 계속 갈급하게 기도하고 있을 때 하나
님의 권능이 우리 위에 매우 강하게 임재하셨다. 그 권능 아래 많
은 사람들은 넘쳐 흐르는 기쁨으로 울부짖었고, 그리고 많은 사람
들이 땅바닥에 쓰러졌다. 우리는 하나님의 권능의 현존 앞에서 그
위엄과 놀라움에서 약간 깨어나자마자, 우리는 한 목소리로 '우리
는 주님을 찬양한다. 오 하나님, 하나님은 우리의 주님이 되십니
다'라고 부르짖었다. - 1739년 1월 1일 일기

7. 제1차 대각성운동(1726~1776)

경건주의와 청교도 운동의 영향으로 신대륙 미국에서 폭발적으로
일어난 성령운동을 대각성운동이라 부른다. 1727년 12월 29일 보스
턴에서 일어난 지진으로 신앙적 각성이 일어나 교회마다 사람들로 가
득 찼으며 회개의 역사가 일어났다. 1734년 겨울에 노스햄튼에서 시
작된 신앙 부흥은 1735년 봄에 뉴햄프셔 주의 여러 마을로 번져 전
도시로 퍼졌다. 이런 대각성운동의 중심에 서 있는 인물이 조너선 에
드워즈다. 이 운동에 연합하여 1740년 이후로는 영국인 복음전도자
조지 횟필드가 미국의 여러 지역을 순회하면서 회개와 그리스도에 대
한 믿음을 부르짖었다.

1) 조너선 에드워즈Jonathan Edwards(1703~1758)

수요일 밤, 노스햄튼의 교회는 긴 부흥집회를 열고 있었다. 에드워
즈 부인은 하나님의 은혜로 너무나 충만하여 육신의 힘이 완전히 빠
져버렸다. 그녀는 "나는 계속해서 미래 세계의 뚜렷한 환상, 영원한

행복과 영원한 비극의 환상을 보았다"라고 썼다. 그녀와 그녀의 친구들은 집회가 끝난 다음에도 세 시간이나 교회에 남아 있어야 했다.

2) 조지 휫필드Georg Whitefield(1714~1770)

토요일에 나(존 웨슬리)는 조지 휫필드와 하나님의 내적 역사와 함께 매우 자주 외적으로 나타나는 표적에 대해여 토론하고 있었다. 나는 그의 우려가 단순히 그가 전체적으로 잘못 전해들은 것에 기초하고 있다는 것을 발견하였다. 다음날 그는 이 문제를 더 잘 알 수 있는 계기를 갖게 되었다. 곧바로 그가 죄인들을 그리스도의 믿음으로 초청하였을 때 네 사람이 그의 앞에서 쓰러졌다. 그중 한 사람은 아무런 동작도 없이 쓰러져 있었다. 두 번째 사람은 몹시 떨었다. 세 번째 사람은 전신에 강한 경련을 일으키며 신음소리밖에는 내지 못하였다. 네 번째 사람은 똑같이 경련을 일으켰는데, 그는 심한 울음과 눈물로 하나님께 부르짖었다. 이때부터 나는 우리가 하나님께서 기뻐하시는 방법으로, 하나님께서 하나님의 사역을 이끌어 가시도록 해드려야 한다고 믿게 되었다.

8. 제2차 대각성운동(1812~1842)

제2차 대각성운동은 미국 독립 후인 1792년 무렵 하나님께서 대학들을 방문하셨을 때 시작되었다. 여기에 불을 붙인 이는 제1차 대각성운동의 주역인 조너선 에드워즈의 외손자 티모시 드와이트Timothy Dwight 예일 대학 총장이다. 그는 뉴잉글랜드 예일 대학 뿐 아니라 프린스턴 대학에서도 학생들을 상대로 회개와 기도 운동을 벌였다. 이러한 각성 운동은 천막 집회Camp Meeting로 열리게 되었고, 감리교와 침례교를 중심으로 중남부 지역은 물론 서부 개척지대로 계속 번져 나갔다. 제2차 대각성운동의 제2기 핵심 인물은 현대 부흥운동의 아버지라고 불리는 변호사 출신인 찰스 피니Charles Finny(1792~1875)다. 그는 며칠간 계속되는 연속 집회를 시작하였고, 집회 시 회심자를 초청하였으며, 자신의 설교에 대해 의문이 있는 자들에게 답변하기 위해 질의자 집회를 시작했던 것이다.

1) 감리교 부흥운동의 지도자 피터 카트라이트Peter Cartwright(1785~1872)

캐인리지 부흥에 이어 커버랜드 부흥에 대해 다음과 같이 진술하였다.

> 거의 모든 교파에서 온 예정론자들이 하나님의 역사를 중단시키려고 모든 힘을 기울였다. 설교 도중 사람들에게 나타나는 강력한 체험 현상에 대한 논쟁이 진행되던 중, 새로운 체험의 현상 즉 육신과 마음에 고통을 주는 경련들이 사람들에게서 터져 나왔다. 성도이든 죄인이든 관계없이 그들은 찬송이나 설교에 이끌려 들어갔고, 온 사방에서 격렬한 경련에 사로잡혔다. 그들은 거기에 저항할 수 없었고, 그들이 거기에 저항하려고 하지 않고 온순하고 정직하게 기도하면 경련은 멈추었다. 나는 회중 가운데 오백 명이 넘는 사람들이 한꺼번에 경련을 일으키는 것을 보았다. 나는 언제나 경련은 하나님이 보내신 심판과 같은 것으로 본다. 죄인들을 회개에 이끌어오기 위한 것, 하나님께서는 방법을 초월하여 역사하실 수 있는 분이다. 그분은 은혜의 영광과 세상의 구원을 위해 무엇이든

하실 수 있는 분이시라는 것을 나타내기 때문이다.

2) 찰스 피니Charles Finny(1792~1875)

그의 삶을 변화시킨 하늘에서 내려온 주권적인 임파테이션의 체험을 아래와 같이 전하고 있다.

성령께서 몸과 영혼을 관통하시는 것과 같이 내게 임하셨다. 나는 마치 전류가 나를 통하여 흐르는 듯한 느낌을 받았다. 그것은 어떠한 표현으로도 형용할 수 없는 사랑의 물결이 나에게 파도쳐 오고 파도쳐 오는 것 같았다. 꼭 하나님의 숨결 같았다. 마치 거대한 날개처럼 나를 부채질하는 것 같았다. 나의 가슴속에 뿌려지던 그 놀라운 사랑은 어떤 말로도 표현할 수 없다. 나는 기쁨과 사랑으로 크게 흐느껴 울었다. 그리고 나서는 나도 모른다. 나는 말 그대로 내 가슴속으로부터 말로 표현할 수 없이 솟구쳐 오르는 것으로 인해 소리쳐 울었다. 그 파도는 나에게 계속하여 휩쓸어 왔고 또 휩쓸어 왔고 또 휩쓸어 왔다. 그것은 내가 가라앉히려 소리칠 때까지 계속되었다. '이 파도가 계속 나를 휩쓸면 나는 죽을 것 같다. 나는 말했다. 주님 더 견딜 수가 없어요.' 나는 죽음도 두렵지 않았다.

9. 오순절 부흥운동

1900년대 일어난 부흥운동은 1800년대 일어났던 것과 거의 같았다. 제2차 대각성운동에 이어 1901년으로 거슬러 올라가는 오순절 부흥운동이 일어났다. 사람들은 성령 안에서 쓰러짐과 흔들림, 흐느낌, 통곡, 춤, 웃음 그리고 방언으로 말하는 것을 볼 수 있었다. 특이한 것은 방언을 성령 세례의 첫 단계 증거로 묶어서 강조한 것이었다.

수많은 지류들이 하나님의 거대한 강에 흘러 들어갔다

1901년 캔자스 토피카의 팔함에서의 초기 오순절 부으심, 1904년 웰시 부흥운동, 1906년 아주사 거리의 부흥운동, 스미스 위글스워스Smith Wigglesworth와 여러 오순절 치유 복음사역자들이 이끌었던 1920~1930년대의 부흥운동, 1946년의 윌리엄 브래넘William Branham의 부흥운동, 1947년 늦은 비 부흥운동, 1947년 샤론 오르패니지의 부흥운동, 1948년 치유 부흥운동, 1949년 빌리 그레이엄Billy Graham의 복음운동, 1960년대 은사회복운동, 1970년대 예수운동, 1980년대 제3의 물결, 1990년대의 토론토의 웃음 부흥운동, 1992년의 클라우디오 프레이젼, 1993년 로드니 하워드 브라운Rodney Howard-Browne, 1994년 존 아놋John Arnott과 빌 존슨Bill Johnson, 1995년 존 킬패트릭John Kilpatrick과 스티브 힐Steve Hill, 1996년의 스티브 그레이Steve Gray, 그 외에도 성령의 다양한 은사를 통하여 부흥을 가져오도록 하나님의 강력한 기름 부음을 받은 수많은 남녀들이 있다.

이상에서 살펴본 것과 같이 교회 역사에 나타난 부흥운동들은 고린도전서 12장의 모든 영적 은사들, 방언, 방언 통변, 예언, 능력 행함, 그리고 치유와 같은 표적 은사들의 회복을 강조하고 있다. 강력한 성령의 은사의 부어 주심과 분명한 하나님의 임재하심으로 특징지을 수 있는 당시의 부흥, 그로 인하여 수많은 사람들이 하나님께로 돌아온 역사들이 전능하신 성령의 역사였다.

그 당시 하나님의 위대한 사람들은 모두 강력한 역사를 예수의 이름으로 행하기에 앞서 그들 자신이 먼저 성령의 임파테이션을 받았다는 것은 분명한 것이다. 우리에게 잘 알려진 찰스 스펄전Charles H. Spurgeon, 앤드루 머리Andrew Murray, 고든A. J. Gordon, 심슨A. B. Simpson, 케년E. W. Kenyon, 피어슨A. T. Pierson, 무디D. L. Moody, 토리R. A. Torrey 같은 분들은 모두 한결같이 성령 세례를 받았다고 고백하고 있다. 그리고 성령 사역자 마리아 우드워스 에터Maria Woodworth-Etter, 존 레이크John G. Lake, 스미스 위글스워스, 찰스 프라이Charles Fry, 보스워스F. F. Bosworth, 에이미 셈플 맥퍼슨 Aimee Semple McPherson, 토미 힉스Tommy Hicks, 레스터 섬럴, 오스본T. L. Osborn, 오럴 로버츠Oral Roberts, 캐스린 쿨만, 라인하르트 본케, 베니 힌, 존 윔버John Wimber, 빌 존슨 등 구름과 같이 허다한 사역자들은 하나님께 쓰임받기 전에 강력한 임파테이션을 받았다고 증언하고 있다.

그 외에도 성령의 다양한 은사를 통하여 부흥을 가져오도록 하나님의 강력한 기름 부음을 받은 수많은 남녀들이 있다. 성령은 이들을 통하여 그동안 지구의 북반구에 치우쳤던 부흥운동을 남반구에도 일어나게 하심으로 기독교의 역사를 새롭게 쓰고 있는 것이다.

유럽에는 1960년에 약 30만 개의 교회가 있었는데 2000년대에는 32만개로 아주 조금 증가했다. 이것은 인구증가를 고려할 때 실제로는 교회수의 감소를 의미한다. 북미의 교회는 1960년에 약34만 개 있었는데 2000년대에는 53만 개로 증가하였다. 반면 아프리카, 아시아, 라틴아메리카에서는 교회 숫자가 급증하였다. 아프리카에서는 1960년대에 12만 개의 교회가 있었는데 2000년대에는 57만 개로 증가하였다. 아시아에는 1960년대에 10만 개의 교회가 있었는데 2000년대에는 67만 개로 급증하였다. 라틴아메리카에는 1960년대에 3만 5천 개의 교회가 있었는데 2000년대에는 26만 개로 급장하였다. 모두 성령의 기름 부음을 받은 하나님의 사람들에 의해 카리스마적 성령의 역사가 일어나 모든 대륙에서 교인과 교회수가 증가하고 있는 것이다.[8]

10. 로마 가톨릭교회

1960년대 제2차 바티칸 공의회를 통해 제2의 오순절을 간구했던 로마 가톨릭교회는 은사주의 목사와 이들 지도자들과 좀더 가까운 교제를 허락했으나, 그들 또한 성령의 새로운 능력을 정규 미사에 도입할 엄두는 내지 못했다. 그들은 성령의 특별한 집회나 모임으로 귀속시켜 성령의 온전히 채우심을 경험하고자 하는 사람들끼리 은사의 자유가 허락된 교회를 찾아 떠나거나 새로운 교회를 형성하는 일이 발생하였다. 체제를 갖춘 교회 생활의 문제점은 바로 하나님의 이끄심, 인도하심, 붙잡으심, 부르심, 채우심과 머무르심의 존재의 감각을 잃어버린다는 것이다. 약간의 이적이나 신비만 교회의 모임에 남겨둘 뿐이었다.

랠프 마틴Ralph G. Martin은 『말세의 가톨릭교회: 성령은 무엇을 말씀하시는가?』에서 오늘날의 로마 가톨릭교회의 과제에 대한 영성 깊

---

8 홍영기, 『성령 사역 Class』(서울: 교회성장연구소, 2008), 19; 랜디 클락, 『그 이상을 갈망하라』, 120–25; 필립 젠킨스, 『신의 미래』, 김신권·최요한 옮김(서울: 도마의 길, 2009); 로드니 스타크·로저 핑크, 『미국 종교 시장에서의 승자와 패자(1776–2005)』, 김태식 옮김(서울: 서로사랑, 2009) 참조.

은 분석을 담고 있다.

나는 1967년 가톨릭교회에서 현대에 나타난 은사의 회복이 처음 터져 나왔을 때, 일부 신학자들이 그러한 성령의 은사들은 초대 교회가 이방 종교 사회의 적대적 환경에서 살아야 했고, 또 선포되는 복음을 확증하기 위하여 성령의 나타나심이 필요했기 때문에 필요했던 것이지, 20세기에서는 그리 필요하지 않을 것이라고 주장했던 것을 기억한다.

나는 앞의 장들에서와 같이, 또 우리 경험으로 본 바와 같이, 우리는 더 이상 기독교 사회에서 살고 있지 않으며, 우리는 우리가 받을 수 있는 모든 '위로부터 오는 능력'을 필요로 한다는 사실이 명백하다고 믿는다. 우리 눈앞에서 기독교계는 얼마나 빨리 붕괴되고 있는가! 얼마나 빨리 교회 역사의 한 시대가 끝나고 다른 시대가 시작되고 있는가! 얼마나 많은 것들이 지난 이십오 년 삼십 년 사이에 변했는가! 얼마나 빨리 우리는 초대 교회가 그 삶을 살았고 복음을 전했던 이방 종교 사회 한가운데와 같은 상황으로 다시 몰려가고 있는가! 얼마나 절박하게 우리에게는 새로운 오순절이 필요한가[9]!

---

9 랜디 클락, 『그 이상을 갈망하라!』, 137-43 참조.

5장 임파테이션과 기름 부음의 관계

우리는 성령의 임재하심을 우리와 함께with, 우리 안에in 그리고 우리 위에upon로 구분할 수 있다. 이 중 위에서부터 임하는 성령의 초자연적인 힘과 권세를 기름 부음이라고 말한다. 예수은 성령의 기름 부음을 받은 후에 공생애를 시작하셨다.(눅 4:16-21) 예수의 사역을 전하는 누가는 하나님께서 성령과 능력을 기름 붓듯pour out 하셨다고 전하고 있다.(행 10:38)

윤남옥 목사는 『생명과 자유의 기름 부음』이라는 책에서 기름 부음을 잘 설명하고 있다. 기름 부음은 기름과 붓는다는 두 단어의 합성어다. 마치 샤워를 하듯 위에서 부어지는 형식을 의미한다. 제사장이나 왕이나 예언자들에게 위에서부터 기름을 부어 주면서 그 기름이 이마에 흘러내려 수염을 거쳐 발바닥까지 흘러서 넘치도록 부었을 것이다.(시 133편) 그러므로 기름은 부어지는 것의 내용이고 붓는 것은 주시는 어떤 과정이나 형태를 가리키는 것이다.

우리는 하나님께서 주신 것, 위로부터 내려온 것, 이 모두를 기름 부음이라고 할 수 있을 것이다. 그러나 모든 기름 부음에 있어서 형식은 같지만 내용은 다른 것이 있다. 기름 부음은 하나님으로부터 오듯 공중의 권세 잡은 사탄도 붓는 사역을 하고 있음을 알아야 한다. 사탄은 언제나 모조품의 귀재, 짝퉁의 귀재다. 하나님은 하나님의 것을 부어 주시고, 사탄은 사탄이 가지고 있는 것을 부어 주는 것이다. 즉 사탄은 죽음, 저주, 슬픔, 중독, 질병, 가난에 이르는 것을 부어 주지만 하나님은 기쁨, 능력, 찬양, 생명, 치유, 평강 등 생명에 이르는 것을 부어 준다[10].

1. 내적 기름 부음과 외적 기름 부음

기름 부음 사역을 할 때 많은 사람들이 물어보는 질문이 성령 충만과 성령 세례의 관계다. 비유로 말하면 성령 충만과 성령 세례는 혼인과 사랑의 관계와 같다. 성령 세례는 혼인과 같이 한번만 하는 것이다. 그러나 혼인했다고 사랑이 완성되는 것이 아닌 것처럼 성령 충만은 혼인한 신랑과 신부가 사랑하며 행복을 가꾸어 가는 것과 같다.

성령 충만이란 우리와 성령의 관계가 풍성해진 것을 뜻한다. 성령은 인격적인 존재이기 때문에 우리가 그분을 소유할 수 없고, 그분으로부터 오는 선물인 은사와 열매 등은 우리가 가질 수 있다. 이런 의미에서 성령 충만은 내적으로 성령이 충만하여 깊은 인격적인 관계를 맺으며 성화의 열매를 맺게 되는 것으로 내적 기름 부음이라 할 수 있다. 그러나 기름 부음은 위에서부터 성령이 부어지는 것으로 밖으로 나타나는 권능의 사역으로 외적 기름 부음이라 말할 수 있을 것이다.

성령께서 우리에게 오셔서 머무시는 위치를 가리키는데, 성서는 세 가지 단어를 사용하고 있다. '안에'를 가리키는 엔(in)과 '곁에'를 가리키는 파라(with)와 '위에' 또는 '위로부터'를 가리키는 에피(upon)가 있다.

1) 안에(엔, in)
우리가 예수를 믿고 그리스도라고 고백하면 성령께서 내 안에 내주

---

10 윤남옥, 『생명과 자유의 기름 부음』(서울: 도서출판 메누하, 2012), 51-63.

하시기 시작한다. 성령이 내 안에 계시면 죄의 문제를 해결해 주고 인격을 변화시켜 거룩한 삶을 살게 하시며 성결한 존재가 되게 성령의 열매를 맺으며 하나님의 성품을 닮아 그리스도의 형상을 회복하게 되는 것이다.

2) 곁에(파라, with)

성령을 가리키는 보혜사는 파라클레이토스를 의미한다. 우리를 도와주시기 위해서 우리 곁으로 불러오신다는 뜻이다. 성령이 우리 곁에 오시면 죄에 대해, 의에 대해, 심판에 대해 깨닫게 된다. 우리 곁에 영원히 함께 동행하시는 분이다.

3) 위로부터, 위에(에피, upon)

성령은 위로부터 부어 주시는 하나님의 사역이다. 불같이 바람같이 비둘기같이 성령이 위로부터 임하심으로 밖으로는 권능이 나타나는 사역을 말한다. 위에 임하시는 성령은 초자연적 힘과 권세를 주시는 임재다. 모든 멍에들과 묶임이 파쇄되고 세상에서 사탄에 대하여 승리하는 사역이다. 주님의 약속을 믿고 기도하던 마가 다락방의 제자들이 오순절 날 위로부터 오는 능력을 덧입게 되자 사도들은 순교자의 마음으로 달려가 복음을 전하는 증인의 사역을 감당할 수 있게 되었던 것이다.(행 1:8) 위로부터 오는 성령의 역사는 밖으로 능력이 드러나는 사건으로 하나님의 나라를 확장하는 것이다. 위로부터 오는 능력을 덧입지 않고는 마지막 시대에 승리할 수 없다. 외적 기름 부음이 위로부터 부어 주시는 성령의 사역이다. 그러므로 내적 기름 부음(성령 충만)과 외적 기름 부음이 조화를 이룰 때에 주님께 칭찬받는 성도들이 될 것이다.

2. 임파테이션과 기름 부음의 관계

성령 사역자들을 통한 '거룩한 전이' 혹은 '하늘의 것을 잉태케 하시는' 임파테이션이나 기름 부음은 모두 다 하나님으로부터 온다는 것이 중요하다. 어떤 사역자로부터 임파테이션을 받았다 해도 그것의 근본은 하나님으로부터 온 것이며, 천상에 속한 것임을 잊어서는 안된다. 그런 의미에서 보면 임파테이션이 전달하는 형식이라면 기름 부음은 전달되는 내용이라 구별할 수 있다. 기름이 그 내용이라면 '붓는다'가 임파테이션과 같은 것이며, 임파테이션이 수평적 의미와 수직적 의미를 지닌 것이라면 기름 부음은 하늘로부터 내려오는 것으로 수직적 의미가 더 큰 것 같다.

6장 임파테이션의 종류

성령을 부어 주시는 하나님은 창조의 주님이시기에 그분의 성품대로 예수 그리스도를 통하여 그분의 자녀들에게 매우 다양하게 성령의 은사들을 임파테이션을 통하여 부어 주시는 것을 알 수 있다[11].

1. 보게 되는 임파테이션

> 아나니아가 떠나서, 그 집에 들어가 사울에게 손을 얹고 "형제 사울이여, 그대가 오는 도중에 그대에게 나타나신 주 예수께서 나를 보내셨소. 그것은 그대가 시력을 회복하고, 성령으로 충만하게 되도록 하시려는 것이오."라고 말하였다. 곧 사울의 눈에서 비늘 같은 것이 떨어져 나가고 그는 시력을 회복하였다. 그리하여 그는 일어나서 세례를 받고 음식을 먹고 다시 힘을 얻었다.(행 9:17-19)

성서는 영적 세계를 보는 몇몇 사람들을 기록하고 있다. 발람(민 22:31), 다윗(삼하 24:17), 엘리야(왕하 2:9), 엘리사(왕하 6:17), 세례 요한의 아버지 스가랴(눅 1:11-12), 예수의 어머니 마리아(눅 1:26-38), 막달라 마리아(요 20:11-12), 베드로(행 12:4-11), 사도 바울(행 27:23-24), 밧모섬의 요한(계 19:10) 등이다.

이와 같이 보게 되는 임파테이션이란 사람들의 눈이 열려서 영의

---

11 주로 윤남옥, 『사도행전의 임파테이션』과 랜디 클락, 『그 이상을 갈망하라!』를 참조하여 종합하였다.

세계와 천사를 보게 되는 것을 말한다. 초대 교회에서 환상과 천사의 방문은 초대 교회에 있어서 권위의 주된 근거 중 하나였다. 오늘 우리들은 어떤 경험이라도 객관적 척도를 가지고 분별할 수 있는 성서가 있음에도 불구하고 오늘도 살아계신 하나님께서는 그의 백성들을 친히 방문하셔서 교제하고 계신다.

믿음은 봄으로 세워진다. 바르게 세워진 믿음으로 말미암아 하나님께서 무엇을 하실지 믿는 바를 용기 있게 전하도록 하는 것이다. 성서에 기록하기를 "나는 믿었다. 그러므로 나는 말하였다" 하였다. 우리는 그와 똑같은 믿음의 영을 가지고 있으므로, 우리도 믿으며, 그러므로 말한다.(고후 4:13) 여기서 '믿음의 영(마음)'은 어느 주어진 순간에 하나님께서 무엇을 하시는 중인지 이해하는 것에 관한 것이다. 예수께서 보시는 것처럼, 성부께서 하시는 것을 하기 원하는 사람들은 보게 되는 은사를 간절히 갈망하는 것이 필요하다.

보는 것은 모든 것을 보시는 그분을 지속적으로 받아들임에서 온다. 계시는 여호와 하나님과의 친밀함에서 오는 것이다. 친밀함은 자신의 사랑을 순복함으로 표현하는 것과 연결되어 있다. 주님은 사랑으로 순복하는 자는 사랑을 받겠고 주님의 계시함을 받을 것이라고 가르쳐 주셨다.(요 14:21, 15:5, 7) 그러므로 주님과의 더욱 큰 친밀감을 갈망하고 더욱 큰 계시하심을 겸손하게 부르짖으며 간구해야 할 것이다. 하나님의 관점에서, 우리를 위하여 천상의 존재들이 우리와 교제하는 것을 보기 원해야 할 것이다.

눈이 열리는 오픈 비전open vision은 육의 세계와 영의 세계를 동시에 보는 현상이다. 제가 아는 Y목사는 1985년 1월 16일, J목사가 기도해 주시는 가운데 오픈 비전을 임파테이션으로 받았다. 그 후로부터 그 목사는 눈을 감고 기도할 때에 주님이 보여주시는 환상과 같은 것을 보게 되었다. 눈을 감고 기도할 때 주님이 보여주시는 것으로 대언의 기도를 하게 되었다.

2006년 9월에 한 여자 목사의 기도를 통해서 입신을 하고 난 후에 보다 더 분명하게 오픈 비전을 갖게 되었다고 고백하고 있다. 그런 체험이 있은 후 집회를 인도하면서 보게 해 달라고 기도하지도 않았고, 기대하지도 않았지만 때로는 우산을, 때로는 가방을, 때로는 인디언 옷차림의 천사들을, 때로는 북을 치면서 달려오는 천사들을, 때로는 예수가 천군 천사들을 데리고 오시는 모습들을 보게 되었다.

제 친구인 A목사는 귀신들을 본다. 공중에 있는 귀신들, 사람들 가운에 붙어 있는 귀신들, 그리고 그것이 어디로 이동하고 있는 것을 본다. 물론 천사들과 매일 교제를 나누기도 한다. 성령께서는 우리가 보지 못하는 영으로 존재하시기 때문에 천사들이 심부름꾼으로 보내시는 것이다.(히 1:24)

2. 표적과 기사를 위한 임파테이션

내가 진정으로 진정으로 너희에게 말한다. 나를 믿는 사람은 내가 하는 일을 그도 할 것이요. 그보다 더 큰 일도 할 것이다. 그것은 내가 아버지께로 가기 때문이다. 너희가 내 이름으로 구하는 것은 내가 무엇이든지 다 이루어 주겠다. 이것은 아들로 말미암아 아버지께서 영광을 받으시게 하려는 것이다.(요 14:12-13)

나의 말과 나의 설교는 지혜에서 나온 그럴 듯한 말로 한 것이 아니라, 성령의 능력이 나타낸 증거로 한 것입니다. 그것은, 여러분

의 믿음이 사람의 지혜에 바탕을 두지 않고 하나님의 능력에 바탕
을 두게 하려는 것이었습니다.(고전 2:4-5)

　우리 하나님은 그분 자신을 드러내시기를 원하시는 분이다.(롬
1:20; 사 65:1) 하나님께서는 자신을 드러내시고자 할 때, 여러 방법으
로 계시하신다. 예수가 이 땅에 오심은 하나님의 영광을 보여줌으로
이방인들에게 빛이 되기 위함이었다.(요 1:14; 눅 2:32) 사도 바울은 성
령을 믿는 자에게 보내신 것은 하나님의 계획과 생각을 드러내시기
위함이라고 말씀하셨다.(고전 2:9-12) 성서에서 하나님은 그분의 영광
을 보이거나 나타내실 것을 약속하셨다. 그러므로 부흥에 하나님의
능력과 영광의 드러내심이 동반되는 것은 결코 놀라운 일이 아니다.
　모세에게 나타내신 하나님의 영광은 그분의 이름을 통하여 표현된
그분의 성품, 긍휼히 여기심, 은혜와 함께 거하시는 사랑, 용서하심,
그리고 완전한 의로우심이다.(출 33:19) 이러한 사실에 근거하여 하나
님께서 당신의 영광을 계시하는 방법은 표적과 기사와 이적이라고 말
할 수 있다. 요한복음서는 표적들을 통하여 성부와 성자가 영광을 받
은 것은 물론 제자들과 그것을 목격한 사람들이 하나님의 영광을 보
고 믿게 된 것이다.(요 2:11, 11:4, 40, 12:41)
　요한복음서는 성부나 성자가 영화롭게 되거나 표적과 기사를 통하
여 그분의 영광이 드러나는 것이 주제이며, 예수는 우리가 그분의 이
름으로 기도할 때 응답하실 것이며, 우리의 기도를 응답하심으로 하
나님의 뜻이 영화롭게 된다고 가르치셨다.(요 14:13-14) 성령께서 앞
으로 행하시게 될 사역으로 인하여 아버지의 영광이 우리의 열매 맺
음과 연관성을 갖고 있음을 말씀하셨다.(요 15:8) 기적과 치유와 축사

를 행하는 능력이 성부와 성자 두 분이 영광을 받으심에 중요한 것이기에 예수는 제자들에게 손수 모범을 보이셨고 열두 제자와 칠십 명의 제자들에게 능력을 주시고 그 나라의 확장을 위해 파송하셨다. 사도 바울은 "하나님 나라는 말에만 있지 아니하고, 능력에 있다"고 하였다. (고전 4:20)

표적과 기사는 단순히 복음을 확증하기 위하여 실행된 것이 아니라 복음의 중요한 요소들이다. 우리는 종말의 마지막 추수할 때가 가까이 다가오고 있기에 능력의 은혜가 퍼부어지는 시대에 살고 있다. 임파테이션으로 나타나는 표적과 기사는 하나님이 선하시기에 사랑이시기에 선한 일을 하시고 사랑의 행위를 하시는 것이다. 표적과 기사, 기적과 치유는 주님의 영광과 성품에 대하여 무지한 세상에 주님의 살아계심을 나타내시는 일이다.

주님께서 전하신 하나님 나라는 하나님이 다스리시고 그 다스림에 순종하는 곳에 이루어진다. 하나님이 다스리는 나라는 주인이 바꾸는 일이다. 마지막 시대에 사탄의 요새가 더욱 강력해지고 교묘해지기 때문에 깨어서 능력을 대결할 준비를 해야 한다. 강력한 능력 대적의 현장에 노출될 때 귀신은 자기의 정체를 드러내고 도망간다. 마귀는 대적해야 한다. 주님이 가르쳐 주신 전신갑주를 입고 능력 대결을 통해 묶인 자들을 풀어주는 것이 교회의 고유한 사역이다. 사도들이 예수 그리스도의 이름으로 대적했던 그 사역이 오늘 우리 교회의 현장에서 이루어져 주인을 바꾸고 하나님 나라를 확장해 나가야 한다.

3. 사랑의 표적, 긍휼의 기사를 위한 임파테이션

날이 저물었을 때에, 마을 사람들이 귀신 들린 사람을 많이 예수께
로 데리고 왔다. 예수께서는 말씀으로 귀신들을 쫓아내시고, 또 병
자들을 모두 고쳐 주셨다. 이리하여 예언자 이사야를 시켜서 하신
말씀이 이루어졌다. 그는 몸소 우리의 병약함을 떠맡으시고 우리
의 질병을 짊어지셨다.(마 8:16-17)

내가 그리스도 예수의 심정으로, 여러분 모두를 얼마나 그리워하
고 있는지는, 하나님께서 증언하여 주십니다.(빌 1:8)

표적과 기사가 하나님의 선하심을 드러내는 계시라면 그것을 흘려
보내는 일을 하는 사람들은 아버지의 마음의 사랑과 연민에 맞닿아
있는 사람들이다. 아들만큼 아버지의 마음과 맞닿은 사람이 없다.(요
8:29, 10:25) 예수가 행하신 기적들은 긍휼로 말미암은 것이다.(마
14:14, 15:32). 예수가 병자를 고치거나 죽음에서 살리거나 먹이거나
귀신을 쫓아낸 일은 언제나 사람을 사랑하는 일이었다. 표적과 기사
들은 하나님과의 친밀함을 먼저 열매 맺었기에 나온 것이고, 그 친밀
함은 하나님의 사랑과 긍휼의 임파테이션에서 흘러나온 것이다.
　오직 하나님의 마음으로 이식 수술 받아 하나님의 심장으로 바뀐
사람만이 극심한 어려움을 마주하면서도 하나님의 사역을 해나갈 수
있다.(빌 1:8) 하나님을 향한 사랑과 하나님의 사랑, 이 모두는 하나님
과 그분의 영으로부터 나온다. 바울은 성령의 은사를 가장 최선의 방
법으로 사용하는 것은 하나님이 인간에게 가지고 계시는 아가페 사랑
의 동기를 가지고 하는 것이라고 말하는 것이다. 하나님의 긍휼은 위

대하셔서 우리를 그분의 은사로 준비시키어, 그분의 진리뿐 아니라 영광과 긍휼과 사랑을 우리들의 한계를 뛰어넘은 단계로 사역하게 하신다. 우리는 임파테이션을 위하여 부르짖는 기도를 할 때, 그분의 능력만 구하기보다는 그분의 사랑과 긍휼의 임파테이션을 구해야 한다.

예수의 사역 가운데 많은 부분이 치유에 관한 것이다. 의학이 발달한 오늘날에도 많은 질병들이 우리를 괴롭히고 있으며 건강하게 살 권리를 파괴하고 있다. 치유를 받았다는 말은 구원받았다는 말과 어원이 같다. 주님의 치유는 우리에게 구원을 의미한다. 그것은 육적 치유, 상처의 치유, 영혼의 치유, 삶의 치유까지 포함하는 것이다. 의사가 고칠 수 없는 삶의 치유가 우리 주님이 주시는 온전한 치유로 그 삶이 회복되어 예배자로서의 거룩한 삶을 누리는 것을 의미한다.

이성과 합리적인 생각으로 충만한 현대인들에게 이적과 기사, 치유가 믿어지지 않지만 아무도 눈앞에서 일어나고 있는 것들을 부정할 수 없을 것이다. 어제나 오늘이나 영원히 한결같으신 주님(히 13:8), 죽은 사람의 하나님이 아니라 살아 있는 사람의 하나님(눅 21:38)이신 주님께서는 여전히 동일하게 역사하신다. 주님은 신실하셔서 우리가 주님이 명령한 대로 손을 얹고 기도하며 그대로 하면 주님이 책임져 주신다. 주님은 때로 고쳐 주시기도 하고, 회복시켜 주시기도 하고, 때로는 재창조해 주시기도 하신다. 우리가 치유받지 못하고 질병에 거한다면 사탄의 노예가 되고 묶인바 되어 생명과 자유를 잃어버리기 때문이다.

주님만이 이 어두운 시대에 참 소망이 되신다. 치유의 광선으로 치유하시기를 즐거워하시는 주님께서 우리들에게 치유의 은사를 임파테이션 해 주셔서 상처와 질병으로부터 자유를 누리도록 기도해야 할 것이다. 그래서 우리 모두가 "와서 보라"라고 외칠 수 있는 신사도행전의 주인공이 되어야겠다.

사도행전에 나오는 처음 교회의 가장 큰 특징은 서로 사랑하며 나누며 섬기는 모습이었다. 성도들의 마음에 사랑이 넘쳐나게 되었고 자신의 물건들을 공용하는 나눔의 현장이었다. 치유가 있기 전에 사랑이, 은사가 있기 전에 무엇보다도 먼저 사랑이 있어야 한다. 사랑이 치유의 능력이며 생명이 자리 잡고 있는 곳이다. 성령이 사랑을 잉태하게 하면 무엇이든지 생명으로 나타난다.

처음 교회는 사랑의 행진이 계속되는 시대였다. 주님이 이미 우리에게 보여 준 그 사랑을 가지고 그 현장을 찾아가는 것이 성육신의 사랑이다. 오늘 우리 그리스도인들도 이러한 사랑을 임파테이션을 받아야만 이웃의 아픔을 함께 나누며, 그 현장으로 찾아가는 사도행전에서 나눈 처음 교회의 사랑을 재현할 수 있다.

4. 말씀과 기도, 뜨거움의 임파테이션

베뢰아의 유대 사람들은 데살로니가의 유대 사람들보다 더 고상한 사람들이어서, 아주 기꺼이 말씀을 받아들이고, 그것이 사실인지 알아보려고, 날마다 성서를 상고하였다. 따라서 그들 가운데서도 믿게 된 사람이 많이 생겼다. 또 지체가 높은 그리스 여자들과 남자들 가운데서도 믿게 된 사람이 적지 않았다.(행 17:11-12)

이들은 모두, 여자들과 예수의 어머니 마리아와 예수의 동생들과 함께 한 마음으로 기도에 힘썼다.(행 1:14)

그들은 사도들의 가르침에 몰두하여, 서로 사귀는 일과 빵을 떼는 일과 기도에 힘썼다.(행 2:42)

하나님께서 부흥을 위하여 우리의 마음에 심어 주는 두 가지 요소가 말씀과 기도다. 주님은 말씀을 날마다 새롭게 만나처럼 주시고 그 힘으로 갱신과 부흥, 성장을 향하여 나아가게 한다. 주님은 새로운 말씀을 심령에 심어 주고 그 잉태한 말씀이 설교를 통하여 육신이 되어 선포하게 하신다. 주님이 하시는 일은 언제나 새로운 일, 창조적인 일이다. 말씀의 임파테이션이 사도행전의 백성으로 살아가게 하는 가장 중요한 원동력이다. 또한 사도행전이 재현되기 위해 기도가 잉태되어야 하며, 기도가 회복되어야 한다. 왜냐하면 우리 주님은 언제나 기도와 동역하시기 때문이다. 그러므로 위대한 사역자들은 깨어 무시로 성령 안에서 기도하는 자들이다. 사도행전과 교회의 역사가 증언하는 부흥의 역사는 모두 기도의 힘으로부터 나왔다. 말씀과 기도의 사람이 되기 위해서 말씀과 기도를 사랑하는 내적 동기를 주님께서 거룩한 영으로 잉태하도록 도와주셔야 한다.

오순절 마가 다락방의 120명의 성도들이 불의 혀같이 갈라지며 내려오는 성령강림을 체험하게 되었고 모두가 함께 뜨거움의 체험을 하였다. 이렇게 뜨거움을 체험한 성도들이 증인이 되어 세상으로 나갔다. 뜨겁다는 것은 성령의 불이 임한 것이며, 생명이 넘치며 건강하다는 것이다. 가슴에 불이 붙으면 모든 것에 열심이 생긴다.(고후 11:2)

초대 교인들도 오순절에 뜨거움의 임파테이션이 각자에게 일어나자 모이기 시작했고, 기도하기 시작했고, 신앙생활에 열심이 나타나기 시작했다. 아무도 막을 수 없는 힘이 있는 열심이 순교를 감당하게 한 것이다.(눅 24:32) 감리교회 창시자 존 웨슬리 목사는 1738년 5월 24일 올더스케이트의 작은 집회에서 생명의 주님을 만나 마음에 뜨거워짐을 체험한 후 88세 하나님의 부름을 받기까지 '하나님의 열심'으로 세계를 교구삼아 복음을 전하는 전도자의 삶을 마쳤던 것이다. 뜨거움이 없는 목회는 생명이 없는 목회, 주님의 임재가 없는 목회로 신앙생활을 하기에 불가능하다. 뜨거움에 대한 사모함이 모두에게 필요하다.

주님의 목회를 회복하기 위해서는 주님의 눈물을 임파테이션 받지 않는 한 가능하지 않다. 사도 바울이 그리스도의 심장으로 초대 교회를 위하여 기도하고 서신을 보내고 양육한 것 같이 초대 교회가 재현되기 위해 가장 중요한 임파테이션은 그리스도의 마음을 품는 것, 그분의 마음이 우리 마음에 잉태되는 것이다.

Y목사는 **교회에서 설교하던 중에 예루살렘을 보시며 우시던 주님의 눈물주머니가 심장에 꽂혔다. 가슴이 무너져 내리는 것 같은 아픔이 통증으로 다가와 흘러내리는 눈물을 주체할 수 없었다. 주님께서 목자 없는 양 같음을 인하여 불쌍히 여긴다는 말이 '창자가 끊어질 것 같은 아픔'으로 보신다는 주님의 아픔이 Y목사에게 전달된 것이다. Y목사는 주님이 주시는 말씀을 그대로 전하였다. 주님의 심장이, 주님의 눈물이 설교자는 물론 모든 교인들에게도 한가지로 전해졌다. 주님께서 눈물과 사랑의 감정을 심어 주시고 잉태하게 함으로 교우들로 하여금 복음을 전하고 마지막 시대를 준비하게 하시려는 주님의 뜨거움이 전해진 것이다.

5. 천상의 임파테이션

나는 그리스도를 믿는 사람 하나를 알고 있습니다. 그는 십사 년 전에 셋째 하늘에까지 이끌려 올라갔습니다. 그 때에 그가 몸 안에 있었는지 몸 밖에 있었는지, 나는 알지 못하지만, 하나님께서는 아십니다.……이 사람이 낙원에 이끌려 올라가서, 말로 표현할 수도 없고 사람이 말해서도 안 되는 말씀을 들었습니다. (고후 12:2-4)

온갖 좋은 선물과 모든 완전한 은사는 위에서, 곧 빛들을 지으신 아버지께로부터 내려옵니다. 아버지께서는 이러저러한 변함이나 회전하는 그림자가 없으십니다. 그는 뜻을 정하셔서 진리의 말씀으로 우리를 낳아주셨습니다. (약 1:17-18)

흔히 천상의 것을 말하면 "신비적이다, 이상하다"고 말하는 사람이 있는 것이 사실이다. 아직은 생소하지만 오히려 성서는 천상의 모든 것은 실제이며 이 땅의 것은 그 실제를 비추어주는 모형과 그림자에 지나지 않는 것이라고 말한다. (히 8:5) 성령행전인 사도행전에는 이상한 일들이 많이 일어났다. 사도행전의 임파테이션은 천상적인 모든 것이 일상적인 것으로 임파테이션 될 때 가능한 것이다. 하나님께서 우리의 마음에 영적 청각, 시각, 미각, 후각 등을 잉태시키어 열어 주실 때 천상과 지상의 삶이 하나라는 것을 체험하게 될 것이다. 보는 것이 중요한 것이 아니라 믿는 것이 중요하다. 보이는 것만이 전체가 아니고 보이지 않는 세계가 존재한다는 것을 믿는 것이 바로 천상의 것을 실제로 받아들일 수 있는 열린 마음인 것이다.

천상의 임파테이션의 유익은 하나님의 관점에서 세상을 보게 되며, 영적 오감이 열려 주님의 계시를 받는데 더욱 깊어지는 체험을 하게 되어 자신이 죽고 주님을 높여 드리고 주님만을 인생의 목적으로 살게 된다는 것이다. 우리는 흥이 나고 즐거울 때에는 노래하고 춤을 춘다. 그러나 하늘나라는 늘 춤추고 노래가 충만한 축제의 나라, 영생을 맛보는 즐거움으로 가득 찬 나라다. 하늘나라에서 일어나는 모든 것

은 즐거움과 희락과 기쁨과 평강이다.(롬 14:17)

하나님은 우리를 예배자로 주님께 찬송을 부르는 자로 만드셨다. 우리가 배워서 우리의 의지로 춤을 추는 것, 노래하는 것과 달리 천상의 노래와 춤은 다르다. 천상의 춤은 주님으로부터 직접 임파테이션 받은 분들도 계시지만 천상의 춤을 추시는 분으로부터 임파테이션 받을 수도 있다.

주님께 영광을 올려 드리는 춤, 마귀를 내쫓는 춤, 겸손하게 자신을 내어 드리는 춤, 기쁨을 표현하는 춤 등 다양한 춤을 춘다. 법궤 앞에서 춤을 추는 다윗 왕처럼 주님 앞에서 어린아이처럼 체면을 내려놓고 천상의 춤을 추는 동안 하나님은 자신의 겉 사람을 벗어버리게 함으로 자유를 주시고, 육체의 질병을 고쳐 주시는 경우도 많이 있다.

성서에 나오는 새 노래는 천상의 노래를 뜻한다. 우리가 만들어서 하는 노래가 아니라 천상의 성도들이 천사들과 함께 부르는 찬양이다. 성대를 사용하는 것이 아니라 영으로 찬양하며 화답하며 천국을 미리 맛보기도 한다. 우리는 찬송을 부르기 위해 태어난 존재들이다. 주님은 찬양 중에 거하신다. 천상의 춤과 새 노래의 임파테이션은 우리가 지금은 땅에 있지만 우리가 누릴 하늘나라에서 드리는 예배에 동참하게 하는 것이다.

에덴동산에서 가장 큰 기쁨이 주님과 동거였던 것 같이 주인의 즐거움에 참여하는 영성이다. 구원을 받은 자들의 감격이 있는 곳, 탕자가 돌아와서 축제를 베풀어 주는 곳, 용서받은 자들의 기쁨이 있는 곳이 바로 신앙 공동체다. 주님의 목회를 회복하기 위해 생명이 회복되어야 하며, 구원의 감격이 회복되어야 하며, 날마다 새 일을 베푸시는 주님에 대한 기대가 넘쳐나야 한다.

6. 영적 오감의 임파테이션

오순절이 되어서, 그들은 모두 한 곳에 모여 있었다. 그 때에 갑자기 하늘에서 세찬 바람이 부는 듯한 소리가 나더니, 그들이 앉아 있는 온 집안을 가득 채웠다. 그리고 불길이 솟아오를 때 혓바닥처럼 갈라지는 것 같은 혀들이 그들에게 나타나더니, 각 사람 위에 내려앉았다. 그들은 모두 성령으로 충만하게 되어서, 성령이 시키시는 대로, 각각 방언으로 말하기 시작하였다.(행 2:1-4)

여러분으로 말하자면, 그가 기름 부어 주신 것이 여러분 속에 머물러 있으니, 여러분은 아무에게서도 가르침을 받을 필요가 없습니다. 그가 기름 부어 주신 것이 여러분에게 모든 것을 가르쳐 줍니다. 그리고 그 가르침은 참이요, 거짓이 아닙니다. 여러분은 그 가르침대로 언제나 그리스도 안에 머물러 있으십시오.(요일 2:27)

우리는 육체적 감각이 없는 장애인들에 대하여는 불쌍하게 생각하면서도 영적인 시각 장애인, 청각 장애인 등에 대하여는 불쌍하게 생각하지 않는다. 영적 오감이 죽어 있음에도 불구하고 이것은 중요하지 않다고 생각한다. 그러나 영적 오감이 열리지 않으면 답답한 신앙생활을 하면서 살아가는 것이다. 다른 사람이 보지 못하는 것을 보고, 다른 사람이 느끼지 못하는 것을 느끼고, 다른 사람이 듣지 못하는 것을 듣고, 다른 사람이 냄새 맡지 못하는 것을 냄새 맡는 것은 영적 오감이 살아 있을 때 가능한 것이다. 영적 오감이 살아 있을 때 주님이 말씀하는 것이 들리고, 주님이 보이고, 주님과 대화하며, 주님의 음성으로 인도함을 받으며, 예언을 선포하게 되며, 천사와 함께 춤을 추기도 한다.

사도행전에 나오는 방언은 대인對人 방언의 은사이며, 고린도전서에 나오는 방언은 대신對神 방언으로 아무도 알아듣지 못하고 하나님만이 알아듣는 방언이다. Y목사는 방언의 은사를 받을 때 만국 방언의 은사를 받았다. 지도책을 놓고 그 지역에 손을 대면 그곳의 방언으로 기도를 하게 된 것이다.

Y목사께서 집회를 인도하면서 방언을 받고 싶다는 분들을 기도해 주시던 중 **에서 온 권사는 기도를 받는 중에 쓰러지면서 능력 아래 들어가면서 방언이 터졌다. 그 권사께 "권사님 중국어로 기도해 보세요"라고 말하면 중국어로 기도하고, "히브리어로 기도해 보세요"라고 말하면 히브리어로 기도했던 것이다. 그 권사는 자신이 그렇게 기도하는 것인지도 모르고 시키는 대로 그 나라의 방언으로 기도하는 만국 방언이 임파테이션 된 것이다. 그리고 방언으로 대화를 시작했다. Y목사께서 히브리 방언으로 질문하면 권사도 히브리 방언으로 대답하는 소통의 역사가 있었던 것이다.

**에서 온 집사는 가장 아름다운 방언으로 기도해 달라고 해서 Y목사께서 아름다운 방언으로 기도하기를 시작하자 그대로 따라하다가 방언이 터져서 계속 아름다운 방언으로 기도하며 너무 만족한다고 기뻐하였다. 성령의 능력 아래 들어가면 때로는 입이 열려서 만국 방언으로 기도하며 자유자재로 대화할 수 있는 것이다.

그러므로 영적 오감이 열리도록 사모해야 한다. 육체의 어느 부분이 장애가 되면 불편하듯이 영적 장애자에서 벗어나기 위해 기도해야 되겠다. 눈이 열리면 오픈 비전이 되고, 귀가 열리면 예언이 열리고 입이 열리면 전도가 되고 후각이 열리면 천상의 것을 미리 맛볼 수가 있으며 귀신이나 어둠의 실체를 감각할 수 있어 영적 전쟁에서 승리할 수 있다.

7. 철저한 순종: 죽을 능력을 위한 임파테이션

의를 위하여 박해를 받는 사람은 복이 있다. 하늘 나라가 그들의
것이다.(마 5:10)

내가 진정으로 진정으로 너희에게 말한다. 밀알 하나가 땅에 떨어
져서 죽지 않으면 한 알 그대로 있고, 죽으면 열매를 많이 맺는다.
자기의 목숨을 사랑하는 사람은 잃을 것이요, 이 세상에서 자기의
목숨을 미워하는 사람은, 영생에 이르도록 그 목숨을 보존할 것이
다.(요 12:24-25)

부흥의 대가는 매우 크며 임파테이션은 사람들로 하여금 그 대가를
치르도록 준비시킨다. 능력의 세례는 사역할 힘을 주지만, 사랑의 세
례는 사람들에게 지속적으로 사역하고자 하는 동기를 부여한다. 하나
님은 사역자들을 겸손하고 순종하는 종으로 완전히 자신들을 비울 수
있는 곳으로 인도하신다.

성령은 우리 안에 있는 그 무엇이든지 사역을 통하여 교만이나 지
배욕이나 자기유익을 구하는 동기가 있는지 시험하시며, 하나님께서
우리 안에서 자신의 방식으로 행하시도록 할 만한 갈급함이 있는가를
보신다. 하나님은 어떠한 교환을 원하신다. 그것은 증대된 그분의 임
재와 내 체면의 맞바꿈이다. 주님의 말씀은 믿음과 만나야 하고, 마음
에 새겨지고, 그런 삶으로 걸어 들어가야 하는 것이다. 하나님의 움직
임을 추진케 하는 것은 하나님과의 친밀함과 하나님 앞에서의 겸손함

이다.

사도행전에서 말하는 '증인'이라는 말의 어원은 '순교자'라는 뜻이다. 주님의 죽음과 부활과 승천을 증언하다가 죽을 수 있는 사람이 바로 증인이다. 예수는 "의를 위하여 핍박을 받는 자가 복되도다"고 말씀하셨다. 그리스도를 위하여 고난과 핍박을 받는 자들이 받을 기업은 천국이다. 핍박을 통하여 증인이 누리는 복은 고난을 통하여 그리스도에 대한 사랑을 확증하게 되며, 핍박을 통과한 그리스도인은 믿음이 정금같이 굳건하게 되며, 주님을 따르며 다르게 산다는 확증이 있고, 부흥을 싫어하는 사탄의 공격을 받는다.

그러나 주님이 이미 승리하셨으므로 우리도 이미 주님 안에 들어간 것이므로 두려워할 필요가 없다. 그리스도를 위하여 고난과 핍박을 받는 자는 고난이 크면 클수록 주님의 위로가 넘치고 크게 된다.(고후 1:5) 충성하고 땀 흘린 자는 주님의 즐거움에 동참하는 상을 받는다.(마 25:21)

우리가 하나님께 사용되기 위하여 있어야 할 친밀함, 겸손, 믿음, 성령의 임파테이션을 갈급하게 부르짖는 등의 열쇠를 주었다. 하나님께서 그분의 능력을 통하여 하실 수 있는 것을 우리가 결국 믿음으로 받아들여서, 그분이 일을 하시도록 우리의 의지를 내어드릴 때 가능한 것이다.

7장 임파테이션의 실제와 실례

한국 교회 부흥 100주년의 뜻 깊은 해인 2007년 1월 21일(주일)부터 24일(수)까지 내가 섬기는 교회에서 '신년축복부흥성회'가 열렸다. 그 부흥회를 통하여 나는 '임파테이션'을 경험하게 되었다. 23년째 목회를 하면서 부흥회를 인도할 강사를 섭외할 때 부흥회를 전문으로 하는 부흥사보다는 성실하게 목회를 하여 교회를 성장시킨 존경하는 목회자들을 모셨다. 금년에 우리 교회 부흥회에 오신 강사는 **교회 담임자 K목사였다. 2006년 11월 22일 **교회 부흥회에서 K목사는 A목사의 안수를 받고 성령의 임파테이션이 임하였다.

농한기를 이용한 교우들의 영적 충전의 기회인 '신년축복부흥성회'가 예정대로 1월 둘째 주일 저녁부터 시작되었다. 강사로 오신 K목사는 집회 전에 자신이 경험한 변화를 저와 아내에게 전하여 주셨고, 성회에 참여하는 모든 교우들에게 올리브기름을 발라주라고 권면하였다. 성회에 참여하는 교우들은 현관에서 올리브기름을 발라주는 것을 보고 낯설어 하기도 했으나 모두 사모하는 마음으로 기름을 바르고 성회에 임하였다. 놀랍게도 성령의 '기름 부음'이 집회 첫 날, 첫 시간부터 강력하게 임하였다.

찬양과 합심 기도에 이어서 강사를 소개하였고 설교 말씀을 듣는 시간이 되었다. 강사로 오신 K목사께서 강단에 서서 말씀을 전하려고 할 때 갑자기 어지러워하며 "아!" 하며 머리를 만지는 순간에 강단 앞 맨 앞자리와 성가대석에 앉았던 교인 서너 명이 자리에서 쓰러진 것이다. 전혀 예상치 못한 일이 벌어진 것이다. 제멋대로 부는 하나님의 영의 역사하심에 참석한 교우들은 모두들 놀랐고, 강사이신 K목사도 충격을 받은 것 같았다.

강사이신 K목사께서 보내주신 이번 부흥성회의 주제는 "성령의 임파테이션"(행 2:1-4)이며, 표어는 "성령의 능력 받아! 원산 평양 회개 부흥 체험하자!"였다. 부흥회는 낮 집회 시간은 영육치유 세미나였고, 새벽과 저녁 집회 시간은 성령의 임파테이션: 체험신앙이었다.

강사는 먼저 자신이 체험한 임파테이션에 대해 말씀을 전하셨고, 매 집회에 하나님의 거룩한 영의 역사가 사모하는 성도들에게 나타났다. 그리고 부흥회에 참석한 지방 교역자들에게 강사는 임파테이션에 대해서 말씀하셨고, 집회 기간 동안 나는 강사와 교제를 나누며, 임파테이션과 성령의 기름 부음에 관해서 읽었던 책들을 소개하며 의견을 나누었다.

새 일을 행하시는 주님께서 둘째 날 새벽에 나에게 찾아오셔서 놀라운 일을 행하셨다. 설교를 마친 후 자유롭게 기도하는 시간, 나는 강단 좌편에서 강사는 강단 우편에서 기도하였다. 기도하는 시간이 얼마쯤 지난 후에 성령의 기름 부음을 사모하며 기도하는 나에게 강사님이 다가오셨다. 그리고 기도하는 내 머리에 손을 얹고 "주님! 부족한 종에게 임한 성령의 기름 부음을 사랑하는 후배 오 목사에게도 허락해 주옵소서!" 기도하는 순간 저의 몸은 무너졌고, 주님께서 허락한 거룩한 안식(메누하)에 들어간 것이다. 어머니의 품속에 누운 갓난아이처럼 편안히 누워서 찬양하며, 방언으로 기도하며, 주님이 주시는 숨을 쉬면서 내적 치유를 경험한 것이다. 날이 밝아 일어나 보니 1시간 정도가 지나갔고, 나는 날아갈 것 같았고 기쁨이 넘쳤다.

아침 식사 시간에 강사를 만나서 새벽에 안수를 받은 후 내게 임한 어지러움에 대하여 말하니, K목사는 "A목사께로부터 온 임파테이션이 K목사를 통하여 이제 오 목사에게도 임하였다"고 축하해 주었다.

명절 끝날 수요기도회에 사모하는 교우들이 예배당을 가득 채웠다. 강사는 성실한 목회자답게 부흥회를 통해 성령의 임파테이션으로 임한 은혜를 잘 간직하며 열매를 맺는 성숙한 신앙인이 되라는 권면으로 마무리를 잘해 주셨다.

우리 교회 관례에 따르면 부흥회 마지막 집회를 마친 후 온 교우가 떡을 떼며 잔치를 한다. 그래서 집회 전에 강사와 성도들이 떡을 나눈 후 **교회처럼 부흥회를 위해 수고한 이들에게 강사가 안수하는 것으로 집회를 마무리하자고 약속하였다. 그런데 강사께서 설교 중에 오늘은 담임목사가 안수함으로 집회를 마친다고 일방적으로 선포했다. 회중석에 앉아 있던 나는 갑작스런 안수 광고에 당황했다. 내가 안수할 때 아무런 역사가 나타나지 않으면 어떻게 될까 하는 불안감이 있었다. 그러나 이미 쏟아진 물을 어찌할 수 없었다. 강단에서 주의 종으로부터 선포되었으니 감정을 의지하기보다는 믿음으로 순종할 뿐이었다.

성령 임재의 찬송을 부르면서 강단 위에 장로들과 중고등부 학생들 그리고 앞자리에는 교우들이 안수를 받기 위해 모여들었다. 온 교우들이 이 밤에 일어날 하나님의 은혜를 사모하며 합심하여 기도할 때 나는 먼저 장로들부터 안수하기 시작하였다. 아내는 나와 함께 성도들이 성령의 거룩한 임재를 경험하게 해달라고 간절히 기도하면서 도우미 역할을 하였다.

손을 얹고 기도하는 순간 나는 갑자기 어지러움을 느끼면서 기도를 받는 장로부터 성령의 권능 아래 쓰러지기 시작하였다. 강단 위의 장로들에 이어서 중고등부 학생들과 그리고 앞자리의 교우들과 좌석에 앉은 성도들이 밀려오는 파도에 넘어지는 모래성과 같이 은혜의 파도에 쓸어져 거룩한 안식에 들어가는 것이었다. 오순절에 임했던 놀라운 성령의 임파테이션이 임한 것이다. 애찬실에서 떡을 나누는 것조차 잊어버리고 1907년에 임하였던 성령 충만의 놀라운 감격으로 집으로 돌아갔다.

그 후 나는 브라이드영성훈련원 원장인 윤남옥 목사께서 주최하는 메누하치유전도집회 섬기미로 봉사하며 윤 목사와 앤드루 잭슨 Andrew Jackson 목사, 제리 레너드 Jerry Leonard 목사 부부, 글렌 목사, 니찌 등 영적 지도자들을 통해 다양한 임파테이션을 받았고, 시간이 허락되는 대로 요청하는 개체 교회들의 부흥회를 인도하면서 말씀과 함께 내가 받은 은사들을 임파테이션 함으로 성령의 은사로 건강한 교회를 세우는 일에 쓰임 받는 사역자가 되었다.

나의 경우는 세 분의 목사로부터 임파테이션을 받았다. 나는 이 세 분이 사용하는 방법들 중에서 나의 사역 현장에 가장 적합한 것을 택하여 사용하고 있다.

1. A목사의 경우

A목사께서 인도하는 집회에서는 임파테이션을 주로 저녁 시간에 한다. A목사는 회중들을 자리에서 모두 일어나도록 초청하고 집회 인도자를 바라보지 말고 성령을 부어 주시는 주님을 바라보고 주님께 직접 간구하도록 하라고 말씀한다. 서 있는 채로 심호흡, 호흡을 길게

들이 마시고 내쉬라고 한다. 마치 창세기에 하나님이 흙으로 사람을 만드시고 자신의 호흡을 불어넣으신 것처럼, 부활하신 주님께서 다락방에 있는 제자들에게 나타나셔서 숨을 내시며 말씀하시기를 "성령을 받으라"고 하셨듯이 심호흡을 하면서 성령의 숨결을 느끼라는 것이다.

A목사는 천상의 노래를 부른다. 영으로 찬양을 시작하면 성령이 운행하시면서 서 있는 사람들을 직접 만지기를 시작하신다. 성령의 임재하심이 강력해서 쓰러지기도 하고, 기침을 하면서 축사가 일어나기도 한다. 그리고 성령의 인도하심에 따라서 개개인에게 안수하면서 예언기도를 전하기도 한다. 특히 체휼적 분별과 지식의 은사로 주님께서 만져주신 환자들을 앞으로 불러서 믿음을 확신시키신 후, 안수 기도함으로 놀라운 치유의 역사를 이루신 오직 주님께만 영광을 돌린다.

집회가 마칠 시간이 되면 천상의 와인을 마시도록 초청한다. 주님께서 하늘의 기쁨을 직접 경험하도록 간구하며 손으로 와인을 펴서 회중들의 입으로 마시도록 한다. 어린아이와 같이 주는 와인을 마시면 하늘의 향기가 나며 새 술에 취해서 비틀거리기는 분이 많이 있다. 때로는 기쁨의 웃음을 때로는 울음을 터뜨리는 경우도 있으며 새 술에 취해 깊은 안식에 들어가서 천상의 세계를 관광하고 오는 경우도 있다.

2. Y목사의 경우

Y목사께서 인도하시는 집회에서는 설교가 마친 후 기름 부음으로 성도들을 초청한다. 먼저 지식의 은사와 믿음의 은사를 통해 영적 능

력 대결을 선포한다. 그리고 영으로 찬양을 하면서 그날 그 시간 그곳에서 참여한 이들에게 행하실 하나님의 임재하심을 기다린다. 찬양을 하는 중에 성령이 임하셔서 회중들을 직접 만져 주시기를 시작한다. 지식의 은사와 영 분별의 은사를 통해 회중들을 초대하기도 하고 서서 기다리거나 앉아 있는 회중들에게 안수를 하면서 치유, 축사 등 성령의 나타나심을 함께 나누는 것이다.

Y목사께서는 집회의 맨 마지막 시간은 참여한 회중 모두가 큰 원을 그리며 손에 손을 잡도록 한다. 창조적 치유의 권위자 제리 레오나드 선생님이 가르쳐 준대로 은사를 나눠줄 사람의 오른 손가락을 은사를 받을 사람의 왼손 중앙에 얹는다. 그리고 은사를 나눠줄 사람이 나눠줄 은사를 부르면서 오른 손가락으로 왼손 중심을 누르는 것이다. 예를 들면 예언, 방언, 방언 통변, 지식의 은사, 지혜의 은사, 치유, 성령의 불 등 옆 사람에게 소리를 치면서 손가락을 누르다 보면 은사들이 그 자리에서 나타나는 경우가 많다. 불을 받고 쓰러지는 경우도 있고, 방언을 하는 경우도 있다. 웃음, 각양의 은사들이 그 자리에서 나타난다.

존 웨슬리 목사의 말씀대로 "혼자는 부족해도 함께하면 완전한 것"이다. 그리고 임파테이션은 씨를 심는 것이기에 그 자리에서 당장 나타나지 않을지라도 은사가 심어졌기에 토양이 갖추어지면 후에 은사가 나타나는 경우가 많이 있다.

Y목사께서는 집회에 참석한 이들의 영적인 귀가 열리고 눈이 열리고 입이 열리고 후각이 열리도록 임파테이션 시간을 갖는다. 귀가 열리기 위해서 영적인 귀가 열린 사람이 옆 사람의 귀에 손을 얹고 임파테이션을 한다. 귀에 올리브기름을 바르고 "에바다"를 외치면서 기도

한다. 서로 연결되어 기도하는 중에 많은 사람들이 귀가 열리는 체험을 한다.

Y목사께서는 성도들을 한 사람 한 사람 안아 주는 경우가 있다. 서로가 얼싸안을 때 가슴과 가슴에서 주님의 사랑을 느껴지는 것 같은 것을 체험할 수 있다. 주님의 사랑을 교리도 아니고 설명도 아니고 이해시키는 것도 아니고 실제 그리스도의 심장이 임파테이션 되는 것을 체험한다.

3. K목사의 경우

K목사께서는 서서 기도를 받으려는 경우에 갑자기 넘어져 불의의 사고가 나기도 하며 뒤에서 받쳐 줄 섬기미가 없으면 불안하기 때문에 주로 가장 편안한 자세로 앉아서 안수를 받도록 한다. 회중은 십자가의 주님을 바라보면서 주님께서 주실 신령한 은사를 사모하며 간절히 간구하는 소리 내는 기도를 하다가 K목사께서 다가오면 하던 기도를 멈추고 기도를 받도록 한다.

자신이 하던 기도를 멈추고 길게 심호흡을 하면서 온몸에 힘을 빼고 긴장을 푼다. 머리를 숙이지 말고 고개를 들고 몸을 곧게 세워야 한다. 특히 몸은 하나님의 성전이므로 하나님의 영광이 임해야 하기에 K목사를 따라서 "하나님 경배한다. 예수님 사랑한다. 성령 환영한다" 하면서 사랑을 고백하도록 한다. 그리고 머리에 손을 얹고 안수를 한다. 왜냐하면 성령은 인격적이신 분이시기에 우리의 마음을 강제로 열지 않는다. 강요된 사랑은 참 사랑이 아니며, 사랑의 주님은 그의 자녀들의 사랑의 고백을 듣고 싶어 하는 것 같다.

기도가 깊어지고 K목사께서 자신이 몸으로 어지러움이나 전기가 흐르는 느낌을 받는 경우가 많이 있으며 그 후 기도를 받는 사람들이 성령의 권능 아래 쓰러짐을 경험하게 된다. 병원에서 수술을 할 때 마취를 하듯이 주님은 권능 아래 쓰러짐을 통해서 직접 만져 주신다. 때론 마음의 상처를 고쳐 주시기도 하고, 여러 질병들로부터 자유롭게 되며 참된 안식을 누리게 된다. 안식이 깊어지면 때로는 천상에 다녀오기도 한다.

또는 K목사께서는 혼자 임파테이션을 하지 않고 함께 초청해서 샤워 기도를 하기도 한다. 머리에, 어깨에, 몸의 여러 부분, 양 손에 손을 얹고 사역자들이 함께 기도함으로 받은 은사가 서로 다르지만 한꺼번에 기도 받는 사람에게 전해질 수 있도록 임파테이션을 하는 것이다. 평소에도 K목사는 나누어 주기를 기뻐하시는 분이다.

8장 임파테이션 사역에서 유의해야 할 것들

교회의 역사에서 임파테이션을 받는데 두 가지 기초적인 접근이 있었다. 하나는 한 개인의 삶에서 죄를 정복하여 성화되는 작업을 하는 노력이었다. 누구든지 성화되면 그는 강한 임파테이션을 받을 자격이 생겼다고 인정하는 것으로 사막 교부들, 수도원의 금욕주의, 존 웨슬리와 성결파 등이다. 다른 하나는 단순히 예수가 이미 이루신 일에 자신의 믿음을 드리는 것이었다. 이들은 예수가 이미 우리를 거룩하게 하셨고, 그분 자체가 우리의 성화라는 것이다. 우리에게 필요한 것은 이 진리를 우리의 삶으로 들여오는 것이고, 그러면 우리는 성화와 성령 세례와 은사의 임파테이션을 믿음으로 받는 것이다. 이들은 성결 운동 내 칼빈주의자, 피비 파머Phoebe Palmer, 케스윅Keswick 운동[12] 등이다.

하나님은 수많은 전통과 교리가 근거를 두게 된 배경에도 그분의 영을 부어 주셨다. 그 모든 입장마다 신실한 것이 있음이 발견된다. 성령의 행하심을 적절히 섭렵할 완전한 신학이나 단계적인 공식이 있는 것 같지 않다. 우리가 하나님의 방법을 단계나 공식으로 정의 내리려고 한다면 우리는 그 너머에 있는 것을 아무것도 받을 수 없게 되는 것이다.

우리에게 공통적으로 필요한 것은 성령이다. 랜디 클라크가 전하는

---

12 이영훈, "오순절 성령 운동의 배경과 신학적 특징," 김동수·차준희 엮음, 『효와 성령』(서울: 한들출판사, 2002), 306-47.

더 주시는 성령을 받기 전에 갖춰야 할 필수 요건 세 가지는 다음과 같다[13]. 첫째, 우리 그리스도인의 생활 방식이 부적절함을 인식하는 것이다. 예수께서 보여 주신 능력 있는 삶을 살기에는 우리의 삶이 능력 부재, 사랑과 믿음의 결여, 영적 빈곤임을 깨닫고 기름 부음과 성령의 은사를 갈망하는 것이다.(시 63:1-2) 성령의 기름 부음을 받으려고 갈망하는 마음이 없다면 성령이 충만할 수 없다.

둘째, 우리는 변화를 열렬히 원해야 한다. 우리 안에 계시는 성령께서 우리를 진실로 승리하는 그리스도인으로 성장시키도록 허락하는 것이다. 성령께서는 승리하는 삶을 갈망하는 마음을 우리 안에 발전시키실 수 있고, 승리하는 체험과 지속시킬 생활 방식에 필요한 믿음도 공급하실 수 있다.(빌 4:6, 13, 19) 성령을 사모해야 하지만, 동시에 성령과 지속적으로 교제를 나누는 것도 중요한다. 성령의 인도하심에 대하여 영적 민감성을 가지고 그분께 순종할 때 기름 부음이 크게 활성화 될 것이다.

셋째, 우리가 삶으로 하나님을 높이고 그분을 섬기고, 그분의 영광을 위해 쓰임받기를 원해야 한다. 우리의 자만심이나 영적 자존심을 돋우려고 능력과 체험을 청하지 말고, '지옥의 문을 부수어 넘어뜨리는 일' 즉 '가장 힘센 자'를 묶어서 그의 집을 강탈해야 하는 일을 감당하기에 상응하는 크기의 능력과 믿음의 은사를 달라고 청해야 한다.(마 12:29) 하나님께서 성령의 기름 부음을 허락하신 것은 하나님의 사명을 위해 헌신하라고 주신 것이다. 우리는 성령의 기름 부음을 자신의 유익보다는 오직 하나님을 섬기고 하나님의 나라를 확장하는 일에 사용해야 할 것이다.

---

13 랜디 클락, 『그 이상을 갈망하라!』, 309-11 참조.

또한 은사를 받는 것도 중요하지만 받은 은사를 잘 간직하고 발전시키는 것은 더욱 소중한 일이다. 창조적 치유의 은사를 임파테이션 하시는 제리 레너드 부부는 귀하게 받은 기름 부음을 잘 유지할 수 있는 본을 보여 주셨다. 이들 부부는 영적 일치와 영적 공격으로 보호받기 위해 부부가 항상 말씀을 같이 읽고 성찬을 하고 같이 기도함으로 매일 신선한 기름 부음을 공급받으며, 서로의 어깨에 손을 얹고 기름 부음이 낭비되지 않도록 보호하는 기도를 했다. 그분들은 영적 전쟁에서 승리하기 위해 기름 부음을 흘러가게 하며, 기름 부음이 더 깊어지기를 사모하라고 권면하셨다.

글을 마무리하면서 임파테이션 사역 시 유의해야 할 것들 몇 가지를 강조하고자 한다.

첫째, 임파테이션은 하나님의 다양한 역사다. 하나님이 우리의 교리와 전통보다 크신 분임을 잊지 마십시오. 우리를 똑같지 않게 만드신 하나님께서 그분의 성령의 체험을 모든 사람이 한결같은 방식으로 체험하도록 하시지는 않으셨다. 예수께서 말씀하신 대로 바람은 불고 싶은 대로 부는 것(요 3:8)과 같이 사도행전에서 성령은 다양하게 역사하셨다. 우리 하나님은 다양성을 좋아하시는 분이다. 우리가 성서적 다양성의 진가를 인정한다면 사탄이 분열시켰던 그리스도의 몸 안에 있는 다양성의 진가도 인정하게 된다. 또한 다양성을 위한 여유를 가질 때 우리와 다른 체험을 한 사람들이 들어설 자리를 마련할 수 있다. 하나님께서는 성령으로 채우시거나 은사로 임파테이션 하시거나 하나님이 선택하시는 데 자유로운 분이다. 결코 하나님을 우리의 한정된 통찰 안에 제한시키지 말아야 할 것이다.

둘째, 임파테이션은 하나님의 주권에 달려 있는 방문이다. 고백과 회개가 필요하든지 그렇지 않든지, 혹은 믿음이 있든지 조금밖에 없든지에 상관없는 것이다. 이것은 노력의 대가로 되는 것이 아니고 믿음에 합당한 은혜에서 기인되는 선물이기 때문이다. 하나님의 선물은 '카리스마타'이지 '행위마타'가 아니다. 하나님은 그분의 영을 누구에게든지 부으실 수 있다. 보통은 골방에서 임파테이션을 부르짖으며 구해 온 사람들을 군중 사이에서 만지신다. 보통은 자신의 생을 자기를 위해서가 아닌 하나님의 영광을 위하여 살고자 진정으로 원하는 사람을 만지신다.

셋째, 임파테이션을 받을 때 여러 측면이 있다. 어느 때는 능력, 어느 때는 평화, 어느 때는 치유에 관한 것, 어느 때는 한 사람이 여러 가지를 모두 한번에 받기도 한다. 예를 들면 평화의 축복을 받을 때 보통 약해져서 넘어지는 경향이 있다. 능력의 축복을 받을 때는 손이나 몸의 다른 부분에 힘을 느끼며 떨게 된다. 어떨 때는 힘이 하도 강해 넘어져서 바닥에서 떨게 된다. 치유를 위한 기름 부음이 있을 때 사람들은 열기나 전류가 흐르는 것을 몸으로 느낀다. 다른 때는 통증이 거두어지기도 한다.

넷째, 임파테이션을 체험하지 못하는 사람들의 문제는 생각을 많이 한다는 것이다. "생각에서 벗어나 사랑에 빠지십시오." 하나님을 체험하는 일은 사랑에 대한 일이지 생각이나 분석에 대한 일이 아니며, 분석은 그것을 망칠 뿐이다.

다섯째, 임파테이션을 받을 때 고려할 일은 넘어간(쓰러진) 다음에 무엇을 할 것인가에 관한 것이다. 너무 빨리 일어나지 마십시오. 너무 빨리 일어나면 성령의 불이 꺼질 때가 있다. 몸이 무겁게 느껴지지 않을 때까지, 일어나기 어렵지 않을 때까지 계속 누어서 주님을 사모하며 주님과 깊은 대화를 나누기 바란다.

여섯째, 기도를 받는 사람들은 간구하는 기도를 하다가 사역자가 안수하면 스스로 기도하는 것을 멈추고 기도를 받으라는 것이다. 사람들이 기도를 주장하다 보면 받기가 훨씬 어려워지는 것을 발견하게 된다. 특히 방언의 은사를 사모하는 자들이 끊임없이 "믿다. 받다"를 계속 외우면 어려울 경우가 많이 있다. "펌프 물이 나오려면 먼저 물을 붓듯이" 소리를 내지 말고 혀를 주님께 맡겨 저절로 터져 나오기를 기다려야 한다.

일곱째, 지혜로운 사역자들은 위에서 말한 것들을 규칙으로 바꾸어 놓지 않도록 주의해야 한다. 가장 좋은 것은 그것을 하나의 원리로만 적용하는 것이다. 새 일을 행하시는 하나님은 다른 방법으로 다른 사람을 쓰시는 분이다. 성령을 통하여 우리는 그리스도의 동역자로 쓰임받을 수 있다.

끝으로, 마음에 간직해야 할 것은 영적인 아버지와 어머니를 존경해야 한다. 우리 후배들은 거인의 어깨 위에 올라타 있는 난장이와 같다. 우리가 선배들보다 더 멀리 볼 수 있다면 그것은 우리가 거인의 어깨 위에 올라타 있기 때문이다. 그러므로 믿음의 선배들이 이룩한 위대한 영적 유산을 무시하지 말고, 그것을 사모하고 이어받겠다는 자세가 필요한 것이다. 권세 있는 사역을 하고 싶다면 먼저 권세 있는 사람에게 순종해야 하는 것은 마땅한 것이다[14].

위에서 살펴본 것처럼 내가 체험한 임파테이션에 관하여 성서적이고 역사적인 기초를 충분히 살펴보았으니 독자들이 성령의 나타나심에 대해 두려워하지 말고 자신의 풍성한 영적인 삶과 교회의 부흥을

---

14 홍영기, 『성령 사역 Class』, 54-59.

위해 성령의 기름 부음과 임파테이션에 갈급해지기를 소원한다.

독자들이 이 글에서 제시하는 통찰들을 통해서 하나님의 임재와 임파테이션 사역을 이해하는 시발점이 되기를 기대한다. 오늘 우리 시대는 기름 부음을 필요로 하고 있다. "하나님은 기름 부음을 받은 당신의 자녀들을 사용하시기 원한다." 그러므로 쓰임받기를 원하시면 "그 이상을 갈망하십시오!There is More" 사도적 사랑과 긍휼을 위한 굶주림, 주님의 목회를 이루기 위해 사도행전의 임파테이션 Impartation of The Early Church에 대한 굶주림으로 건강한 교회를 세워가는 왕 같은 제사장, 예수 그리스도의 좋은 군사들이 되시길 축원한다.

부록

염기석

〈부록 1〉 네페쉬의 입장에서 본 질병과 치유

이제까지 내 책에서 다루지 않았던 것들을 부록에서 다루어 볼 예정이다. 두 편의 부록에서는 평소에 가져 왔던 생각들을 정리하여 질병과 치유에 대해 보다 심도 있는 검토를 하려고 한다.

자, 이제 질병에 대해 한걸음 더 나가 보자. 왜 질병의 상태인 불편함, 부조화, 미성숙이 나타나는가? 질병의 근본적인 원인에 대해 보다 깊이 있는 통찰을 해 보자. 그리고 마셔도 다시 목마르는 물이 아닌 영원히 목마르지 않는 생수처럼 현상적인 몸과 마음의 치유가 아닌 본질적인 치유, 정말로 성서가 말하는 치유에 대해 살펴보자. 이를 위해 우리는 처음으로 돌아가 인간 창조에서부터 시작해야 한다.

하나님은 사람을 흙으로 빚으시고 그 코에 생기를 불어넣음으로 살아 있는 영혼이 되게 하셨다. 이 영혼은 히브리어로 네페쉬다. 칠십인역에서 네페쉬를 프뉴마(영)로 번역하지 않고 프쉬케(영혼)로 번역했다. 그러므로 인간은 흙(육체)과 영혼으로 구성되어 있다. 하지만 인간의 영혼과 육체는 죽기 전까지 분리되지 않는다. 완전히 하나다. 이를 이원론적으로 생각해서는 안 된다. 바울 식으로 표현하자면 인간은 육체라는 질그릇에 하나님의 숨이라는 보배를 가진 존재다. 인간의 참 자아는 육체나 정신이 아니라 하나님으로부터 부여받은 네페쉬를 일컫는 말이다.

한 가지 짚고 넘어가야 할 것이 있다. 성서는 인간이 영혼과 육체로 구성되었다고 말한다. 삼분설자들은 인간이 영·혼·육으로 구성되었다고 주장한다. 이는 인간의 육체에서 마음을 분리한 것이다. 그리고 그것을 혼(프쉬케)이라고 부른다. 이렇게 되면 인간은 영(프뉴마)과 혼(프쉬케)와 육(사르크스)으로 분류된다. 하지만 이미 오래전에 루돌프 불트만Rudolf Bultmann이 밝힌 것처럼 인간의 영은 혼과 동의어다. 다만 문학적 기법에 의해 반복을 피하기 위해 영과 혼으로 사용하는 것이다. 이와 같은 수사학적 용법은 몸(소마)과 육(사르크스), 아가페와 필리아라는 단어에서도 찾아볼 수 있다.

따라서 인간은 영혼(네페쉬, 프쉬케)와 육체(사르크스)로 이루어졌고, 육체를 다시 정신적인 것과 단순히 살덩어리인 육으로 나누게 되면 삼분설이 된다. 이제까지의 모든 치유는 겉으로 드러난 정신적 혹은 감정적인 것을 치유하는 내적 치유와 살덩어리인 육을 치유하는 육체적 질병의 치유로 분류해서 설명한 것들이다.

자, 다시 원점으로 돌아가자. 하나님이 천지를 운행하심으로 천지에 가득한 기운으로 당신을 표현하시는 것처럼 인간의 네페쉬는 숨을 통해 표현되어진다. 네페쉬의 느낌이 우리의 숨결이다. 네페쉬의 느낌이 몸 밖으로 나타나는 것이 마음결이다. 이 마음결이 의지를 가지고 우리의 몸으로 표현되어질 때 몸짓, 즉 행동이 된다. 마음은 생각mind과 감정heart으로 나누어 설명할 수 있다. 따라서 인간의 마음과 몸짓은 항상 숨결로 그 상태가 확연히 드러난다. 다시 말하면 마음이나 행동이 거친 사람은 항상 숨결이 거칠고 숨결이 거친 사람은 항상 그 네페쉬가 거칠다.

인간 영혼의 원료는 곧 하나님의 숨이다. 네페쉬는 하나님의 숨으로 만들어졌다. 하나님의 숨결은 잔잔하고 그윽하며 고요하다. 최초의 인간, 아담의 숨은 하나님과 소통하는 숨이었다. 아담은 숨을 통해 하나님과 교통하는 자였다. 숨을 통해 하나님의 기운을 들이마심으로 몸의 기운을 충만하게 만들었다. 천지와 하나 된 것이다. 아담은 숨을 내쉼으로 자신의 몸 안에 있는 나쁜 기운들을 내보냈다. 아담의 숨결은 하나님을 닮았다. 하나님의 숨을 쉬는 자가 하나님의 형상을 가진 자다.

하나님의 숨을 쉬려는 노력의 과정과 그 결과가 영성이다. 영성은 살면서 거칠어진 자신의 숨결을 하나님의 숨결로 변환시키는 작업을 일컫는다. 영성을 물질과 반대되는 개념으로 설명하는 것은 기독교적이지 않다. 기독교의 영성은 모름지기 숨고르기여야 한다. 하나님의 숨, 태초 이전의 숨, 우주에 충만한 하나님의 기운으로 자신의 숨결을 다스려 하나님의 숨과 일치시키는 것이다. 거침없이 숨을 쉬기 위해 내 몸과 마음을 비우는 것이다. 하나님의 잔잔한 숨을 쉬려면 낮아져야 한다.

평화는 하나님의 숨을 쉬는 자들의 상태를 일컫는 말이다. 목자이신 여호와 하나님과 함께하는 자는 늘 푸른 초장 맑은 물가에서 산다. 하나님의 숨을 쉬며 사는 모습이 바로 평화다. 하나님의 숨을 쉬며 살아가는 사람이 가는 곳마다 평화가 이루어진다. 하나님 나라의 삶이다. 그리스도의 숨결을 가진 자의 표정에는 항상 그리스도의 자애로움과 웃음이 나타난다. 그리스도의 숨결을 가진 자에게서는 그리스도의 인격이 그의 생각과 행동으로 표현되어 나타난다.

자, 이제 네페쉬와 질병에 대해 살펴보자. 우리가 병에 걸렸다고 할 때 그것은 우리의 몸과 마음에 나타난다. 병에 걸리면 몸이 아프고 마음이 아프다. 아프다는 말은 '아'라는 말과 '프'라는 말의 합성어로 생각해 보면 쉽다. '아'는 아플 때 내는 비명소리고, '프'는 숨을 내 쉴 때 나는 소리다. 이렇게 보면 아픈 것은 숨과 밀접한 관련이 있다.

입은 밥을 먹을 때 사용하는 것이며, 코는 숨을 쉴 때 쓰는 것이다. 그런데 몸이 아프면 입이 벌어져 입으로 숨을 거칠게 쉬게 된다. 마음의 병도 마찬가지다. 마음이 아프면 자기도 모르게 입으로 한숨을 쉬게 된다. 마음의 병도 입이 벌어지며 숨이 거칠어진다. 이외에도 화가 나도 숨이 거칠어지며, 싸울 때도 그렇다. 일을 할 때에 숨이 거칠어지면 그 일을 오래 못한다. 욕심 때문이다. 숨이 잔잔한 상태에서 일하는 것은 힘들지 않게 일하는 것이다. 그러면 지치지 않는다. 숨이 거친 운동은 오래 하지 못할 뿐 아니라 그런 운동은 오히려 사람의 건강을 해치게 된다. 그러므로 모두 다 네페쉬의 느낌이 좋지 않을 때 숨결이 거칠어지는 것이다.

우리의 육체가 아플 때 그것을 치료하는 것이 육체적 질병의 치유다. 이를 위한 은사가 치유의 은사다. 마음의 질병을 치유하는 것이 내적 치유다. 내적 치유는 예언의 은사나 지혜, 지식의 은사 등이 사용된다. 내적 치유가 인본주의적 심리학이나 상담학을 이용하는 것은 엄밀히 말해 기독교의 치유가 될 수 없다. 기독교에서의 내적 치유는 당연히 은사 치유가 되어야 한다.

그러나 이들 치유가 의사나 상담가가 하는 것처럼 단지 육체와 마음의 병만 치유한다면 그것은 네페쉬의 표현인 마음이나 행동, 몸의 상태 등을 치료하는 것에 불과하다. 사람을 구성하고 있는 흙덩어리를 고치는 일이다. 보다 근본적인 치유인 네페쉬의 치유, 엄밀히 말하자면 네페쉬의 회복이 기독교 치유의 최종 목적이 되어야 한다. 모든 은사는 각종 질병의 상태만 고치는 것이 아니라 왜 그런 질병이 생겨났는가에 관심을 가져야 한다.

네페쉬의 느낌이 생각과 육체의 행동으로 나타나는데, 그 행동과 생각이 반복되면 습관이 된다. 사람들은 늘 같지 않음(무상無常)으로 인한 시행착오를 방지하기 위해 생각과 행동의 일종의 패턴, 즉 프로그램화 된 매뉴얼을 만든다. 이 매뉴얼이 습관이라고 부르는 것이다. 미래를 예상하고 과거의 직접 혹은 간접 경험들과 학습된 삶의 패턴을 정형화시켜 현재의 행동과 생각들의 습관을 만들어낸다. 이는 늘 시시각각 변화하는 무상한 삶에 효과적으로 대처하기 위한 자아의 속성으로부터 비롯된 것이다. 바로 이 습관이 죄 덩어리며 질병의 원인이 된다.

본래적으로 말하자면 무상, 즉 늘 같지 않기에 본디 습관이란 없는 것이다. 우리는 늘 오늘을 살기에 과거의 삶을 토대로 미래를 예측하고 만든 습관은 없는 것이다. 찰나의 순간은 너무 좁아 미래와 과거가 함께 있을 공간이 없다. 오늘 이 순간에는 죄도 습관도 없다. 항상 최선만 있을 뿐이다. 없는 것을 있는 것처럼 살기에 죄요 병이다. 그러므로 습관의 치유는 적극적 사고방식이나 목적이 이끄는 삶과 같은 인문주의적인 방법에서 말하는 것처럼 나쁜 결과를 가져오는 습관을 바꾸는 것이 아니다. 죄의 근원인 습관 자체를 없애는 것이다. 더 정확히 말하자면 습관이 없음을 깨닫는 것이다.

그렇게 되려면 네페쉬의 본래 모습을 회복하는 것이다. 숨을 고르게 쉬는 것이다. 숨이 잔잔한 사람, 하나님의 숨을 쉬는 사람은 항상 하나님의 시간인 현재를 살기에 습관이 만들어질 수 없다. 인간은 하나님의 숨을 쉬는 존재인 네페쉬로 창조되었는데 인간이 죄를 지음으로 말미암아 그 네페쉬가 오작동을 일으켜 숨이 거칠어졌다. 죄는 항상 거칠다. 이를 네페쉬의 타락이라고 말해서는 안 된다. 하나님의 기운인 네솨마는 타락할 수 없다. 다만 인간의 욕심과 교만, 시기와 질투 등으로 잔뜩 불순물이 덕지덕지 붙어 네페쉬의 느낌이 제대로 작동하지 못한 것뿐이다. 나는 이를 네페쉬의 오작동이라고 부른다.

이러한 오작동이 사람의 숨을 거칠게 함으로 모든 질병들이 생겨난 것이다. 따라서 치유는 네페쉬의 오작동을 일으키는 원인을 제거함으로 다시 아담처럼 하나님의 숨을 쉬도록 하는 것이다. 네페쉬의 오작동을 일으키는 원인은 있지 않은 것들을 있는 것처럼 생각하고 만들어진 습관들이며, 남보다 많이 가지려하는 것, 남보다 높아지려고 하는 것, 남보다 편해지려고 하는 것들이다. 이것들로 말미암아 욕심이 생겨나고 시기와 질투가 생겨났으며, 교만이 생겨난 것이다. 이러한 것들을 추구하려다 보니 자연히 하나님을 영화롭게도 아니하고, 감사하지도 않고 하나님의 뜻대로 살지도 않는 것이다.

결론적으로 말하자면 기독교의 치유는 단지 의사처럼 흙덩어리인 육체를 고치는 일이나 마음결의 치유가 아니다. 네페쉬의 오작동을 바로 잡는 네페쉬의 치유가 되어야 한다. 그리하여 하나님 나라의 삶을 살아가도록 하는 것이다. 늘 평화로운 숨, 거칠 것이 없는 숨, 잔잔하고 고요한 숨을 쉬도록 치유하는 것이다. 이를 위해 그리스도께서 우리의 길잡이요 해답이 되어 주셨다. 그리스도를 믿고 따르는 삶을 살다 보면 자연히 네페쉬의 오작동과 같은 것들이 해결되어 아담처럼 숨을 쉬게 된다는 것이 우리의 믿음이요 복음의 정수다.

〈부록 2〉 치유의 삼위일체 [1]

치유治癒는 다스릴 '치'자와 병 나을 '유'자로 되어 있다. 따라서 사전적 의미에서의 치유란 병을 다스려 병이 낫는 것을 말한다. 병을 다스리고 나으려면 세 가지가 서로 하나가 되어야 한다. 첫째로 치유治癒는 치유治遊다. 이는 질병의 원인을 다스리는 것이 치유라는 말이다. 둘째는 치유治癒는 치유治柔다. 이는 병의 증상을 다스리는 것을 말한다. 셋째는 치유治癒는 치유治流다. 이는 치유의 원리를 뜻하는 말이다. 이 셋이 서로 어우러져 치유治癒를 완성한다. 이를 하나씩 살펴보자.

1. 치유治癒는 치유治遊다

여기서 遊字는 '놀다'는 뜻이다. 우리가 놀려면 놓아야 한다. 놓지 않으면 놀 수 없다. 따라서 놓는다는 말과 논다는 말은 같은 뜻이다. 즉, "아이가 잘 논다", "책을 책상 위에 논다"는 말에서 보듯이 '논다'는 말은 똑같은 의미를 가지고 있다. 질병이 왜 오는가? 놓지 못해, 놓지 못하기 때문에 우리가 병에 걸리는 것이다. 놓지 못하고 놀지 못하는 것이 질병의 원인이다. 어지간한 병은 병원에 안 가고 잘 놀고 잘 쉬면 낫는다. 우리가 놓지 못해 생긴 병은 잘 놓고 잘 놀면 자연히 낫는다. 그러므로 치유는 놓지 못하는 것을 다스려 잘 놀 때 일어난다.

---

1 치유의 삼위일체의 개념은 박해조 선생님과의 대화를 통해 힌트를 얻어 정리한 것이다.

첫째로 먹는 문제를 생각해 보자 우리가 섭취한 음식물들이 우리 몸에서 잘 놀다 나가면 병에 걸리지 않는다. 그런데 섭취한 음식물들이 놀지 못하고 그대로 놓여 있게 되면 병이 된다. 소화가 되지 않으면 배가 더부룩하다. 음식물이 배에 그대로 놓여 있기 때문이다. 섭취한 음식물이 뱃속에서 잘 놀고 흡수에 필요한 만큼 놓여 있어야지 후다닥 나가면 그것도 문제다. 이를 설사라고 한다.

예를 들어보자. 고기를 아무리 먹어도 그것이 우리 몸에 필요한 만큼 흡수되고 나머지는 몸 밖으로 놓이게 되면 문제가 없다. 흡수된 지방도 활동할 때 잘 활용되어 몸에 남지 않으면 고지혈증이나 지방간, 동맥경화와 이로 인한 심장마비 등은 절대로 생기지 않는다. 고기로 인해 흡수된 지방질들이 잘 놀다 다시 몸 밖으로 나가지 않고 쌓이게 되면, 즉 우리 몸에 놓여 있게 되면 병이 되는 것이다. 아무리 몸에 좋은 음식이나 보약도 마찬가지다. 쌓이면 다 병이 된다.

둘째로 정신적인 문제를 생각해 보자. 우리는 삶 속에서 여러 가지 원인들로 인해 다양한 스트레스를 받는다. 살아 있는 한 스트레스는 피할 수 없다. 스트레스는 모두가 나쁜 것은 아니다. 스트레스는 심리적 환기를 시켜 새로운 목표와 도전을 주는 활력이 되기도 한다. 이렇게 몸에서 스트레스를 적절히 긍정적으로 활용하면 유익이 된다. 하지만 그렇지 못하고 받은 스트레스가 몸 안에 쌓이면 병이 된다. 스트레스를 우리의 몸 안에 쌓아 놓지 말고 적절히 활용하고 내보내면 적어도 스트레스로 인한 병에는 걸리지 않는다. 바울이 말한 것처럼 분을 내어도 죄는 짓지 말라는 말이 이것이다.

셋째로 놓지 못하기 때문에 우리로 하여금 놀지 못하게 하는 것들이 병을 가져 온다. 무엇을 이루었다고 행복할까? 그러면 대선을 앞

두고 있는 이 시점에 대통령이 되면 행복할까? 역대 대통령들이 행복하게 대통령직을 수행했을까? 대통령이 행복하면 이 나라가 행복해질 것이다. 하지만 행복한 나라를 만들겠다고 공언한 그들이 행복하지 않은데 어찌 행복한 나라가 되겠는가?

많이 가졌다고 행복할까? 부자들로부터 멸시를 받는 거지는 과연 불행한 사람들인가? 그렇다면 거지보다는 부자들이 훨씬 더 많이 자살하는 이유는 무엇일까? 부자가 자살하는 이유는 재물을 자신 안에 놓아만 두고 놀지 못하기 때문이며, 거지가 재물 때문에 자살할 이유가 없는 것은 자신에게 놓여 있는 재물이 없음으로 재물과 상관없이 잘 놀기 때문이다. 없는 사람은 있는 사람보다 단지 조금 불편할 뿐이지 불행한 것은 아니다.

인기 없는 사람들보다 예쁘고 잘생기고 인기도 많은 연예인들이 왜 더 많이 자살을 할까? 연예인들이 자살하는 이유는 인기와 성취를 자신 안에 놓아 두고 놀지 못하기 때문이다. 자신의 외모를 포기한 사람들은 아예 외모에 대해 관심을 갖지 않기에 스트레스도 없다. 몸매와 외모가 아름답다고 생각하는 사람들일수록 자신의 아름다움을 관리하기 위해 부단히 노력한다. 그만큼 스트레스가 많다는 증거다. 어정쩡하게 생긴 사람들이 예뻐지려고 하는 순간 그는 좌절과 각종 스트레스에 시달리게 된다. 어차피 늙으면 그 아름다움이 사라질 텐데, 죽으면 그것마저도 썩어 문드러질 텐데 자신의 외모에 대한 욕심을 놓지 못해 스스로 안달하는 것이다.

욕심대로 인생은 살아지는 것이 아니다. 욕심이란 한마디로 놓지 못하고 늘 붙잡고 있는 것들을 일컫는 말이다. 일단 우리 마음속에 욕심이 놓이게 되면 그 욕심은 우리를 끝까지 물고 늘어진다. 지치고 과로로 쓰러지기 전까지, 우리의 건강이 다 망가질 때까지 우리를 가만히 내버려두지 않는다. 결국 병에 걸려 더 이상 그 욕심을 이룰 힘이 없어 포기할 수밖에 없을 때 우리는 욕심으로부터 놓이게 된다. 인생에 실패하고도 욕심을 내려놓지 못하면 죽음에 이르게 되지만 실패 후에 늦게라도 욕심을 내려놓으면 건강해질 수 있다.

이외에도 놓지 못함으로 인해 생기는 질병들이 많이 있다. 미움, 시기, 명예욕, 과도한 장래의 희망, 자녀들에 대한 지칠 줄 모르는 욕심과 대리만족 등이다. 우리가 인생의 목표를 가지고 노력하는 것은 그 목표와 함께 노는 것이다. 그리고 그 목표를 이루고 난 후에는 그 목표를 놓아야 병이 되지 않는다. 성취 후에도 놓지 못하고 계속 목표를 수정해 가며 더 더 하다간 필연코 병에 걸린다. 적당히 멈춘다는 것은 그만하고 놓는 것을 말하며, 이제 성취한 것들과 함께 노는 것이다. 그러므로 놓지 못하여 놀지 못할 때 병에 걸리는 것이며, 이룩한 것을 내려놓고 잘 놀도록 다스리는 것이 치유다.

어디다 내려놓을까? 놓지 못하고 가지고 있어 병이 된 사람들은 여행사 직원 앞에 내려놓으면 된다. 여행사 직원은 세계 각국의 경치 좋고 놀기 좋은 곳으로 인도해 줄 것이다. 거기서 맛있는 것 먹고 놀고 쉬고 하면 병도 낫고 건강해진다. 또한 많이 가져 놀지 못하는 사람은 자신보다 가난한 사람 앞에 내려놓아라. 줌으로서 행복하고 없는 것과 필요한 것을 받으니 서로가 행복해질 것이다. 행복은 잘 노는 건강한 사람만이 누릴 수 있는 것이다. 이외에도 내려놓고자 하는 마음만 있다면 내려놓을 곳이 많다. 내려놓고 잘 놀 수 있는 곳이 우리 주변에 널려 있다. 손에 쥔 것만 보지 말고 주위를 둘러보라. 그리고 잘 놀 수 있는 곳에 잘 내려놓으면 된다.

신앙인들은 주님 때문에 십자가 앞에 내려놓는 것이다. 우리는 흔히 우리의 질고와 어려운 시험만 십자가 앞에 내려놓으려 한다. 아주 이기적인 발상이다. 물론 그것도 내려놓아야 한다. 하지만 그것만이 아니다. 내가 가진 것, 주님의 도우심으로 이룩한 모든 것을 다 내려놓는 것이다. 달란트 비유가 그것이다. 힘써 모으고 이룬 것들을 주님 앞에 내려놓는 것이다. 주님과 함께 영원히 노는 것이다. 그것이 영생이다. 그리고 주님은 멀리 계시지 않는다. 가난한 자와 소외된 자, 연약한 자와 자신의 권리를 지킬 수 없는 자에게 하는 것이 곧 주님에게 하는 것이다. 그들 앞에 놓고 그들과 잘 노는 것이 주님께 하는 것이요, 주님과 함께 잘 노는 것이다.

2. 치유治癒는 치유治柔다

여기서 柔字는 '부드러울 유'다. 이는 질병의 증상들, 즉 차고 딱딱한 것을 잘 다스려 부드럽게 하는 것이 치유라는 뜻이다. 차가운 것은 딱딱하고 따뜻한 것은 부드럽다. 질병의 치유는 따뜻하게 해서 부드럽게 하는 것이다. 배가 아프면 배가 차다. 엄마 손이 약손인 것은 엄마의 따뜻한 손으로 아이의 차가운 배를 문질러 따뜻하게 해 줌으로 배 아픈 것을 낫게 하기 때문이다.

치유 사역을 할 때 안수를 하면 아픈 부위의 특징이 있다. 그것은 그 부위가 차고 딱딱하다는 것이다. 치유가 일어나려면 그곳에 열이 나고 부드러워져야 한다. 이를 위해 환부에 안수를 해 불을 넣어 주고 안찰을 통해 부드럽게 한다. 찬 곳이 뜨거워지고 딱딱한 것이 부드러워지면 병이 낫는다.

때로는 몸이 질병으로 인해 경직되어 불이 잘 들어가지 않을 때도 있다. 그럴 때는 가볍게 안찰을 시도한다. 그럼에도 불구하고 불이 잘 들어가지 않을 때, 나는 심호흡을 시킨다. 이때는 반드시 코로 숨을 쉬도록 한다. 그리고 몇 번 반복시킨 후에 숨을 편하고 길게 내쉬라고 한다. 나도 병자와 호흡을 일치시키며 불을 넣어 준다. 그러면 훨씬 기도의 효과가 빠르다. 그 이유는 심호흡을 통해 몸과 마음이 이완되어 부드러워지기 때문이다.

마음의 질병도 마찬가지다. 누구를 미워하면 마음이 닫힌다. 마음이 굳었기 때문이다. 그러다 미움이 사라지고 용서하고 화해하게 되면 마음이 풀렸다고 말한다. 스트레스가 많은 사람은 주로 머리가 아프지만 마음의 상처를 받은 사람은 가슴이 아프다. 안수를 하면 마음의 상처가 있는 사람은 마음의 자리인 가슴 한가운데가 차고 굳어 있으며 통증이 느껴진다. 모두 다 사랑하지 못하고 사랑받지 못해 생긴 병이다. 용서하지 못하고 용서받지 못해 생긴 병들이다. 모두 다 내려놓지 못해 몸과 마음이 굳어져 생긴 병들이다.

우리의 차갑게 굳은 몸과 마음을 치유하는 길은 하나 밖에 없다. 그것은 우리 주님의 부드러운 음성과 따뜻한 사랑이다. 은사는 능력 이전에 주님의 사랑의 통로가 되어야 한다. 사랑이 병을 고치는 것이다. 용서하지 못해 마음이 차갑게 닫힌 사람들은 용서하려고 애쓰지 마라. 주님을 더 사랑하려고 애써라. 그 사랑이 임하면 마음이 풀리고 이미 용서가 되어 있을 것이다. 따뜻한 주님의 사랑이 몸에 임하면 몸의 모든 세포가 부드럽고 따뜻하게 변한다. 이미 치유된 것이다. 주님의 부드러운 음성이 우리의 마음을 녹인다. 주님의 따뜻한 사랑이 우리의 모든 질병을 고치신다.

3. 치유治癒는 치유治流다

이때 流字는 '흐를 유'다. 치유는 몸에 흐르는 것을 다스리는 것이다. 이것은 치유의 근원을 밝히는 것으로 치유의 원리를 설명하는 말이다. 치유治癒는 치유治流가 되어야 근본적으로 병을 고칠 수 있다.

우리 몸에는 여러 가지 기운이 흐른다. 좋은 생각을 하면 맑고 온화한 기운이 흐른다. 반면에 미움이나 시기, 질투와 같은 나쁜 생각을 하면 탁하고 음습한 기운이 흐르게 된다. 우리는 흔히 음식으로 섭취하는 기운을 곡기穀氣라고 부른다. 음식을 먹는 것은 그 음식에 있는 기운을 섭취하는 것이다. 신선하고 좋은 음식을 먹으면 몸에 건강한 기운이 흐르지만 상하고 좋지 않은 음식을 먹으면 나쁜 기운이 몸에 흘러 탈이 난다. 좋은 사람을 만나면 좋은 기운이 흐른다. 은혜를 받았다고 하는 것은 하나님의 기운을 받았다는 말이다. 그러므로 치유는 우리 몸의 기운을 다스리는 것, 즉 나쁜 기운을 정화하여 내보내고 좋은 기운으로 충만하게 하는 것이다.

이렇게 치유를 설명하면 성서적이지 않다고 여길 수 있다. 성서와 상관없는 동양 사상이나 한의학에 근거한 것이라고 생각하기 쉽다. 그러나 성서도 그렇게 말한다. 개역개정판 성서에 기운이라는 말이 총 34회 나온다. 이 중에 "기운이 진하여지매 열조에게로 돌아갔다"는 말처럼 사람의 죽음을 뜻하는 표현으로 사용된 기운(가바)이 있다.(창 25:8, 49:33; 욥 10:18 등) 또한 여호와의 기운(루아흐, 사 40:7), 하나님의 기운(루아흐, 욥 27:3), 전능자의 기운(네솨마, 욥 32:8) 등의 말씀이 나온다. 그리고 생명의 기운(루아흐, 창 45:27, 네페쉬, 욥 11:20)이란 단어도 나온다.

신약성서에서도 구약성서에서와 같은 의미로 사용된 단어들이 등장한다. 우리가 흔히 씨 뿌리는 자의 비유(마 13:3-8)라고 부르는 주님의 말씀 중에 "더러는 가시떨기 위에 떨어지매 가시가 자라서 기운을 막았고(마 13:7)"라는 말씀이 나온다. 여기서 기운이란 단어는 프니고란 단어인데 이는 '질식시키다'라는 뜻이다. 프니고는 '숨을 거칠게 쉬다'라는 뜻의 프네오란 단어에서 유래한 말이다. 그리고 데살로니가후서에는 "주 예수께서 그 입의 기운(프뉴마)으로"(살후 2:8)라는 말씀이 나온다. 여기서 프뉴마는 히브리어의 루아흐에 해당한다.

기운이란 단어는 신구약 모두 "여호와 하나님이 땅의 흙으로 사람을 지으시고 생기를 그 코에 불어넣으시니 사람이 생령이 되니라"(창 2:7)는 말씀에 그 근거를 두고 있다. 하나님은 당신의 살아 있는 기(네쇠마)를 사람의 코에 불어넣어 살아 있는 영(네페쉬, 칠십인역에서는 프쉬케로 번역함)이 되게 하셨다. 그러므로 사람은 하나님이 넣어주신 숨(기운)을 쉬는 존재(네페쉬)다. 또한 사람이 숨을 쉰다는 것은 호흡을 통해 하나님의 기운을 받아들여 몸 전체에 골고루 흐르게 하는 것이다.

그렇다면 사람에게만 하나님의 기운이 운행하는 것이냐? 그렇지 않다. 살아 있는 모든 생물들은 다 사람과 마찬가지로 네페쉬로 창조되었다. 하나님이 흙으로 각종 들짐승과 공중의 각종 새를 지으셨는데, 그들도 네페쉬로 지으셨다.(창 2:19) 물속에 있는 살아 있는 것들도 네페쉬(창 1:20)요, 땅 위의 살아 있는 생물들도 네페쉬(창 1:24)로 창조되었다. 즉 숨 쉬는 모든 생명체는 다 네페쉬다.(창 6:17)

온 세계에는 여호와의 인자하심으로 충만(마레)하며(시 33:5), 온 땅이 그의 영광으로 충만하다.(사 6:3) 또한 그리스도를 충만하게 하신 하나님께서 그리스도로 충만하게 하셨고, 그리스도는 이 세계 만물을 충만(플로레마)하게 하셨다.(골 1:19; 엡 4:10) 이 말은 온 세상에 하나님의 기운이 가득 차 있다는 말이다. 하나님의 기운이 평화롭게 가득 차 있는 상태가 하나님의 나라며, 그 나라에서 살아가는 상태가 영생이다.

성서는 동양 사상처럼 기운을 구체적으로 설명하지는 않지만 이상에서 간략하게나마 살펴본 바와 같이 온 천하에 하나님의 기운이 충만하고 그 기운으로 우리가 살아간다고 말한다. 우리 몸 안에 하나님의 기운이 골고루 편만하게 잘 흐를 때 우리는 건강하다고 말한다. 하지만 과하거나 부족하거나, 편중되어 흐르면 병이 된다. 우리의 몸에 하나님의 기운이 잘 흐르게 하려면 어떻게 해야 하나?

첫째, 음식물의 섭취를 잘하는 것이다. 우리가 먹는 음식물에는 하나님의 기운이 담겨 있다. 우리가 음식물을 섭취하는 것은 그 안에 깃들인 하나님의 기운을 섭취하는 것이다. 하나님의 기운을 섭취하는 데 욕심을 내서는 안 된다. 그저 주신대로 적당히 먹고, 남기지 말고, 골고루 먹는 것이 잘 먹는 것이다. 잘 먹으면 병에 걸리지 않는다.

둘째, 잘 먹은 후에는 몸을 잘 움직여야 한다. 하나님은 우리에게 건강을 공짜로 주셨다. 적당히 일하면 누구든지 건강하도록 하셨다. 예전에는 주로 몸으로 일을 했기에 일만 잘하면 운동량이 부족하지 않았다. 요즘은 밀폐된 사무실에서 일하는 사람이 많아져서 운동량이 부족하다. 가장 좋은 운동은 주어진 일을 욕심 부리지 않고 적당히 하는 것이다. 그래도 운동량이 부족하면 돈들이지 말고 걷는 것이 최고다. 운동은 돈을 들이지 않는 것이 가장 좋다. 돈을 들여 운동을 하면 몸의 무리가 올 수밖에 없다. 왜 운동을 해야 하는가 하면 우리가 섭취한 하나님의 기운을 온몸에 골고루 흐르게 하기 위해서다. 이를 신진대사를 원활히 한다고 말한다.

셋째, 마음을 가지런히 하는 것이다. 마음을 가지런히 한다는 것은 마음의 평온을 유지한다는 말이다. 마음의 평화가 깨어지면 숨이 거칠어진다. 하지만 하나님의 숨은 거칠지 않다. 하나님의 평온한 숨과 기운을 유지할 때 마음의 건강이 이루어진다. 하나님과 사람의 만남, 사람과 사람의 만남, 자연과 사람의 만남은 네페쉬의 만남이다. 서로의 기운과 기운의 만남이다. 우리가 사랑의 마음으로 하나님을 만나면 하나님으로부터 기운(숨결)이 임한다. 하나님으로부터 전달되어 온 숨결로 이웃을 대하면 우리 안에 있는 하나님의 기운, 즉 네페쉬가 그들에게 전달된다. 주님의 마음이 되어 주님의 평화를 이웃과 함께 나누는 것이다. 자연은 보호한다고 보존되는 것은 아니다. 하나님의 숨결, 즉 네페쉬로 자연을 대할 때 그 네페쉬와 우리가 서로 하나가 된다. 즉, 우리는 고운 숨결, 가지런한 마음으로 자연과 하나가 된다.

넷째, 우리의 몸과 마음에 하나님의 기운이 골고루 흐르지 않을 때 우리는 회개해야 한다. 회개는 하나님의 기운의 잘못된 흐름을 정화시켜 제대로 흐르게 하는 작업이다. 음식을 잘못 먹고, 욕심껏 먹음으로 인해 몸에 탈이 나면 그것을 회개하여 바로 먹도록 하는 것이다. 또한 일하지 않거나 일을 무리하게 하거나, 아니면 적당히 운동하지 않아 우리의 몸에서 하나님의 기운이 원활히 흐르게 하지 않는 것을 회개해야 한다. 그리고 마음의 씀씀이를 잘못해서 남에게 상처를 준다든지, 내가 상처를 받는다든지 하는 것은 다 내 마음속에 있는 네페쉬, 즉 하나님의 기운이 제대로 흐르지 못한다는 증거다. 그러므로 회개하여 마음의 흐름을 가지런히 해야 한다.

그러므로 치유治癒가 치유治流라는 말은 근본적으로 우리 몸에 나쁜 기운을 다스려 하나님의 기운으로 충만하게 하는 것이다. 이를 은사적 차원에서 말하면 은사를 가진 은사자를 통해 성령의 능력(하나님의 기운)이 우리 몸에 임하는 것이다. 하나님의 영(루아흐. 프뉴마)이 우리 몸에 임하면 자연히 우리의 몸과 마음이 정리되고 가지런해진다. 병이 낫고 건강해진다. 우리의 몸과 마음에 하나님의 기운, 성령의 능력이 잘 흐르게 하는 것이 치유治流요, 치유治癒다.

덧붙여 한 가지를 더 말하자면 치유治癒는 치유痴癒가 되어야 한다. 치는 어리석을 치痴字다. 이는 어리석음으로 병을 고친다는 뜻이 된다. 주님의 지혜로 살아가면 병에 걸리지 않는데 인간의 지혜로움을 의지하고 살아가기에 병에 걸리는 것이다. 그러므로 치유란 자신의 지혜를 버리고 주님의 지혜로움으로 채우는 것이다. 주님의 지혜로움을 체험하기에 어리석어지는 것이다. 어리석은 어린아이처럼 되는 것이다. 어린아이가 천국에 들어간다. 잘 노는 어린아이가 건강한 것이다.

그리고 치유治癒는 치유恥癒가 되어야 한다. 여기서 치는 부끄러워할 치恥字다. 즉, 자신의 잘못한 행위와 마음의 씀씀이, 죄 등을 부끄러워한다는 말은 회개를 말한다. 회개 없이는 치유도 없다. 우리가 자신의 삶을 회개할 때 치유가 일어난다. 회개하는 자가 하나님 나라에 들어간다. 하나님 나라는 건강한 사람들이 사는 곳이다. 치유恥癒함으로 치유治癒받는 자는 건강하게 영생을 누린다.

치유治癒는 질병의 상태를 내려놓고 잘 놀아야 하며(治遊), 차고 딱딱한 아픈 부위가 부드러워져야 하며(治柔), 하나님의 기운이 골고루 잘 흘러야(治流) 온전한 치유가 일어나 건강하게 된다. 병의 증세만 좋아졌다고 병이 나은 것은 아니다. 이 세 가지 중 어느 한 가지라도 부족하면 온전한 치유라 말할 수 없다. 이 셋이 하나가 될 때 진정으로 건강해지는 것이다. 그러므로 치유 사역자는 이 세 가지가 골고루 병자의 삶과 몸에 일어나도록 돕는 사명자다.

후기 및 예수치유훈련원 강의 일정

    치악산 기슭에 자리 잡은 지 벌써 8년째다. 산에 살면서 느끼는 것은 산은 늘 변한다는 사실이다. 비가 오고 바람만 불어도 산은 변한다. 살아 있기 때문이다. 산에 있는 모든 나무와 풀들은 늘 변하지만 한결같은 것이 있다. 그것은 나무와 풀들이 모두 햇빛과 관계하며 살아간다는 것이다. 나무는 늘 햇빛을 많이 받는 쪽으로 가지를 뻗는다. 나무는 인간들처럼 자신의 욕심과 생각과 계획대로 자라지 않는다. 그저 햇빛이 비추는 곳으로 자랄 뿐이다.

    교회에서 20여 미터 산 위로 올라가면 숲 속에 내 서재가 있다. 서재는 네 그루의 큰 소나무 사이에 있다. 며칠 전 서재에서 글을 쓰다가 예수치유훈련원을 앞으로 어떻게 운영해 나갈 것인가? 이제부터 무엇을 하며 살아갈까? 등등 예전에 하지 않던 장래에 대한 고민 같은 생각을 하게 되었다. 그때 햇빛을 어떻게 해서든지 많이 받으려고 길게 내뻗은 가지가 보였다. 본 것이 아니라 보였다. 소나무 가지가 내 눈에 들어온 것이다.

    요즘 나는 내 인생이 전환기에 들어섰다는 것을 느낀다. 목회교육원 주임교수직도 사임했고 새로운 일을 시작해야 할 때가 온 것이다. 무엇을 어떻게 할 것인가? 이런 고민을 진지하게 해 본 적이 치악산에 들어와 처음인 것 같다. 그런 생각에 답답해 하던 내게 소나무 가지가 해답을 준 것이다.

    햇빛을 향해 가지를 뻗자. 내가 계획을 세워 일하지 말자. 그저 나의 태양이신 주님을 향해 가지를 뻗자. 그러면 주님의 따사로운 햇살에 행복할 것이다. 앞으로 예수치유훈련원이 어떻게 진행될 것인가에 대한 고민은 없다. 단지 주님의 햇살이 비추는 곳으로 나가면 되기 때문이다. 그리고 나의 인생도 그렇게 살게 될 것이다.

다만 예수치유훈련원은 일단 3년 동안 한시적으로 운영하려고 한다. 그것은 내가 사람들을 주님의 햇살로 인도하는 일보다 내 자신이 더 시급하다고 느끼기 때문이다. 나도 주님의 햇살을 온몸에 담고 싶다. 그 햇살과 하나가 되고 싶다는 마음이 절박하다.

지난 2년간 너무 바쁘게 살았다. 그 와중에도 주님은 내게 많은 깨달음과 체험을 주셨다. 이제는 들어 앉아 나를 돌아보아야 할 때가 된 것 같다. 하지만 그동안 맺어진 인연들을 뿌리칠 수 없어 훈련원을 만들었다. 내 자리에 앉아 필요로 하는 사람에게 햇살에 대한 그리움을 일깨워주고 그 햇살을 향해 가지를 뻗도록 돕는 일을 하기 위함이다.

3년 후에는 앉되 돌아앉으려 한다. 햇살이 아닌 태양 속으로 들어가고자 한다. 그때 주님의 뜻을 운운하며 나를 돌아 앉히려고 안 했으면 좋겠다. 주님의 이름으로 무례하게 구는 사람들이 없었으면 좋겠다. 나의 책들을 보고 배울 것이 있다면 3년의 시간을 활용해야만 한다. 그 이상은 없을 것이다.

예수치유훈련원은 올바른 은사치유 사역을 목적으로 한다. 치유의 주인도 예수요, 능력의 주인도 예수다. 오직 예수로 치유하기 원하는 사역자들, 오직 예수만 드러내기를 원하는 사역자들을 양성하기 위해 만들었다. 이를 위해 치유와 은사에 대한 바른 교육과 실습을 할 것이다. 모든 교육은 예수 중심으로 신학과 성서에 기초하여 진행할 것이다.

예수치유훈련원은 1년 2학기 과정으로 되어 있다. 1학기는 3월부터 6월까지, 2학기는 9월부터 12월까지로 매월 둘째 주에 2박 3일의 일정으로 진행된다. 그리고 치유 사역 실습을 위한 치유집회는 3박 4일의 일정으로 매월 넷째 주에 한다. 다만 7월과 1, 2월은 하지 않는다. 치유집회는 강사 목사들과 수강하는 학생들이 함께 사역하는 자리로 사역 실습에 큰 도움이 될 것이다. 이를 위해 학생들은 주변에 있는 환자들을 데리고 오면 좋겠다.

그리고 이제까지 하던 대로 종강집회를 6월과 1월, 각 마지막 주에 연 2회 할 것이다. 종강집회는 그동안 함께 공부한 모든 학생들이 다 참석하게 된다. 내년도 강의 계획표는 다음과 같다.

2013년도 강의 계획표

	강의 일정	강의 내용	강사
1학기	3월 11일(월)–13일(수)	은사론	염기석
	4월 15일(월)–17일(수)	치유론	염기석
	5월 13일(월)–15일(수)	은사와 영성	염기석
	6월 10일(월)–12일(수)	질병의 치유	염기석
	6월 24일(월)–26일(수)	종강집회	
2학기	9월 9일(월)–11일(수)	예언 사역	황광명, 염기석
	10월 14일(월)–16일(수)	임파테이션사역	오명동, 염기석
	11월 11일(월)–13일(수)	축사사역	이원일, 염기석
	12월 9일(월)–11일(수)	안찰 및 기타사역	김순자, 강희수, 염기석
	1월 20일(월)–22일(수)	종강집회	

※ 강의교재

염기석, 『은사와 치유 사역의 원리』, 삼원서원, 2010.

염기석·오명동·황광명, 『은사와 치유 사역의 방법들』, 삼원서원, 2012.

염기석, 『치유란 무엇인가』, 쿰란출판사, 2002.

※ 강의 시간

해당 세미나 일정 중 월요일 오전 11시부터 수요일 오전 12시까지

※ 장소:

한우리감리교회(강원도 원주시 소초면 대왕고개길 44-24

옛 주소: 강원도 원주시 소초면 흥양리 406-1)

※ 등록금

학기당 100만원(숙식 제공, 2인 1실) 단, 이제까지 교육원을 수료한 학생들과 훈련원을 수료한 학생들에 한해 필요한 과목을 개별적으로 수강할 수 있음. 다만 2박 3일 동안의 숙식비 10만원을 내야 함.

※ 등록 인원 및 등록 방법

15명 내외로 선착순, 일부 혹은 전액을 입금 후 연락 바람.

입금 계좌번호: 신협 132-038-578534 예금주 염기석

연락처: 010-9451-8434, bintang214@paran.com

※ 기타 사항들은 http://blog.naver.com/yks02140에 올려놓았으니 참고하기 바란다.

은사와
치유 사역의 방법들

2012년 10월 · 27일 1판 1쇄 발행

지 은 이 ｜ 염기석 · 황광명 · 오명동
펴 낸 이 ｜ 김영명
펴 낸 곳 ｜ 삼원서원
　　　　　　주 소_ 강원 춘천시 사농동 809 롯데캐슬더퍼스트 104 - 401
　　　　　　전 화_ 070-8254 - 3538
　　　　　　이메일_ kimym88@hanmail.net
　　　　　　싸이월드_ http://club.cyworld.com/swlecturehall
등 　 록 ｜ 제397-2009-7777
보 급 처 ｜ 하늘유통
　　　　　　전화_ 031-947-7777
　　　　　　팩스_ 031-947-9735

ISBN 978-89-968401-2-1　03230

값 15,000원